· 全国党校行政学院系统应急管理系列教材 ·

危机沟通

王彩平　主编

中国人民大学出版社
· 北京 ·

全国党校行政学院系统应急管理系列教材

前　言

20 世纪 60 年代古巴导弹危机之后，以危机沟通为主题的研究逐渐兴起。1982 年，强生公司在泰诺事件后重新获得市场并恢复声誉，被视为危机沟通成功的典型案例。此后，危机沟通逐渐成为一门显学，越来越受到人们的重视。几十年来，危机沟通的对象和内容在广度和深度方面不断被拓展①，与危机沟通主题相关的研究文献也逐渐多了起来。

研究危机沟通，首先要对研究对象的范围进行限定。综观近年来与危机沟通相关的研究，所关注的重点往往不相一致，有的侧重于政府管理，有的侧重于危机公关，有的则侧重于舆论引导，很难一言以概之。本教材所指的危机沟通（crisis communication）是政治沟通（political communication，或政治传播）的一种，即危机状态下的政治沟通，或者说，是政府应急管理过程中的政治沟通。

政治沟通在政府管理过程中的作用十分重要。美国有两位著名的政治学家，一位是阿尔蒙德，是西方比较政治学的主要代表人物，他把政治沟通当成是“政府的血脉”。他说，政治沟通对于政府的重要性，犹如血液流动对于人体的重要性一样。另一位是卡尔·多伊奇，他把政治沟通当作“政府的神经”。他有一本著作就叫《政府的神经：政治沟通和控制的模式》②。从这些政治学家的论述中，可见政治沟通的重要性。

与常态的政治沟通相比，危机沟通具有更加重要的意义，有专家借用管理领域“99＋1＝0”的公式来形容危机沟通的重要性，也就是说，在一个突发事件发生后，如果应急处置可以得 99 分，但危机沟通只得了 1 分，那么，最后的总体效果就只有 0 分。

危机沟通是危机管理的生命线，“沟通是组织的生命线，传递组织的发展方向、期望、

① 牟卫民．政府危机沟通途径的变迁．学习时报，2011-05-09.

② 俞可平．政治传播、政治沟通与民主治理．现代传播，2015 (9).

过程、产物和态度”①。通过危机沟通这条生命线，一方面，可以迅速准确地获知有关突发事件的基本信息，使受到事件影响的内外部利益相关者清醒地意识到，突如其来的危机已经把他们紧紧地联结成了一个休戚与共、生死相依的命运共同体，只有齐心协力，才能共渡难关；另一方面，可以协调各方面的关系，迅速调动整合政府各方面的资源，共同应对危机。因此，表面看来，危机沟通只是一个信息传递的过程，但其根本目的是通过信息的传递，达到认知、思想、情感、价值观的交流理解与互动，产生一种外在的压力，从而形成目标一致的协作②。

在政治学中，政治沟通有两个含义，一个是大众传播学意义上的政治沟通，包括政治信息的传播、民意的形成、舆论的导向、政治态度的变迁等；另外一个是信息论和控制论意义上的政治沟通，它把国家当成一个政治系统，政治信息在这个政治系统里面传递③。

根据这一理论框架，本教材把危机沟通分为内部沟通和外部沟通两大部分。

其中，“内部信息沟通解决的是政府部门内部官僚体制下的信息交流、信息共享问题。外部信息沟通解决的是政府与社会各个主体之间信息传递的良性互动关系，以及全球化背景下政府部门与国际社会之间开放的信息交流与合作问题”④。简而言之，内部沟通主要是指政府内部的沟通，外部沟通主要是指政府外部的沟通。

按照信息传递的方向，内部沟通还可以细分为横向（也叫水平沟通、平行沟通）沟通和纵向（也叫垂直沟通）沟通。横向沟通主要指同级政府或政府部门之间的信息沟通；纵向沟通是指上下级政府及部门之间的垂直信息沟通，包括上行沟通和下行沟通⑤。

危机沟通中的外部沟通涉及的沟通对象十分广泛和庞杂，包括政府在危机情境下与外界环境中的所有相关客体的沟通，如与公众的沟通、与媒体的沟通、与企业的沟通、与非营利组织的沟通、与国际社会的沟通，等等。这些沟通客体可以根据不同的分类标准进行归类，例如，根据沟通区域可以分为国内沟通和国际沟通，根据沟通介质可以分为直接沟通和间接沟通，根据沟通对象可以分为公众沟通和企业沟通等。但是，在研究过程中会发现，选用上述分类标准或许在理论层面更加全面一些，却很难与具体的政府危机沟通实际对应起来。因此，在综合考虑外部沟通的复杂性、不同沟通对象的特殊性以及开展研究的便利性等多方面因素的基础上，本书将危机沟通中的外部沟通分为公众沟通、媒体沟通、网络舆论引导和国际沟通四个章节来进行分别论述。

需要特别说明的是，从严格意义上来讲，与媒体（包括新媒体）的沟通也是一种公众沟通，是通过媒体或新媒体与公众之间进行的沟通，在这里，媒体或者新媒体，既是开展公众沟通的渠道、平台和路径，也是公众沟通的具体对象。但是，从政府危机沟通的实践来看，无论是与传统媒体的沟通，还是与新媒体的沟通，都与一般意义上突发事件发生后政府直接面向公众进行的沟通有很大的不同，在沟通理念、沟通原则和沟通方法等各方面都具有自身的独特性，有进行专门研究的必要性。因此，本教材将公众沟通、媒体沟通、

① 贝克. 管理沟通. 康青，等译. 北京：中国人民大学出版社，2002：12.
② 袁明旭. 公共危机沟通：危机管理的生命线. 曲靖师范学院学报，2007（4）.
③ 俞可平. 政治传播、政治沟通与民主治理. 现代传播，2015（9）.
④ 卢开圣. 地方政府危机沟通模式研究：以无锡水事件为例. 上海：复旦大学，2009.
⑤ 冯湘君，蒋冠. 公共危机管理中政府面向公众的信息沟通机制探析. 情报资料工作，2010（6）.

新媒体沟通（网络舆论引导）列为单独的章节，进行专门的研究。

综上所述，本教材结合政府危机沟通的实际情况，按照沟通对象的不同，设计和组织了全书的基本结构，除了第一章介绍危机沟通的基本理论之外，其余的章节都是对危机状态下政府内外部沟通中的重点沟通对象所做的进一步研究，这样的逻辑架构充分考虑到了MPA研究生的特点，是在兼顾危机沟通的理论性和实用性的基础上，对危机沟通理论的一次探索和创新。

从近年来政府危机沟通的具体实践来看，危机沟通不到位引发一波波舆情次生灾害的现象层出不穷，这些充分表明，政府危机沟通的现实急需理论的指导。但是，在理论研究领域，危机沟通显然是一个系统而庞杂的工程，涉及的领域很广，包括政治学、公共管理学、新闻传播学、社会心理学、伦理学，等等，对这一主题进行研究，其难度可想而知。本教材将着眼于政府应急管理工作的实际，试图在组织沟通的层面上构建一个更贴近现实的理论框架，同时，也努力给出一些具体的策略与方法，这些初步的理论设计和探究，权作引玉之砖，诚请各方指正。

目　录

第1章

危机沟通理论

在全球风险社会条件下，公共危机的种类多样化、过程复杂化、影响全球化，各国政府治理也面临越来越严峻的挑战。随着网络社会的形成，信息传播速度加快、范围扩大、内容泛化，各类突发事件日益成为公众的焦点话题。政府在当代风险社会、网络社会的突发事件信息传播中，不再像传统社会那样居于绝对的信息优势地位。政府开始逐渐由原来的信息生产者、掌控者、发布者，转化为信息的消费者、被动接收者。双向、有效的危机沟通，对于了解、掌握信息，处置危机事件，维护公共安全，发挥着越来越关键的作用。本章将着重介绍危机沟通的基本概念、特点、类型、目的、功能与根本手段，危机沟通中信息管理的定义、特点、基本过程，以及危机沟通的主要理论模型等内容。

危机沟通是应急管理的重要内容，它可以使政府、社会组织和公众在突发事件发生过程中，顺畅交流信息、充分达成共识、全面认识危机、准确做出判断、迅速有效处置突发事件。危机沟通理论是建立在危机和沟通两个方面的理论基础之上的，全面认识危机、沟通的内涵，才能了解危机沟通的基本概念、构成要素，危机沟通的重要性，以及沟通障碍、方法和策略等内容。

重点问题

- 危机沟通的相关概念
- 危机沟通的特点、类型
- 危机沟通的目的、目标
- 危机沟通的功能、根本手段
- 危机管理中的信息管理
- 危机沟通的主要理论模型及其应用

1.1 危机沟通概述

在应急管理的过程中，危机沟通和社会动员、应急保障一样，是贯穿整个管理过程始终的。社会动员指的是动员各方面的力量参与危机管理的各项工作。应急保障指的是为应急管理提供各类资源的保障。危机沟通则是指在各个阶段如何通过有效的沟通，达到高效的危机管理。那么，什么是危机沟通？危机沟通具有哪些特点？具有怎样的重要性？危机沟通有哪些类型？本节主要探讨这些问题。

1.1.1 危机沟通的相关概念

在提及危机沟通的时候，人们常会遇到一些相关联的基本概念，比如沟通、风险沟通、危机沟通等。从内涵、外延等多个方面，这些概念间有交叉，甚或是相互包含的关系，因此，充分了解危机沟通的含义、关联概念、特点及主要类型，是做好危机沟通的基础。

1.1.1.1 什么是沟通?

人类社会的重要特征是通过组成群体、相互协作构成完整的社会，以应对生活环境中的问题。沟通则是完成合作过程的基本工具，也是必要前提条件。“communication”（沟通）一词源于拉丁语“communicare”，本意指“使许多人共有，分享，告之，分配”。美国威斯康星大学的丹斯教授曾经统计过，仅“沟通”的定义就有 126 种之多，下定义的维度主要有方法论、过程论、活动论以及功能强调论几种。

（1）认为沟通是一种方法。《大英百科全书》认为，沟通是用任何方法，彼此交换信息，即指一个人与另一个人之间以视觉、符号、电话、电报、收音机、电视或其他工具为媒介，进行信息交换的方法。管理学家孔茨和唐奈尔则认为：“沟通是组织活动结合的一种方法。”

（2）认为沟通是一个过程。这一观点不强调沟通的效果，只强调沟通是一个信息交流的过程。如纽曼和萨摩尔认为：“沟通是指两人以上关于事实、观念、意见或情感的一种交流。”①

（3）认为沟通是一种活动。这种观点强调沟通不仅仅是信息的传递，更重要的是对通过信息共享，达成理解，产生影响。其中，有的学者强调通过沟通达到一致和共享，如管理学家罗宾斯认为“沟通是意义的传递和理解”②，传播学家威尔伯·施拉姆认为沟通“是对一组告知性符号采取同一意向”③，蒂特则认为，“沟通是使各关系人对于共同问题心心相印”④。有的学者强调通过沟通影响他人行为，如王沪宁、竺乾威认为，沟通就是传递某些信息而使他人在思想和行为方面发生变化的过程⑤。

① 苏勇，罗殿军．管理沟通．上海：复旦大学出版社，1999.
② 菲克．危机管理．韩应宁，译．台北：经济与生活出版事业公司，1987.
③ 竺乾威．公共行政学．上海：复旦大学出版社，2000.
④ 申明，郭子龙．管理沟通．北京：企业管理出版社，2002.
⑤ 罗宾斯．组织行为学：第 7 版．孙建敏，李原，等译．北京：中国人民大学出版社，1997.

(4) 认为沟通是组织的生命线。这是通过强调沟通的功能来对沟通进行界定的一个维度。丘特利普与森特认为："沟通是使组织凝固的水泥。"① 管理沟通学家查尔斯·E. 贝克认为："沟通是一个涉及思想、信息、情感、态度或印象的互动过程；互动的影响取决于它所影响的重要层面：策略的、战略的，或整体的。沟通是一个涉及个体、组织和外部社会多个层面的过程。沟通是组织的生命线，传递组织的发展方向、期望、过程、产物和态度。"②

沟通，是信息传与收的行为，是信息输出者和接收者之间进行信息传递和反馈的过程，目的在于交流信息、增进感情等。

如图 1－1 所示，沟通要素主要包括信息源（输出者）、接收者、信息、通道等。

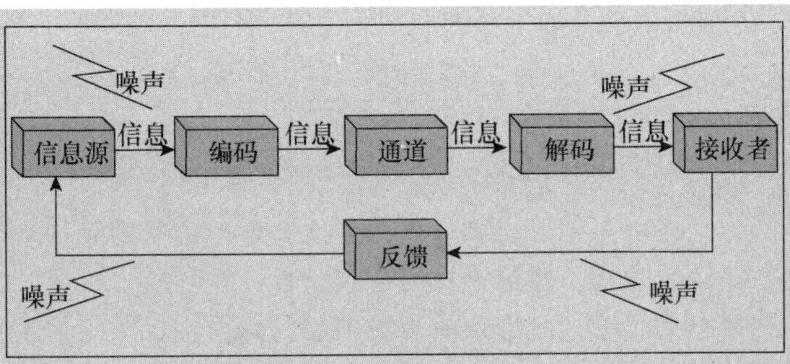

图 1－1　沟通的过程

沟通包括人际沟通和组织沟通。

人际沟通是指人与人之间、人与群体之间思想与感情的传递和反馈过程，以求思想达成一致和感情的通畅。

组织沟通是指某个组织围绕既定的目标，通过各种信号、媒介和途径有目的地交流信息、意见和情感的信息传递行为，它是组织内部和外部沟通的有机整合。组织沟通的目的就是协调好组织内部和外部的各种关系，为组织的发展创造良好的沟通环境③。

本书中的沟通，指的是以政府为主体的组织沟通。

1.1.1.2　什么是风险沟通？

风险沟通最早是一个社会学概念，主要与贝克、吉登斯等社会学家所提出来的风险社会概念相联系，后来这一概念被应用到公共管理领域。风险沟通是指在风险状态下，风险参与各类主体之间进行风险信息交换的过程。

风险沟通的背景是风险社会已逐渐形成，强调风险主体通过多种沟通方式相互了解风险信息，解决信息的不对称问题，尽最大可能获悉风险的各方面特征，促进风险状态下新的沟通关系形成。

美国国家科学院（The National Academy Sciences）对风险沟通做过如下定义：风险

① 查伦巴. 组织沟通. 魏红，朱纪平，等译. 北京：电子工业出版社，2004.
② 李彦春. 交流也是生产力. 新华文摘，2005（16）：36－39.
③ 苗杰. 商务沟通技巧. 北京：中国物资出版社，2012：69.

沟通是个体、群体以及机构之间交换信息和看法的相互作用过程；这一过程涉及多侧面的风险性质及其相关信息，它不仅直接传递与风险有关的信息，也表达对风险事件的关注、意见以及相应的反应，或者发布国家或机构在风险管理方面的法规和措施等。德国公民保护与灾害救护局对风险沟通的定义是：风险沟通是指与规避风险、减少风险和接受风险等相关的信息交流和意见交流。

风险是在情绪和主观层面的感知，而不是在理性和客观层面的感知，情感比纯粹事实更重要。因此，风险沟通吸收了心理学风险感知的一般成果，更加注重情感沟通，更加关注一般民众对风险的认知，强调利益相关者之间的"协商""对话"，致力于通过各种有效的沟通方式，与民众及风险沟通所涉及的所有参与方之间增进相互了解，建立互信关系，提高目标群体的风险意识，提升政府公信力和民众对国家信息的接受度。

专栏

社会稳定风险评估：政府和公众间风险沟通的桥梁

公共政策越来越成为社会稳定的风险源，通过风险评估让这种风险在相关主体之间进行充分的沟通，是减少风险、预防危机的一种重要手段措施。近年来，我国各地开始了对社会稳定风险评估的探索，对有效的沟通风险、减少危机事件的发生起到了重要的作用。

为使风险评估形式更加规范化，达到有效沟通的目的，2012 年中共中央办公厅、国务院办公厅制定和颁布了《关于建立健全重大决策社会稳定风险评估机制的指导意见（试行）的通知》。在党的十八大报告、十八届三中全会决定中，也提出了"健全重大决策社会稳定风险评估机制"，要求从合法性、合理性、可行性、可控性角度，评估公共政策和重大决策的社会风险。

合法性是指公共政策和重大决策是否合乎具体的法律条文，是否符合基本的法制原则和法律精神。具体来说就是是否有法定的决策权限，决策内容是否合法，以及决策是否符合法定程序，这应当成为制定和执行公共政策和重大决策时首先考虑的问题。

合理性是指公共政策或重大决策是否符合大多数人的利益，是否均衡了现实利益与长远利益；是否给群众带来过重负担，是否给群众带来生产、生活不便，是否带来地区、行业、群体攀比；采取的手段是否恰当，调整对象是否清晰；补偿、安置、救助是否合理、及时；同时，政策受益方与受损方应尽可能一致，付出与受益相称，减少受益外漏等。

可行性是指公共政策或重大决策是否与本地水平相适应，政策执行是否具备相应人力、财力、物力，是否有完善的配套措施，政策出台时机是否合适，群众接受、支持程度与承受能力是否高。

可控性是指公共政策或重大决策是否有安全隐患，是否引发群体性事件，是否引起恶意炒作；公共政策决策风险是否可控，是否制定了应急处置预案；政策宣传解释与舆论引导工作是否充分。

政府社会稳定风险评估的风险沟通主要环节应当是：一是听取意见。将拟决策事项通过公告公示、问卷调查、走访群众、座谈会、听证会等形式，征求意见。二是分析论证。按四方面内容查找风险点，对风险点注意分析，参考同类案例预测、研判相应风险概率、激烈程度、持续时间、涉及人员、负面影响、可控程度。三是确定等级。大部分群众有意见，反映特别强烈的，为高风险；部分有意见，反映强烈，可引发冲突矛盾的，为中风险；多数理解支持但少部分有意见的，为低风险。四是提出报告。包括评估事项、过程、各方意见、可能风险、结论及对策建议、防范化解措施及处置预案等。

1.1.1.3　什么是危机沟通?

危机状态下的沟通常常区别于其他情境状态的沟通，危机往往对人类社会的生命、财产造成巨大的威胁，更加需要通过在参与应急处置的各方、受到事件发生威胁的人群之间有效地交流威胁、损失的信息，最终达到规避、消除威胁，并减少正在发生的损失，拯救人员生命的目的。

所谓危机沟通，是指在危机状态下，个体或组织为防止危机的发生，减轻危机造成的破坏，或尽快从危机中得到恢复，以沟通为手段进行的信息传递过程的总称。美国管理学家艾伦·杰伊·查伦巴认为，危机沟通包括辨别内外部的沟通受众，发生危机时他们最需要获取各种信息。危机沟通需要构想、创建和传播信息给这些内外部受众，同时对他们的回答做出反馈①。

本书所指的危机沟通属于政治沟通的范畴，沟通主体是政府，是指政府以沟通为手段，以预防和处置突发事件为目的，与政府内外部受众所进行的一连串信息交换过程。

危机沟通处于决策的关键点，是危机管理成功的要素。如果在危机状态下缺乏必要沟通，会造成危机信息不完全、信息不对称，对面临的危机缺乏认识。在这种情况下，小危机就可能变成大危机，单一危机通过次生、衍生机制演化为复杂危机状态，进而对个人、组织甚至社会造成重大损失。

德国公民保护与灾害救护局对危机沟通的定义是：危机沟通是指在危机发生过程中的一种信息和意见交流，目的是阻止和限制损害。其将风险沟通和危机沟通进行了明确区别：它们都属于面向受众的联合的危机沟通的战略组成部分，但风险沟通是指在危机发生前的沟通，是危机沟通的基础；危机沟通是危机发生之后的沟通，通过沟通方式减少甚至防止损害后果的出现。

1.1.2　危机沟通的特点

由于危机具有突发性、紧迫性、高度不确定性、复杂性等特征，危机状态下的沟通具有与常态沟通不一样的特点。

---

① 贝克. 管理沟通：理论与实践的交融. 康青，等译. 北京：中国人民大学出版社，2002.

1.1.2.1 公共性

以政府和公共事业部门为主体进行的危机沟通，与一般沟通最大的区别就在于其公共性。公共管理部门在本质上是为公共利益服务的，因此，以此为主体展开的危机沟通，所依据的法律法规具有公共性、沟通手段具有公共性、沟通内容也具有公共性，也就是说，与危机相关的各种信息、知识等也是公共的，并不属于私人部门或者个人所有，而是属于社会公众，公众对危机具有知情权。

因此，危机沟通的目的非常明确，那就是预防危机、控制危机、化解危机、修复危机。也就是通过危机沟通保护公共利益，保护人民生命财产安全，减少公共利益的损失，稳定人心，稳定社会局势等，一切危机沟通都围绕和服务于这一目的，这一点明显区别于常态沟通①。

1.1.2.2 紧迫性

危机往往是突然发生的，此时，危机沟通主体面临着公众强烈关注、媒体采访密度陡增、传播率高、沟通面广的状况，但面临社会对信息需求量增加的情形，政府可提供的信息量事实上却在变小，尤其在危机发生的初期，这一矛盾非常突出，极易产生谣言，而失败的危机沟通往往对组织形象具有杀伤力。因此，危机沟通具有极强的时间上的紧迫性，尽快发布信息、做新闻的第一定义者是成功的危机沟通的前提和基础。

1.1.2.3 非常规性

危机常常是一种前所未有的新的特殊情境，对此，既无法用原有的知识和经验进行判断，也无法用原有的方法手段来应对。因此，为了迅速控制、化解危机，稳定人心，必须采用非常规性的手段和措施，这些非常规性的手段和措施有些是强制性的，甚至会限制和剥夺公民的一些权利，比如针对传染病疫情采取的强制隔离措施等。

1.1.2.4 不确定性

不确定性是哲学、统计学、经济学、金融、保险、心理学、社会学及信息工程中非常常见的概念。危机沟通中，这种不确定性主要指主体对危机中的个人或者外物的未来状况（尤其是收益和损失）的分布范围和状态不能确知。在因果律关系的表述中，人们一般以过去预知未来，认为“若确切地知道现在，就能预见未来”，但危机沟通是在高度不确定的、复杂的情境中进行的，在沟通的过程中，信息、资源严重稀缺，很难对事件的形成、发展、演变给出明确判断，沟通的基调和口气难以把握，使得危机沟通的过程充满了不确定性。

1.1.2.5 互动性

在危机沟通过程中，沟通主体和客体之间存在着强烈的互动性，沟通主体所传递的信息、思想、情感和价值取向等，都会直接迅速地对沟通客体产生明显的影响，并且这种影响的后果会立即表现出来。与此同时，沟通受体的反应、情绪、要求、建议等，也会对沟通主体产生直接的作用②。

---

①② 袁明旭．论公共危机沟通的特点和功能．内蒙古民族大学学报，2007（11）．

1.1.3　危机沟通的类型

危机沟通可以按照危机类型、沟通对象、沟通方式等不同的标准进行不同类型的划分。

1.1.3.1　按照危机类型划分

按照危机的影响对象、来源、法律规定、发生形态等也可以对危机沟通进行类型划分。如《突发事件应对法》《国家总体应急预案》将突发事件划分为自然灾害、事故灾难、公共卫生、社会安全四大类，这四类突发事件在其发生、发展过程中都对应着相应的危机状态，分别制定了事先的监测预警的方式、方法，事后的预警标志和预警信息的报告程序，与此相对应，按照影响对象不同，可以将危机沟通分为自然灾害危机沟通、事故灾难危机沟通、公共卫生事件危机沟通、社会安全事件危机沟通等。

1.1.3.2　按照沟通对象划分

按照沟通对象的不同，危机沟通可以分为内部沟通和外部沟通。内部沟通是指在危机管理组织内部进行的，不同功能组、人员间进行的信息交流，获得期望的行动结果。内部沟通按照沟通渠道又可以分为正式沟通和非正式沟通。外部沟通包括公众沟通、关联机构沟通、国际沟通等。

公众沟通包括一般意义上的公众沟通和利益相关者的沟通。公众沟通是公共危机管理中的重要工作领域和关键研究议题，与媒体沟通、信息管理与发布等，共同发挥着风险交流和舆论引导的作用，直接影响着政府危机管理的成败，决定着全社会的公共安全水平。这不仅因为公共危机事关公众的生命、财产安全，事关公众的切身利益，引发公众的高度关注，更在于公共危机的处置与应对需要公众的理解、支持、参与和配合。

媒体沟通是通过报纸、电台、电视台等传统媒体，以及微信、微博、客户端等基于互联网的新媒体，与受众进行的沟通。沟通对象的第一层是媒体从业人员，第二层也是最终的沟通对象才是真正的受众。在新媒体时代，互联网传播的大众化、媒体化、数字化日趋凸显，与传统媒体时代的巨大差异在于，新媒体传播人员呈现了泛化的趋势，变成了“人人都是记者，个个手中都有麦克风”的局面，政府在传统媒体时代的绝对信息优势不复存在。在突发事件处置过程中，政府甚至因为传统的科层结构带来的请示、报告、命令、协商等程序，信息滞后，行动被动，无法适应新媒体时代的沟通要求。

1.1.3.3　按照沟通方式划分

按照沟通方式，也可以对危机沟通进行划分。

一是口头沟通。通过交谈、讲座、讨论会、电话等形式进行的沟通。口头沟通信息快速传递、快速反馈、信息量很大，但是缺点是经过层次越多，信息失真越严重、核实越困难。

二是书面沟通。通过报告、备忘录、信件、文件、布告等书面形式进行的沟通。优点是持久、有形、可以核实，缺点是效率低、缺乏反馈。

三是非语言沟通。通过声音、体态、语调等非语言形式进行的沟通。其优点是信息意义十分明确，内涵丰富，缺点是传递距离有限，界限模糊，只能意会、不能言传。

四是媒体沟通。通过传真、闭路电视、网络、电子邮件、微博、微信等第三方媒介的形式进行的沟通。其优点是信息传递快速、容量大、即时、传递多人、廉价。新媒体甚至可以实现多向、多途径传播，但是传统媒体传播只能单向传递。

1.2 危机沟通的目的、功能与根本手段

1.2.1 危机沟通的目的与目标

目的（goal）和目标（objective）是有区别的，目的比较抽象，是某种行为活动的普遍性的、统一性的、终极性的宗旨或方针。目标则比较具体，是某种行为活动的特殊性的、个别化的、阶段性的追求。目的指导目标，目标达成目的，目的内涵的精神贯穿于各个具体目标之中，目的的最终实现有赖于许多具体目标的实现。

1.2.1.1 危机沟通的目的

危机沟通的最终目的是公共安全。危机沟通与常态化的沟通不一样，常态化的沟通，目的是多样化的，有的时候，也许根本就没有目的，就是为了沟通而沟通，比如为了消磨时间的闲聊。但危机沟通有着非常明确和直接的沟通目的，那就是通过危机沟通保护公共利益，保护人民生命财产安全，减少公共利益的损失，稳定人心，稳定社会局势，实现公共安全。

换句话说，公共安全，是危机管理工作的基本目的，也是危机沟通的最终目的。在危机沟通中，一切都围绕和服务于这一最终目的。

安全是个人、组织的人身、财产、精神不受损失，威胁在很大程度上得到掌控的状态。安全需求是人类的基本需求之一，人类生活的基本动机是满足各方面的安全需求，如免于冻馁、生命健康、社会安全等，都属于安全的一部分，这些安全需求涵盖了生存、享受、发展的各个层次的需求。

安全既包含了个体安全，也包含了群体、公共安全。由于公众对安全需求具有共同性，同时很多安全后果具有一定程度的外溢性，因此，安全常常具有一定程度上的公共性。从这个意义上看，公共安全是公共利益得到保护的状态，是危机管理、危机沟通所要达到的最终目标，是政府提供的公共产品，是公共服务的重要组成部分，也是当代风险社会条件下，政府首先应当满足的基本公共需求之一。

1.2.1.2 危机沟通的目标

在公共安全这一危机沟通的最终目的之下，危机沟通还有两个更为具体的沟通目标，那就是信息共享和协调行动，即通过达成具体的沟通目标，转危为安，实现最终的公共安全目的。

信息共享：通过危机沟通，传递信息、思想、情感、价值取向，以使危机所涉及的部门和人员达成理解和共识，形成共克时艰的精神氛围。

协调行动：危机沟通的一个重要目标就是通过沟通，使沟通主体和不同的沟通客体，

都能够在危机状态下，协调一致，齐心协力，共渡难关。

1.2.2　危机沟通的功能

著名危机管理学家罗伯特·希斯明确指出："在危机管理中，沟通是最重要的工具。"① 有学者认为，公共危机沟通主要有四项基本功能：环境监测、危机反应、危机解决、组织学习②。还有学者认为，公共危机沟通有五项基本功能：预警功能、决策辅助功能、资源整合功能、监控功能和修复功能③。这些关于危机沟通功能的总结看似不同，但内在含义基本是一致的，只是看待问题的视角不同。总体来看，危机沟通主要具有环境监测、决策辅助、动员修复和改进学习四大功能。

1.2.2.1　环境监测功能

危机沟通的环境监测功能首先体现在预防准备上。正如海恩法则所指出的：每一起严重事故的背后，必然有 29 次轻微事故和 300 起未遂先兆以及 1 000 起事故隐患。每一起突发事件发生之前，必定存在着大量的事件诱因，这些诱因是潜在的、隐蔽的、偶然的、孤立的、非连续性的，其危害性尚未对系统运转构成威胁。此时，如果政府具有健全的沟通渠道、快速灵敏的沟通机制，就能够使政府掌握客观环境的发展趋势和动态，预先评定突发事件发生的多种可能性，做好组织准备、人员准备和物资准备等多方面的应急准备，将危机消灭在潜伏状态。

其次，危机沟通的环境监测功能体现在预警作用上。在出现灾害诱发因子等征兆时，政府及时发布灾害预警，能够使社会和公众提前采取措施，趋利避害，赢得社会和公众的理解与支持，形成应对灾害的共识，从而整合各方力量，迅速展开应对突发事件的各项工作。

突发事件事发阶段，良好的信息沟通能够使政府尽早掌握信息，及时启动预案，优化配置应急资源，最大限度地遏止突发事件的进一步发展，降低灾害应对的成本；而利用自身信息源的权威性、广泛性和灵通性，及时、真实地披露信息，可以使公众了解事件的真实情况，知道预防、控制、处理事件的基本知识和方法，降低公众的恐惧感，杜绝谣言的产生，起到稳定社会情绪、恢复社会秩序的作用。

危机沟通的环境监测功能还体现在环境监控作用上。以政府内部沟通为例，在下行沟通中，上级主管部门通过与所属部门沟通交流，可以发现存在的问题，并由于自身的权威性而使所属部门及相关人员产生压力，在该压力的驱动下，下属部门对所存在的问题进行整改，从而消除危机的诱因。另外，通过上行沟通，行政人员或大众传媒把存在的问题及时反馈给上级主管部门，也可以产生压力，促使其面对问题，采取措施进行整改。

1.2.2.2　决策辅助功能

从信息运动的角度看，决策是将信息转换为行为的过程，信息是危机决策的重要基础

---

① 王沪宁，竺乾威．行政学导论．上海：上海三联书店，1988．

② 陈世瑞．公共危机管理中的沟通研究．上海：上海人民出版社，2010：56．

③ 袁明旭．论公共危机沟通的特点和功能．内蒙古民族大学学报，2007（11）．

与前提条件，贯穿于危机决策过程始终。而“危机事件的实质，是非程序化决策问题。不确定性的存在其实本质上来源于信息的缺失，现实中的不可预见性导致了信息的不可靠或不完备，无法提供决策所需的基础”①，如在某危化品爆炸事件中必须在受影响情况还不十分明朗的情形下迅速做出人员疏散的范围半径、时间等决策内容，在这种情况下，危机沟通正好可以最大限度地弥补危机决策所急需的信息和资源。

危机爆发之后，需要迅速进行各种决策，但这并不意味着可以放弃决策的科学性，随意地、草率地进行决策。事实上，在危机状态下，有的危机管理者由于不懂或不进行危机沟通，否定、排斥、缩小危机，采取“鸵鸟政策”。有的危机管理者则惊慌失措，在不了解危机基本信息的情况下，就匆忙草率决策，随意进行没有备选方案的“霍布森式决策”，靠侥幸、碰运气的方式来应对危机，这些都是不可取的②。

危机决策必须建立在指挥部或指挥人员收集、分析和处理信息的基础上，信息越完整，做出的决策就越可能正确。突发事件发生后，健全高效畅通的信息沟通机制，强有力的危机沟通能够使政府提高决策的可信度和可行性，在有限的时间、资源和人力等约束条件下，做出正确的处置决策，采取有效的应对措施。

1.2.2.3 动员修复功能

危机沟通的网络和系统就像人体的中枢神经网络系统，遍布全身，把人体的每一部分紧密地连接在一起，形成一个有机的整体，因此，贝克把危机沟通视为组织的生命线，认为它发挥着维持和修复生命有机体的重要功能。

危机沟通具有社会动员和稳定人心的功能。危机常常使人们处于极度恐慌之中，产生“群体无意识”效应，此时，政府领导亲临危机现场，与相关部门和受灾群众面对面沟通，可以使公众感受到政府和社会的关心和帮助，有助于稳定民心。同时，及时向社会和公众公布真实的危机信息，传播防范危机的科学知识，使公众知道如何预防危机和避免伤害，可以缓解公众的焦躁心理，舒缓他们的紧张情绪，起到稳定人心的作用。

危机沟通可以克服政府信息的盲点，维持社会信息的平衡，使受到危机影响的内外部利益相关者清醒地认识到危机已经把他们紧紧连在了一起，成为一个休戚与共的命运共同体，只有大家齐心协力，共同努力，才能共渡难关，这就可以吸引社区、志愿者组织、红十字会等社会力量参与到救灾工作中来，形成众志成城、共克时艰的救灾氛围。

危机沟通具有修复关系和重塑形象的功能。危机的破坏性会使组织原有的内外部关系受到破坏，在这种情形下，主动及时、开诚布公地与大众传媒、利益相关者以及社会公众等进行沟通交流，能够使他们了解危机的真实情况，看到政府的态度和行动，理解危机处理的进程、对策和结果，从而获得支持与理解，这些都有助于修复组织内外部的各种关系。

危机爆发，很容易损害组织形象，动摇外部社会和公众对组织的信心，甚至会威胁到组织的生存，通过危机沟通，具体而言，通过信息、情感、思想及价值的传递、交流、互动，重塑组织的形象，使组织内外部在事实上看到组织负责任有能力的形象，在情感上产

---

① 王磊. 管理沟通. 北京：石油工业出版社，2001：224.

② 袁明旭. 论公共危机沟通的特点和功能. 内蒙古民族大学学报，2007（11）.

生值得信赖的共鸣，在思想上达成客观理性的共识，从而消除悲观颓丧情绪，鼓舞士气，重新建立起对组织良好发展前景的信心。

1.2.2.4　改进学习功能

危机之所以成为机遇，其中一个重要方面是危机过后的学习机制，即从灾难中学习、汲取经验和教训，总结突发事件应对过程中的经验与教训，据此改进政府管理的机制、流程和方法，为今后更好地开展突发事件应对和社会治理工作打下基础，这是危机沟通的题中应有之义。

危机往往使人们认识到体系弊端，同时带来了进行变革的压力和动力，危机后的组织变革，观念更新、制度完善、机构重建、政策改进、管理者更新等，也是促成制度变迁的重要契机。历史上这种危机与制度变迁关系的例子比比皆是，如美国纽约毒牛奶事件，带来了美国食品卫生制度的确立。2003 年 SARS 疫情过后，中国在总结以往经验、教训的基础上，全面建立了各级政府的应急管理体系等，这些都是危机的两面性的重要表现。

1.2.3　危机沟通的根本手段——信息管理

危机沟通可以通过多种手段来实现，但是，从根本上来看，危机沟通各主体之间的联系是通过信息传递、信息反馈等进行的，因此，信息管理是危机沟通的最主要、最根本的手段，其他所有的沟通手段必须以信息管理作为前提和基础。

1.2.3.1　信息管理的含义与特点

1. 什么是信息？

“information”（信息）来源于拉丁语“informatio”，意思是解释、陈述；日文中为“情报”，我国台湾地区称之为“资讯”，我国古代用的是“消息”。

信息同物质、能源一样重要，是人类生存和社会发展的三大基本资源之一。物质相对直观，信息相对抽象，能源介于两者之间。信息作为一种富有生命力的资源，将如同阳光、空气和水一样，成为人类生活必不可少的要素①。

“信息”作为科学术语最早出现在哈特莱（L. R. V. Hartley）于 1928 年在《贝尔系统技术》杂志上发表的一篇题为《信息传输》的论文中。他区分了消息和信息，认为“信息是指有新内容、新知识的消息”，将信息理解为选择通信符号的方式，并用选择的自由度来计量这种信息的大小。1948 年和 1949 年，信息的奠基人，美国著名数学家、贝尔实验室电话研究所的香农（C. E. Shannon）连续发表《通信的数学理论》和《在噪声中的通信》两篇论文，提出了信息量的概念和信息熵的计算方法，因此被视为现代信息论的创始人。香农给信息下了一个高度抽象化的定义：“信息是用以消除随机不确定性的东西。”1948 年，美国著名数学家、控制论创始人维纳（Norbert Wiener）教授出版了专著《控制论——动物和机器中的通信与控制问题》，并创立了控制论。维纳从更加广阔的领域研究了信息。

此后，许多研究者从各自的研究领域出发，对信息给出了不同的定义②。总的来

---

① 蔡筱英，金新政，陈氢. 信息方法概论. 北京：科学出版社，2004：1.

② 信息管理系列编委会. 信息资源管理. 北京：中国人民大学出版社，2001：3-4.

看，信息是一个内容丰富、运用普遍、含义又相当模糊的概念。具有代表意义的表述如下①：

● 信息论奠基人香农认为："信息是用来消除随机不确定性的东西。"这一定义被人们看作经典性定义并加以引用。

● 控制论创始人维纳认为，"信息是人们在适应外部世界，并使这种适应反作用于外部世界的过程中，同外部世界进行互相交换的内容和名称"。他还认为，"接收信息和使用信息的过程，就是我们适应外部世界环境偶然性变化的过程，也是我们在这个环境中有效地生活的过程"。这个定义也被作为经典性定义加以引用。经济管理学家认为，"信息是提供决策的有效数据"。电子学家、计算机科学家认为"信息是电子线路中传输的信号"。

● 美国信息管理专家霍顿给信息下的定义是："信息是为了满足用户决策的需要而经过加工处理的数据。"简单地说，信息是经过加工的数据，或者说，信息是数据处理的结果。

● 1975 年，意大利学者朗高出版了专著《信息论：新的趋势与未决问题》，并在绪言中指出："信息是反映事物的形成、关系和差别的东西，它包含在事物的差异之中，而不是在事物本身。"由此得出结论：有差异就有信息，没有差异就没有信息。

● 1996 年，我国著名的信息学专家钟义信在其著作《信息科学原理》一书中对信息从本体论和认识论两个层次给出了定义。从本体论层次，认为"信息是事物存在方式或运动状态，以这种方式或状态直接或间接的表述"。其中，信息泛指一切物质客体和精神现象，泛指一切意义上的变化。从认识论的层次，信息被定义为："信息是主体所感知或者主体所描述的事物运动的状态以及状态变化的方式。"

●《辞海》(2019 年第七版）对"信息"的注释：(1）音讯："消息"。(2）通信系统传输和处理的对象，泛指消息和信号的具体内容和意义，通常须通过处理和分析来提取。信息的量值与其随机性有关，如在接收端无法预估消息或信号中所蕴含的内容或意义，即预估的可能性越小，信息量就越大。

●《新华词典》(2013 年第 4 版）对"信息"的注释：(1）音信：消息。(2）信息论中指用符号传送的报道，报道的内容是接收符号者预先不知道的。(3）事物的运动状态和关于事物运动状态的陈述。

●《韦氏字典》对"信息"的注释：信息是用以通信的事实，是在观察中得到的数据、新闻和知识。

根据对信息的研究成果，科学的信息概念可以概括如下：信息是对客观世界中各种事物的运动状态和变化的反映，是客观事物之间相互联系和相互作用的表征，表现的是客观事物运动状态和变化的实质内容。

简言之，信息是事物的存在状态和运动属性的表现形式。自然界和人类社会一切事物自身运动状态以及它们之间相互联系、相互作用所表达或交换的内容，都可称之为信息。信息的功能，在于反映事物内部属性、状态、结构、相互联系以及与外部环境的互动关系，减少事物的不确定性。其中，"事物"泛指人类社会、思维活动和自然界一切可能的对象。"存在方式"指事物的内部结构和外部联系。"运动"泛指一切意义上的变化，包括

① 肖明．信息资源管理．北京：电子工业出版社，2002：3.

机械的、物理的、化学的、生物的、思维的和社会的运动。“运动状态”是指事物在时间和空间上变化所展示的特征、态势和规律。

2. 什么是突发事件信息?

危机沟通中的信息管理，主要是对突发事件信息资源和信息活动的管理。

突发事件信息是指突发事件发生、发展、消亡过程中所产生的反映突发事件状态、性质、特征、程度以及应对突发事件行为的信息；或者是整个突发事件应急管理过程中，应急管理者采集、加工和输入、输出的信息的总称。

具体说，突发事件信息包括两方面的内容：一是指为达到应急管理目的，形成应急管理行为而收集或加工的信息，主要表现为反映或可能影响应急管理客体运行状态的各种原始信息和预测信息；二是指经过加工并在应急管理全过程中运用的，反映应急管理者行为的信息。

突发事件信息具有以下特征：

一是动态性。突发事件的发生和发展是一个过程，具有不断变化的特征，突发事件信息也会随之变化，表现出很强的动态性和时效性。突发事件的信息获取也是一个过程，往往需要不断核实、修正。一方面，一些突发事件持续时间较长，如在时间和空间上发生动态变化，突发事件信息也随之演变。例如，台风或飓风形成后，一般会移出原地并经过发展、成熟、减弱和消亡的演变过程；台风的路径演变、强度突变、移速突变和登陆后暴雨突变等问题会使得台风的演变非常复杂，灾情信息多变①。另一方面，一些原生突发事件还会引发事件链，产生各种次生、衍生事件，造成事件在时间、空间和方式上的演变，使得突发事件信息具有动态性。例如，2011 年 3 月 11 日，日本发生里氏 9.0 级强烈地震，地震引发海啸和福岛核电站泄漏等衍生灾害。

二是多源性。突发事件信息的来源是多种多样的，有来自应急管理系统自下而上的信息，有来自突发事件现场报告的信息，也有来自公众、媒体和社会组织等第三方的信息。自然灾害等突发事件信息在数据源上有卫星遥感数据、航摄的影像数据、地面跟踪数据、移动终端设备（等）获取的位置信息数据、实时监测数据及不同时态的事件属性信息数据等。例如，2008 年汶川地震发生后，国家减灾中心利用不同方式获取各类灾情信息，包括基础地理数据、灾前灾后遥感影像数据、地震烈度数据和媒体报道灾情信息等②。

三是不确定性。突发事件发生后，由于事发突然、高度紧急，事态信息难以立刻得到全面、准确掌握。有些突发事件还会造成通信中断或不畅，使得信息无法正确传递和汇总，决策者必须面对各种不确定的信息。例如，2008 年汶川特大地震发生后，对重灾区的通信基础设施造成毁灭性的破坏；震后前两天，这些重灾区成为通信的孤岛，里面的准确灾情无法及时传递出来，给抗震救灾队伍的快速研判、经济决策和科学指挥造成极大被动。同时，由于引发突发事件的原因是多方面的，突发事件应对的方式方法是否得当、及时有效，都会直接影响突发事件发展的方向和趋势。

---

① 陈香，陈静，王静爱. 福建台风灾害链分析：以 2005 年“龙王”台风为例. 北京师范大学学报（自然科学版），2007，43（2）：203-208.

② 国家减灾委，科学技术部抗震救灾专家组. 汶川地震灾害综合分析与评估. 北京：科学出版社，2008.

四是冲突性。突发事件信息来源非常复杂，来自不同消息源的信息之间有时存在一定的矛盾和冲突，容易引起决策者和公众的误解。以 2010 年 4 月 14 日青海玉树强烈地震后的道路通畅情况为例。人民网 4 月 15 日 17 时发布信息“中国交通运输部表示主要道路全部通畅”；18 时又发布消息，“公安部提示国道拥堵，建议社会车辆改道”。17 日的记者目击中表述，“15 日 20 时，从西宁出发，在国道 214 上历经 21 个小时，16 日 17 时才抵达玉树灾区”。同时，虽然突发事件信息本身是客观的，但由于主观认识上的偏差，或受交通、通信等因素影响，或为逃避责任，一些地方和部门存在信息迟报、漏报的现象，甚至可能谎报、瞒报。

五是复杂性。各类突发事件信息体系有时相互关联，但在数据来源的可靠性与广泛性、收录数据标准界定、数据管理方式（包括灾害特征类、字段名称、对应数据类型等规范的确定，典型的关系数据库结构应用以及与国际同类数据库互访与接轨）等方面缺乏统一标准，无法形成结构清晰的突发事件信息体系①。

信息是决策的基础和依据，也是决策的先导和前提。现代控制论的提出者维纳提出：“有效地活着就是与合适的信息一起活着。”② 实际上，信息贯穿于决策过程的始终：决策的形成需要借助信息进行判断，决策的实施需要借助信息进行控制，决策执行终结后需要凭借信息进行总结，为新的决策创造条件③。科学的决策分析方法对决策信息的收集、选择和运用的具体内容和质量都提出了要求，可有效避免决策信息收集、选择、运用不当的问题。国际透明研究机构的杰瑞米·波普认为：“信息就是权力，拥有它的人越多，就会有越多的权力得以分配。”④

与常规条件下的程序性决策不同，信息因素对突发事件情景下的应急管理具有特殊的重要意义。安皮里卡资本公司的创办人纳西姆·尼古拉斯·塔勒布在《黑天鹅：如何应对不可预知的未来》一书中指出，我们的世界是由极端、未知和非常不可能发生的（对我们现有的知识而言非常不可能发生的）事物主导人类认识那些被称为“黑天鹅事件”的不可预测的重大事件，应对不可预知的未来，更深刻地理解世界的复杂性，并从不可预知的未来中获益⑤。在突发事件情境下，管理者经常面临信息不对称的困境。“突发”意味着致灾因子模糊，事态趋势不明，尤其是在事件发生后的最初阶段，信息复杂、瞬变、杂乱、失真，如何识别、收集和传递关键信息成为有效应对突发事件的基础⑥。

从控制论角度讲，应对突发事件的过程实质上就是社会系统对造成失衡的突发事件的控制过程，也就是对社会系统加以控制，使其恢复到原来的平衡状态的过程。控制过程需要通过反馈环节来实现，而反馈主要是信息的反馈，控制的全过程都不能离开信息。只有

---

① 刘耀龙，许世远，等. 国内外灾害数据信息共享现状研究. 灾害学，2008，23（3）：109-114.

② 佘琴. 暴雪再次引发人们对交通问题的深层思考. 交通建设与管理，2008，（Z1）：45-48.

③ RATHWELL M A，BURNS A. Information systems support for group planning and decision-making activities. MIS quarterly，1985，9（3）：255-271.

④ 波普. 制约腐败：建构国家廉政体系. 清华大学公共管理学院廉政研究室，译. 北京：中国方正出版社，2000：172.

⑤ 塔勒布. 黑天鹅：如何应对不可预知的未来. 万丹，译. 北京：中信出版社，2008：4.

⑥ SIMON H A. The architecture of complexity. Proceedings of the American philosophical association，1962，106（6）：467-482.

掌握了充分的信息，才能对突发事件做出准确的预警，才能在突发事件出现后采取最及时最恰当的措施，从而取得最佳的应对效果。这个控制反馈的过程是一个以信息为媒介的过程，表现为信息的不断输入、输出和反馈。因此，应急管理工作实际上是以突发事件信息处理为中心的工作，信息是应急管理系统的基本构成要素和有机联系的介质，是突发事件应对工作中各部门、各层次、各环节之间沟通联络的纽带，是整个应急管理工作的基本前提和依据。

3. 什么是信息管理？

信息管理（information management）是人类为了有效地开发和利用信息资源，以现代信息技术为手段，对信息资源进行计划、组织、领导和控制的社会活动，是信息产生、识别、遴选、收集、加工、传递、储存、检索、输出等工作的总称。简单地说，信息管理就是人对信息资源和信息活动的管理。它包括信息从产生到退出的整个生命周期。

信息管理有狭义和广义两种含义。狭义的信息管理指的是采取各种技术和手段对信息的组织、存储、检索等进行管理。广义的信息管理不仅包括对信息本身的管理，还包括从有效地满足各种信息需求的角度出发，对信息活动中的各要素进行合理利用，以实现信息资源的优化配置，使信息管理的工作效果达到最优①。

信息管理的对象是信息资源和信息活动。信息资源是信息生产者、信息、信息技术的有机体。信息管理的根本目的是控制信息流向，实现信息的效用。信息生产者、信息、信息技术三个要素形成一个有机整体——信息资源，其是构成任何一个信息系统的基本要素。其中，“人”是控制信息资源、协调信息活动的主体，是主体要素；信息技术为信息的收集、存储、传递、处理和利用等信息活动过程提供支持。信息活动是指人类社会围绕信息资源的形成、传递和利用而开展的管理活动与服务活动。信息资源的形成阶段以信息的产生、记录、收集、传递、存储、处理等活动为特征，目的是形成可以利用的信息资源。信息资源的开发利用阶段以信息资源的传递、检索、分析、选择、吸收、评价、利用等为特征，目的是实现信息资源的价值，达到信息管理的目的。

信息管理要求及时、准确。所谓及时，就是信息管理系统要灵敏、迅速地发现和提供管理活动所需要的信息。一方面，要及时地发现和收集信息。信息管理必须最迅速、最敏捷地反映出工作的进程和动态，并适时地记录下已发生的情况和问题。另一方面，要及时传递信息。要以最迅速、最有效的手段将有用的信息提供给有关部门和人员，使其成为决策、指挥和控制的依据。所谓准确，就是信息管理掌握的信息要客观反映状态。只有准确的信息，才能使决策者做出正确的判断。为保证信息准确，首先，原始信息必须可靠。信息工作者在收集和整理原始材料的时候必须坚持实事求是的态度，克服主观随意性，对原始材料认真加以核实，使其能够准确反映实际情况。其次，必须保持信息的统一性和唯一性。一个管理系统的各个环节，既相互联系又相互制约，反映这些环节活动的信息有着严密的相关性。在加工整理信息时，要注意信息的统一，也要做到计量单位相同，以免在信息使用时造成混乱。

信息管理的一般过程包括信息收集、信息传输、信息加工和信息储存。其中，信息收

① 娄策群. 信息管理学基础. 北京：科学出版社，2009：42.

集就是对原始信息的获取。信息传输是信息在时间和空间上的转移，因为信息只有及时准确地被送到需要者的手中才能发挥作用。信息加工包括信息形式的变换和信息内容的处理。信息的形式变换是指在信息传输过程中，通过变换载体，使信息准确地传输给接收者。信息内容的处理是指对原始信息进行加工整理，深入揭示信息的内容。信息储存就是把部分信息留作事后参考和保留，既可以从中揭示出规律性的东西，也可以重复使用。

所谓危机沟通中的信息管理，指在危机沟通过程中对突发事件信息资源和信息活动的管理。从狭义理解，危机沟通中的信息管理是指采取各种技术和手段，对突发事件信息的组织、存储、检索等进行管理。从广义理解，危机沟通中的信息管理指不仅要对突发事件信息本身进行管理，而且要合理地安排和组织突发事件信息管理活动中的各项工作，分配和利用突发事件相关信息资源，使突发事件信息资源既能有助于应急管理者的决策又能满足公众的信息需求。

1.2.3.2 信息管理的基本过程

组织的信息处理观认为：组织流程是一个信息处理和交流的系统，由信息处理和沟通工具支持下执行相关活动的参与者集合组成①。危机沟通“是指在危机事件的发生前期、过程中期和事态后期，实现组织和其受众之间的沟通对话”，“要求采取最有效的手段把精心编排的信息传递给最精准的目标受众（观众）”②。危机沟通的过程，是对突发事件信息进行管理的过程。

从时间先后来看，突发事件信息管理过程包括输入、处理、输出三个阶段（见图 1－2）。信息输入、信息处理、信息输出构成了一个完整的突发事件信息管理体系，确保突发事件信息能够“进得来、判得准、出得去”，做到“出现即发现、发现即判明、判明即发布”。

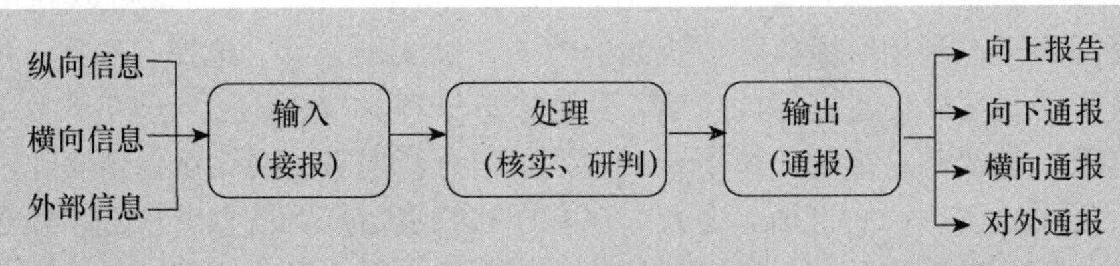

图 1－2 突发事件信息管理的基本过程

1. 信息输入

信息输入是指组织从外部广泛获取和收集信息的活动，是进行原始数据收集的过程。原始数据收集是信息管理中关键的第一步，是后续工作的基础，全面、及时、准确地识别、遴选、收集原始数据是确保信息正确性与有效性的前提。

信息输入一般要经过明确收集目的、形成并优化收集方案、制订收集过程计划、着手收集及分类汇总等环节。具体而言，信息输入通常包括数据的识别、整理、表达和录入。其中识别是指面对大量的数据，要选择那些有价值、能正确描述事件的数据；整理是指对

① GALBRAITH J. Organization design. Reading，Massachusetts：Addison-Wesley Publishers，1977.

② 弗恩-班克斯. 危机传播：基于经典案例的观点：第 4 版. 陈虹，等译. 上海：复旦大学出版社，2013：1-2.

识别获得的数据进行分类整理，便于对数据进行进一步加工；表达是指对整理后的数据采用一定的表达形式，如数字、文字、图形等；录入是指将数据输入系统中，要求避免差错。

信息输入位于信息报送体系的前端，具有基础性、引导性、先决性地位，要解决的是信息能否“进得来”的问题，目标是尽可能及时、准确、全面地收集到突发事件信息，做到“出现即发现”。俗话说，巧妇难为无米之炊。信息收集是信息得以利用的第一步；如果信息接报不及时、不准确、不全面，决策者就无法开展信息处理工作或可能对事态做出错误判断。

突发事件信息来源主要包括来自政府体系内的纵向信息、横向信息以及来自社会的外部信息三个方面。

2. 信息处理

信息处理是指通过对信息进行整理，变原始信息为加工信息的过程。毛泽东在《实践论》中指出：“要完全地反映整个的事物，反映事物的本质，反映事物的内部规律性，就必须经过思考作用，将丰富的感觉材料加以去粗取精、去伪存真、由此及彼、由表及里的改造制作工夫，造成概念和理论的系统，就必须从感性认识跃进到理性认识。这种改造过的认识，不是更空虚了更不可靠了的认识，相反，只要是在认识过程中根据于实践基础而科学地改造过的东西，正如列宁所说乃是更深刻、更正确、更完全地反映客观事物的东西。”① 信息处理一般须经过真伪鉴别、排错校验、分类整理、加工分析四个步骤。其中，真伪鉴别是通过对信息渠道、内容和时效的审查达到去伪存真目的；排错校验是对原始数据的准确性进一步核实和纠正；分类整理则是使零乱的原始数据系统化；加工分析是信息加工的最重要的一环，通过对企业内外原始数据与企业经营目标的综合分析，找出有关问题的规律和趋势，明确信息的价值所在。

信息处理位于信息报送体系的中端，要解决的是信息能否“判得准”的问题。信息处理的目标是在对所接报的信息进行核实的基础上对事态做出科学准确的判断，从而提高加工信息的准确性和可靠性，做到“发现即判明”。俗话说，对症方能下药。信息处理只有到位了，才能对事件准确定性、定级，为后续信息输出和应急处置提供科学依据。

突发事件接报后的信息处理，包括信息核实和信息研判两个阶段。其中，核实是指检验和查证，即核查所接报的突发事件信息是否属实，识别和确认信息报送单位是否存在迟报、谎报、瞒报、漏报等行为；研判是指研究和判断，即综合运用多种评价分析方法，按照所造成的伤亡程度、潜在危险程度和可能的发展趋势以及事件的性质、危害程度、涉及范围等确定突发事件的级别，分析事态的发生规律、特点、走势等。

3. 信息输出

信息输出是指对信息处理结果的应用，即根据实际需求，将加工信息显示和提供给相关组织和人员等使用者的过程。信息输出是信息管理的归宿。信息管理的目标是按管理职能的要求，定时定向、保质保量地输出信息。一般来说，衡量信息管理有效性的关键不仅

---

① 毛泽东．实践论：论认识和实践的关系：知和行的关系//毛泽东．毛泽东选集：第 1 卷．2 版．北京：人民出版社，1991：291.

在于信息收集、加工、存储、传递等环节，更在于信息输出的时效、精度、数量等能否充分满足管理的要求。

信息输出位于信息报送体系的末端，是对整个信息处理结果的应用过程，要解决的是信息能否“出得去”的问题，目标是将信息传递给突发事件相关目标机构和群体，推动目标机构和群体迅捷有效地采取应急处置措施，做到“判明即发布”。

从突发事件信息输出的最终走向来看，信息输出包括四个方面：一是向上报告，即向上一级政府、有关机构和人员报告相关突发事件信息；二是向下通报，即向下一级政府、有关机构和人员通报相关突发事件信息；三是横向通报，即向相关地区的政府、有关机构和人员通报相关突发事件信息；四是对外通报，即向突发事件当事人、媒体、社会组织和公众等政府体系外的突发事件相关机构和人员通报突发事件信息。

1.3 危机沟通的主要理论模型

危机沟通的理论模型是危机沟通行为的基础，并对相关的危机沟通行为进行了解释。它主要包括 5 个模型，即危机沟通中的形象修复理论、情境危机沟通理论模型、社会媒介危机沟通模型、综合危机图式模型、共变基础的危机沟通理论。

1.3.1 形象修复理论

形象修复理论（image restoration theory，IRT）是与危机传播理论紧密相关的一个理论体系，该理论的代表人物是美国学者威廉·贝努瓦（William Benoit）。他认为，危机发生后，组织应该主动承担责任，争取在较短时间内将组织形象受损程度与范围控制在最小限度。为此，他在对自我辩护、辩解研究的基础上，初步构建了形象修复理论。这个理论模型假设在危机期间，形象是一个人或一个组织应当保护的资产。该人或该组织被攻击时，受攻击者或形象受损者应当准备应对沟通话语，以修复自身的形象①。

贝努瓦还进一步引入了在危机期间，危机沟通的 5 个适用于任何情况的一般性策略，及适用于特定情况的 14 项特殊性策略。一般性策略包括否认、规避责任、减少敌意、修正和悔恨②。特殊性策略则是根据这 5 个一般性策略中的不同情况制定的具体性策略。

1.3.1.1 否认（denial）

否认是组织在形象修复中可以首先使用的策略，贝努瓦认为否认包括两种形式：第一种就是直接否认，既可以向公众否认组织没有做过任何被指责的行为，也可以直接否认危机事件的发生。第二种否认方法是将指责转移给他人，也就是当组织发生危机之后没有直接否认自己有过任何失当行为而是寻找第三方，将危机发生的原因归咎于第三方，这种做

①② BENOIT W L. Accounts，excuses，and apologies. Albany：NY：State University of New York Press，2014.

法既为公众找到了一个应该攻击的目标，又将自己从危机中解脱出来。一般来说，如果公众相信组织所进行的否认，那么这一策略对于迅速将组织与危机划清界限是十分有效的，但是如果运用不当反而可能使得公众认为组织是在规避责任，从而对组织的形象产生更加不好的影响。

1.3.1.2　规避责任（evasion of responsibility）

对于那些不能进行否认的危机，组织通常还可以通过合理的规避责任来修复其受损的形象。这一策略具体又分为四种主要方法：正当回应、无力控制、意外、本意良好。

正当回应指的是当组织被认为要对某次危机事件负责时，组织可以向公众解释其之所以会做出不当的行为完全是对另外一种侵犯性行为的正当回应，组织会犯错是因为其在捍卫自己的正当权益。如果公众信任组织的这种解释，那么组织受损的形象就可以在一定程度上得到修复。

无力控制指的是组织进行危机回应时，可以向公众宣称会发生危机事件是因为组织缺少相关信息或能力对危机进行控制，这种解释表明组织不应当对危机的发生负全部责任，这可以在一定程度上减少公众对于组织的敌意。

意外是指组织可以将危机事件或是组织曾经做出的失当行为归结为一次意外，人们一般对于人为因素造成的危机更加不能原谅，而对于那些不因人为因素而引发的意外事故则更加具有宽容性，因此这种方法也可以帮助组织修复形象。

本意良好指的是组织可以向公众解释组织虽然做了某些不当的行为，但其本来的意图是良好的，即所谓的好心办了坏事，如果公众可以接受组织的这种解释，或多或少也可以减轻其对组织的敌意。

1.3.1.3　减少敌意（reduce offensiveness）

减少敌意即指组织发生危机之后通过各种方法减少公众对于组织产生的敌意，从而减少对于组织形象的伤害，减少敌意具体包括六种方法：强化支持、最小化危机、区别化、超脱、反击、补偿。

强化支持是指组织可以通过加强公众对于组织的积极看法以抵消公众心中产生的消极情绪。使用这一方法时，组织可以强调它在过去所创造的辉煌历史，以及在过去与公众培养的良好关系。

最小化危机是指组织可以尽量降低公众心中危机的严重性，当公众认为危机并没有他们想象得那么严重时，因为危机而产生的负面情绪也会在某种程度上得到消解。

区别化指的是组织可以将危机事件与那些伤害更为严重的行为区别开，在对比之下使公众认为该危机并不十分严重，从而缓解公众对于组织的敌意。

超脱指的是组织可以提醒广大公众有更为重要的事情值得关注，这样一来可以将公众的注意力从此次危机事件上转移开，从而减少公众对于组织所产生的敌意。

反击指的是组织可以攻击那些指责组织的群体或个体，可以通过各种方法降低那些责备群体或个体的可信度，从而减少公众对于组织的敌意。

补偿即指组织对危机事件的受害者进行物质或精神上的补偿，以此达到减少敌意的效果。

1.3.1.4　修正（corrective action）

这一策略是指危机发生之后，组织承诺会纠正自己的不当行为，通常组织可以采取声明的形式承诺不会再发生类似的危机事件。

这种纠正行为的策略既可以当作道歉策略的一种，同时又可以在组织不承认错误的情况下直接使用。这一策略在一定程度上也可以提升组织的形象。

1.3.1.5 悔恨（mortification）

毋庸置疑，犯错之后进行道歉在一定程度上是有效的，对于由组织的不当行为而引发的危机，组织在对事件承担责任的基础上，可以通过表达歉意的方式获得公众的原谅，以期修复受到损害的形象。

1.3.2 情境危机沟通理论模型

危机是一个负面事件，利益相关者总是试图去规避责任。情境沟通理论源于心理学上的归因理论（attribution theory），这一理论认为面对危机事件的突然爆发，公众一般的反应是寻找危机发生的原因。归因理论是解释关系中的危机事件的一个有效方法，它可以揭示出组织对危机的责任，组织责任归因越强，对声誉的损害越大，公众的不满也越大。

1.3.2.1 模型的内涵

蒂莫西·库姆斯（Timothy Coombs）较早开始了情境危机沟通理论（situational crisis communication theory，SCCT）的研究工作①。他认为，危机管理者可以根据不同的危机情境类型，采取不同的危机沟通策略。情景危机沟通理论与形象修复理论不同，它是受众导向（audience-oriented）的理论，聚焦在利益相关者对于危机情境的看法上，后者则更关注主观看法而非实际情况。

危机情境是利益关系人对于组织责任归属的主观认定，依照责任大小分成受害者（victim）、意外的（accidental）事故、可以避免的（preventable）事故几个类型，相对应的沟通措施可以分为否认（deny）、降低伤害（diminish）、善后处理（deal）三种。

1.3.2.2 模型中的否认策略

按照责任的划分原则，在这种情形下，组织属于事件受害者，主要的起因包括谣言、天灾等。其所应当采取的策略应该是以否认为主的，根据否认的强度可以分为攻击指控者（attack）、否认（denial）两种。

攻击指控者的策略是一种主动出击型的策略，其主要做法是对外宣称指控者的信息是错误的，是毫无根据的，甚至扬言对指控者采取提起诉讼等反击行动。不过这个策略的使用一定要保证所掌握的证据是确凿的，否则可能会没有回旋的余地。

否认是属于被动防守型策略，主要做法是声称没有危机发生，指控者所说的是谣言，是没有根据的，经不起推敲，存在逻辑上的错误等。

1.3.2.3 模型中的降低伤害策略

按照责任的划分原则，在这种情形下，事件发生的原因是组织的无心之过。其发生的

① COOMBS W T. Choosing the right words: the development of guidelines for the selection of the "appropriate" crisis-response strategies. Management communication quarterly，1995，8（2）：158-161.

原因包括组织过失和意外事件。其主要的沟通策略应该是以降低伤害为主，主要包括推诿（scapegoat）、借口（excuse）、博同情（suffer）、合理化（justification）、降低攻击（reducing offensiveness）、关心（concern）等。

推诿又被称为规避责任，是将主要责任归咎于他人或其他组织；借口，则是指声称危机的发生是组织的无心之过，其他组织也可能发生类似的事情，进而降低组织的责任；博同情，主要是表现得像个遭受不公平待遇的受害者，以赢得公众的同情；合理化，是声称危机造成的危害很小，属于事物发展中的必经阶段和必然现象；降低攻击，是通过转移话题说出组织的长处，从而淡化伤害，但这个长处要具有相关性，且需要提高一个层次；关心，是对受害者从语言上表示关心和关注。

1.3.2.4 模型中的善后处理策略

按照责任的划分原则，在这种情形下，组织可以避免却没有避免或甚至故意犯错而导致危机发生，属于可以避免的事故。从发生的原因上看包括道德危机和犯罪事件，其主要的应对策略包括迎合（ingratiation）、转移话题（transfer）、补偿（compassion）、忏悔（regret）、道歉（apology）、提供信息（information）等策略。

迎合，迎合组织的利益关系人，或者强调组织过去的成绩，来淡化危机的伤害；转移话题，通过构建新的议题，把大众的注意力从事件中拉升到更高的格局或另外对组织有利或无害的情境上，并说明此格局或情景与大众的价值一致，提高大众的认同感；补偿，也常常被称为修正行动，即对以前错误的修正或者补偿，通常是对受害者提供金钱或物质上的补偿；忏悔，对于危机的发生表示后悔和遗憾；道歉，承担起全部责任，以求得受害者及利益关系人的谅解；提供信息，主要是对于大众或者目标对象提供知识型、心理调节型或是事实层面的信息，以满足危机状态下的信息需求①。

1.3.3 社会媒介危机沟通模型

近年来，社交媒体不断发展，其在危机沟通中扮演着越来越重要的角色，一种基于社交媒体的危机沟通理论模型——社会媒介危机沟通（social mediated crisis communication，SMCC）模型被提了出来，并得到广泛的关注②。

1.3.3.1 模型的内涵

社会媒介危机沟通理论注重于研究网络情境下的应急管理研究。在过去的危机沟通理论中，沟通媒介之所以并没有得到足够的重视，很大原因在于传统媒介自身被动性的工具特征。在过去，危机沟通总体上是一种精英，包括政府、政党和其他组织等向公众宣传自身想法以引导大众的意识行为朝着自己所期望的方向转移的过程。这种沟通过程具有明显的单向性特征，普通公众是被动的受众，其接收到的信息通常是经过精英有意识的修剪和组织后的内容。

---

① 吴宜蓁. 危机情境与策略的理论规范与实践：台湾本土研究的后设分析. 国际新闻界，2013（5）：33-42.

② 钟伟军，黄怡梦. 社交媒体与危机沟通理论的转型：从SCCT到SMCC. 电子科技大学学报（社会科学版），2016，18（5）.

这个模型第一次解释了信息源和信息形式如何影响决策选择，并且给出了危机应对的策略（见图 1-3）①。

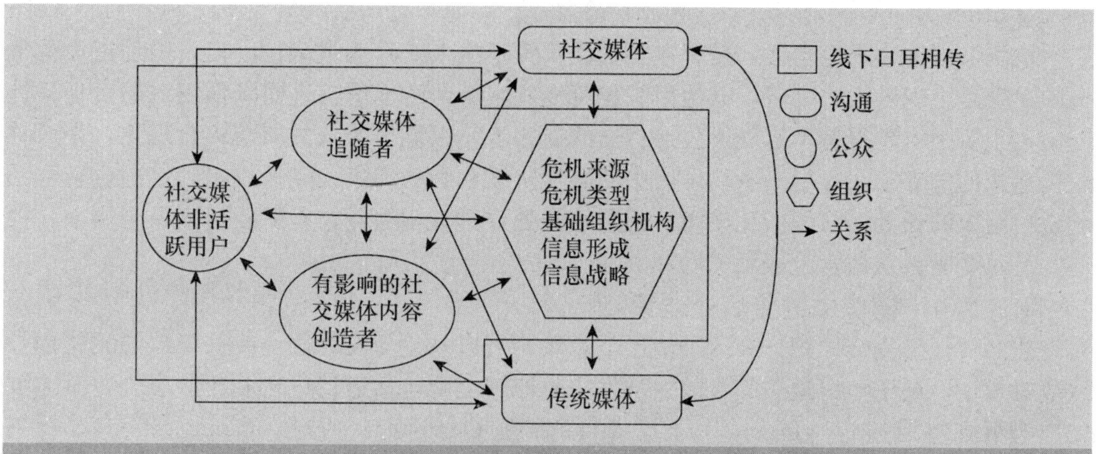

图 1-3　社会媒介危机沟通模型关系图

1.3.3.2　模型中的三类群体

这一模型依照危机过程中在社交媒体信息表现上的差异，将人分为三种类型的群体，第一类群体是指那些专门为其他人创造新社交媒体信息的人，被称为有影响的社交媒体内容创造者（influential social media creator）；第二类被称为社交媒体追随者（social media followers），只是直接消费第一类群体所创造的信息；第三类指那些不直接消费第一类人所创造的信息的人，往往只是关注那些经过很多次修改或转发的信息，属于社交媒体非活跃用户（social media inactive）。危机管理者应该学会运用社会媒介危机沟通模型鉴别危机中的社会媒介信息使用方式的不同群体，同时通过检测社交媒体了解如何以及何时做出网络回应。

1.3.3.3　模型中的三类媒介

模型还把网络时代的沟通媒介分为三类：社交媒体、传统媒体和线下口耳相传方式，为更好呈现线上线下间的融合和交互特征，新模型更加清晰地反映了危机事件中基础组织机构、有影响的社交媒体内容创造者、社交媒体追随者以及社交媒体非活跃用户之间的线下口耳相传等传统的沟通形式，并用一个“凸”字方框加以呈现。

1.3.3.4　模型中组织危机的五个方面

为了更好地呈现出组织机构在危机中是如何通过传统媒体、社交媒体和线下口耳相传等方式进行危机应对的，模型从危机来源、危机类型、基础组织机构、信息形式和信息战略五个方面对组织机构的危机应对进行分析。

所谓危机来源，是指危机是源于组织机构内部还是外部，当某一危机涉及多个组织的时候，每一个组织都可以从自身角度把自己定位为这一模型的中心，并采取相关的危机应对策略。这会影响到责任的归因，人们普遍认为内部危机应该比外部危机更容易控制，因

① AUSTIN L. Liu B F, Jin Y. How audiences seek out crisis information: exploring the social-mediated crisis communication model. Journal of applied communication research, 2012, 40 (2): 188-207.

此，人们往往认为组织机构对于源于内部的危机应该承担更大的责任。这影响到有效的危机应对策略。基础组织结构就是危机产生后，是通过集权化的中央性组织结构还是通过地方性的分支机构、附属机构，还是相关部门来进行信息沟通比较合适；危机信息战略取决于危机的源头。

所谓危机信息的形式，是指危机信息的传播是通过传统媒体、社交媒体还是（或者）线下的口耳相传来实现的。通常来说，五个因素决定了组织机构在危机前、危机中和危机后的信息沟通方式。研究清晰地呈现出了危机应对中危机信息形式（通过哪种方式来实现信息传播）与信息的来源相匹配，也就是说不同来源的危机信息通过恰当的媒介来传播是非常重要的。例如，当危机是内源性的时候，如果危机信息是通过第三方的社交媒体来传播的话，那么公众的归因依赖性情绪如愤怒、轻蔑和厌恶就会大大强化或被点燃。当公众把危机视为外源性的，如果危机信息是通过组织的渠道发布的话，公众更可能接受组织机构的逃避性的危机应对方式。逃避性的信息通过组织自身的社会媒介工具方式传播比第三方的社会媒介传播更加有效。当危机发生后，如果自身不是导致危机的原因，组织机构应该积极主动地利用官方的社会媒介工具建立信息权威。

1.3.3.5　模型的进一步深化

在此后的研究中，几位作者通过实证的方式对这一模型进行了细致深入的研究，这一模型逐渐成为当前危机沟通的重要分析框架。一些学者提出了基于社交媒体的危机沟通建议，认为应该下定决心把社交媒体列为风险和危机管理政策和方法的组成部分，运用社交媒体工具进行环境扫描，以更好地倾听危机和风险承受者的想法，在日常沟通活动中学会运用社交媒体工具，积极参与对话，包括在谣言管理过程中，决定采用何种最佳的途径和被信息隔绝的人群建立联系。确认信息的真实性并态度诚恳地进行回应。跟随并分享可靠的信息源，确认媒体已经使用了社交媒体，认识到社交媒体就是人际沟通，把社交媒体作为信息更新的首要工具。当然，也应该充分认识到社交媒体不是万能钥匙。

1.3.4　综合危机图式模型

另外一个危机沟通理论的研究聚焦危急时刻利益相关者的情绪波动。近年来，在危机沟通效果研究中，已有研究者开始注意到情绪的重要性。一些研究结果揭示，不同类型的情绪（如愤怒、焦虑等）条件，将诱使受众产生不同类型的信息加工方式、回忆策略和决策机制。根据危机状态下这些不同的情绪，去制定相应的沟通策略，将会更有效。

1.3.4.1　模型的内涵

基于危机状态下的公众情绪差异，庞劲（Jin Pang）和卡梅伦（Cameron）引入了一个综合危机图式（integrated crisis mapping，ICM）模型去理解利益相关者在危机状态下的情绪波动。综合危机图式模型试图理解他们在危机时刻的风险图式，假设人们总是试图理解他们在危机时刻的情绪①。在危机情境中存在四种最主要的负面情绪，即愤怒、悲

① Jin Y，PANG A，CAMERON G T. The role of emotions in crisis responses：inaugural test of the integrated crisis mapping (ICM) model. Journal of public relations research，2012.

伤、惊惧和焦虑，这些情绪将对公众的危机感知及应对决策产生重要影响。他们的研究表明，在公众感知并应对危机情境的过程中，情绪是其中一个不可忽视的影响源①。

负面情感影响公众对危机传播策略的偏好和接纳程度。危机情感分为与归因无关的情感（焦虑、伤心等）和与归因相关的情感（愤怒、厌恶等）两类。

如图1-4所示，ICM模型将危机基于两个坐标轴表示：纵轴表示危机组织的参与水平，它通过参与水平的高、低来表示；横轴表示公众主要应对策略，意动应对（conative coping）策略，到认知应对（cognitive coping）策略。通常认为，对一个有效的危机管理来说，组织在不同问题上的参与水平各不相同，必须了解主要的公众情感需求，因此与公众的主要应对策略相一致②。

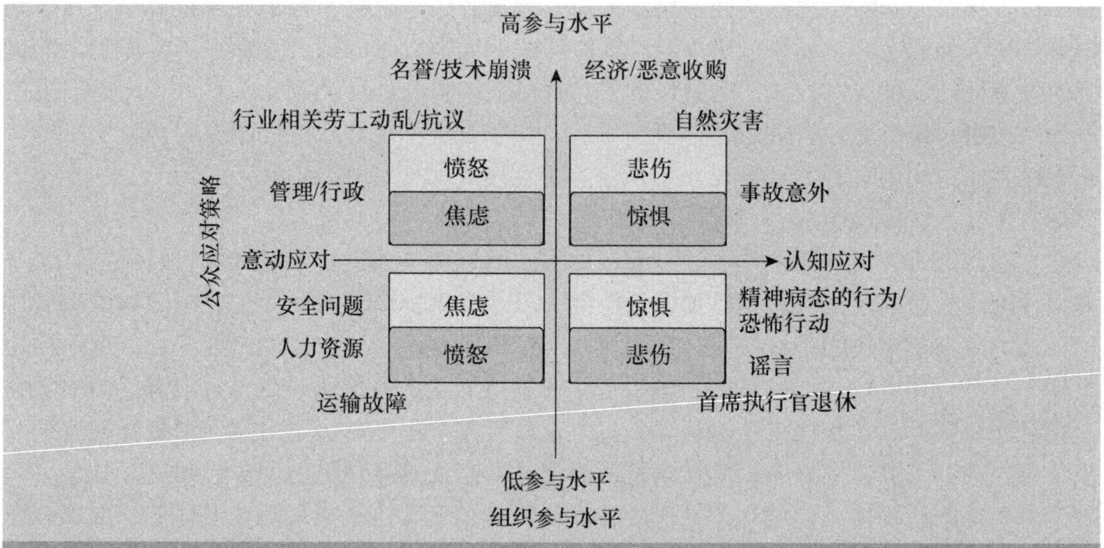

图1-4 综合危机图式模型

资料来源：Jin et al，2007.

1.3.4.2 公众应对策略

模型横轴表示的是公众应对策略。应对是情感评价理论中的重要概念，拉扎鲁斯和福克曼在1984年提出了两种应对的类型③：

一是问题导向应对，即试图通过操纵环境来减少压力。其中包括努力调整手头的问题，通常包括寻找可供选择的方案来解决这个问题、评估不同选项的优点和缺点、确定合理执行步骤来解决问题。

二是情绪导向应对，即重新评价环境刺激。其是指旨在管理与形势相关联的情绪困扰。情感导向的应对策略包括拒绝、情绪发泄、事件的积极解释、寻求社会支持等④。

---

① 毛良斌. 基于恐惧诱导情绪框架效应传播效果的实验研究. 新闻界，2014（3）：12-18.

② Jin Y，PANG A，CAMERON G T. Integrated crisis mapping：towards a publics-based，emotion-driven conceptualization in crisis communication. Sphera publica，2007，7：81-95.

③ LAZARUS R S，FOLKMAN S. Stress，appraisal，and coping. New York：Springer，1984.

④ BAKER J P，BERENBAUM H. Emotional approach and problem-focused coping：a comparison of potentially adaptive strategies. Cognition and emotion，2007，21（1）：95-118.

1.3.4.3　组织应对策略

在纵轴是组织参与水平，按照从高到低的顺序表示。金等人定义了较高的组织参与，通常是高强度、统一的、持续的和优先性的资源分配去处理危机；相反，组织参与低并不意味着草率参与或无参与，而是该组织投入了相对少的资源、努力和精力用以应对危机；要么是因为该组织认识到本身没有什么可以做，或者危机并非自身引起，所以主要依靠外部帮助，比如说监管机构的帮助，去解决危机。

1.3.4.4　组织和公众应对策略

这两个轴相交，进一步形成该模型的四个象限：象限 1 意味着高参与/意动应对；象限 2 意味着高参与/认知应对；象限 3 意味着低参与/认知应对；象限 4 意味着低参与/意动应对。在每个象限都有占主导地位的情绪，这主要是基于公众应对策略以及组织参与间相互组合的关系形成的。在本研究中，这是第一次研究的理论和实践严格地实证检验我们的模型，我们的重点是测试横轴，应对连续的象限 1（高参与/意动应对）：由于组织的高参与，愤怒被点燃然后减弱。在第一个水平上，公众可能会觉得生气，因为他们觉得这个机构该对事件负责。在次一级水平上，他们会感到焦虑，因为他们感受到组织做得还不够。意动应对策略是由行动趋势驱动的，即公众可以并且必须设法改变这种情况的意向。

1.3.5　共变基础的危机沟通理论

组织危机和有关沟通行动可能对组织声誉造成严重威胁。然而，决定危机原因和责任的各种利益相关方信息却仍然没有得到很好的研究。共变基础的危机沟通（covariation-based approach to crisis communication，CBACC）理论是情境危机沟通理论的一个理论扩展。该理论主要探讨利益相关方是否和如何在危机爆发的时候，同步推动组织共同变化，以及这如何影响他们的组织责任和声誉的看法。

1.3.5.1　归因理论中的共变原理

海德于 1958 年提出了归因理论，用以描述人们如何利用信息去生成因果解释。海德认为，多数归因分析中的主导性问题是发现行为的原因在个人（内在原因）还是在情境（外在原因），以及谁对结果负责。那么，人们如何做出上述判断呢？另一位心理学家凯利完善了海德的理论。凯利发现，人们多半在不确定的条件下归结事情的原因。人们通常很难掌握充分的信息，很难很有把握地说某人的特定行为方式是由什么引起的。凯利提出了共变原理（covariation principle）来解释人们的归因模式。

共变原理指出，如果某个因素一旦出现就会引发某个行为，该因素不出现就不会引发某个行为，那么人们就会把该因素归结为该行为的原因。凯利指出，当人们解释某一行为时，通常通过如下三方面来评估共变：一是区别性（distinctiveness），即该行为是特定情况下的具体行为，还是在任何情况下都会出现的行为；二是一贯性（consistency），即该行为是否反复出现以回应这一情境，还是偶尔出现的行为；三是一致性（consensus），即是否所有人在同一危机情境中，也产生同样的行为。

在海德和凯利之后人们研究了归因偏差，认为以下几种偏差会带来归因偏差。一是基本归因错误（fundamental attribution error），即描述人们在考察某些行为或后果的原因时高估倾向性因素（谴责或赞誉人），低估情境性因素（谴责或赞誉环境）的双重倾向；二是自利性偏差（self-serving bias），指人们将他们的成功归结于自己，而否认或推脱自己失误的责任；三是期望效应（expectant effect），指对某一未来行为或事件的预测对行为互动改变很大，以致预期的结果变成了现实。

1.3.5.2 共变基础的危机沟通

安德烈亚斯·施瓦兹建议应用凯利提出的归因理论中的共变原理，以便更好地解释在危机情境下，对于危机事件因果归因事件的出现和危机信息的感知。通过这些危机状态下的心理原理，更好推导出该模型的某些危机沟通信息战略，或更合理地解释相应的发现。在这种危机沟通的理论模型方法中，从信息维度划分了共识、独特性和一致性等三个概念，用来分析组织危机（或其他类型的危机）情境中的危机归因问题。在危机发生后，可以判定危机发生的原因是组织归因、实体归因，还是环境归因，并相应地认识这些归因对组织声誉的评价和认知的影响[①]。共变基础的危机沟通理论是对情境危机沟通理论的扩展，将有助于深化我们对出现危机事件的责任归属认知。同时，使得危机沟通更加深入到危机沟通主体的心理层面，去认识、了解它们是如何影响组织声誉的，以及危机管理者可以通过什么样的方法改善其危机事件后的沟通策略[②]。

本章小结 »

1. 危机沟通是突发事件应急管理的重要内容，它可以使政府、社会组织和公众在突发事件发生过程中，全面认识危机、准确做出判断、顺畅交流信息、充分达成共识、迅速有效处置突发事件。危机沟通理论是建立在危机和沟通两个方面的理论基础之上的，全面认识危机、沟通的内涵，在此基础上才能了解危机沟通的概念、特点和类型等基本范畴。

2. 危机沟通有着非常明确和直接的沟通目的，那就是通过危机沟通保护公共利益，保护人民生命财产安全，减少公共利益的损失，稳定人心，稳定社会局势，实现公共安全。换句话说，公共安全是危机管理工作的基本目的，也是危机沟通的最终目的。

3. 著名危机管理学家罗伯特·希斯明确指出：“在危机管理中，沟通是最重要的工具。”[③] 总体来看，危机沟通主要具有环境监测、决策辅助、动员修复和改进学习四大功能。

4. 危机沟通中的信息管理是指沟通主体对突发事件信息资源和突发事件信息活动的管理。从狭义理解，突发事件信息管理是指采取各种技术和手段，对突发事件信息的组织、存储、检索等进行管理。从广义理解，突发事件信息管理指不仅要对突发事件信息本

---

① SCHWARZ A. Stakeholder attributions in crises: the effects of covariation information and attributional inferences on organizational reputation. International journal of strategic communication. 2012，6（2）：174-195.

② SCHWARZ A. Covariation-based causal attributions during organizational crises: suggestions for extending situational crisis communication theory（SCCT）. International journal of strategic communication，2008，2（1）：31-53.

③ 王沪宁，竺乾威. 行政学导论. 上海：上海三联书店，1988.

身进行管理，而且要合理地安排和组织突发事件信息管理活动中的各项工作，分配和利用突发事件相关信息资源，使突发事件信息资源既能有助于应急管理者的决策又能满足公众的信息需求。

5. 从时间先后来看，危机沟通中的信息管理过程包括输入、处理、输出三个阶段。这三个阶段共同构成了一个完整的突发事件信息管理系统，确保突发事件信息“进得来、判得准、出得去”，做到“出现即发现、发现即判明、判明即发布”。

6. 危机沟通的理论模型是危机沟通行为的基础，并对相关的危机沟通行为进行了解释。主要包括五个模型，即危机沟通中的形象修复理论、情境危机沟通理论模型、社会媒介危机沟通模型、综合危机图式模型、共变基础的危机沟通理论等。

关键术语

危机沟通	公共性	紧迫性	非常规性	不确定性	互动性
公共安全	信息共享	协调行动	信息	信息输入	信息处理
信息输出	形象修复	情境危机	社会媒介	综合危机图式	共变基础

复习思考题

1. 什么是危机沟通？危机沟通的特点是什么？
2. 危机沟通的目的是什么？
3. 危机沟通的功能有哪些？
4. 何谓突发事件信息管理？突发事件信息管理包括哪些阶段？
5. 与常态化的信息管理相比，危机沟通中的信息管理有哪些特点？
6. 什么是危机沟通中的形象修复模型？
7. 什么是危机沟通中的情境危机沟通理论模型？

阅读案例

“9・11”事件应急状态下的沟通及其教训

“9・11”事件之前，纽约消防局就将纽约市地标性建筑双子塔印在了徽章上，“9・11”事件后，双子塔已不复存在，但纽约消防局徽章上的双子塔印记还将继续存在，因为这对纽约消防局来说更加重要，更加值得纪念了——“9・11”事件中，由于无线电通信故障，很多冲入火场的队员无法准时接到撤离的命令，导致 343 名消防员不幸遇难，占整个“9・11”事件遇难总人数 11.5%。

“9・11”事件中，世贸中心的北楼首先遭到攻击，纽约消防局对袭击做出反应的时间是上午 8 时 46 分，也就是第一架飞机撞击世贸中心 1 号塔楼那一刻。纽约消防队员立即进入火场，很多消防队员在未到指挥中心报到、注册的情况下，就立即主动展开救援。

纽约消防局第一消防大队大队长在附近街区目睹了第一次撞击，他也是第一位到达现场的指挥员。大约上午 8 时 50 分，他按照纽约消防局的预案，在世贸中心 1 号塔楼的大厅内设立了灭火指挥部。当电视转播镜头推近到世贸大楼一角时，滚滚浓烟中隐约可见求救者。

大约上午 9 时，消防局长接管担任事故总指挥。因为不断掉下的残骸和其他安全隐患，他将灭火指挥部从世贸中心 1 号塔楼大厅转移到西街对面的一处场所— —一条 8 车的高速公路。指挥员考虑到了塔楼可能会发生有限的、局部的倒塌，但没有想到会完全倒塌。

灭火指挥部转移到西街后，仍有一些消防指挥员留在世贸中心 1 号塔楼大厅内，组成了在建筑内进行灭火的战斗单位的灭火指挥部，他们留在大厅内是十分必要的，这样他们就可以利用一些重要的建筑系统，进行必要的通信联络，与有关人员进行紧急状态下的沟通和救援行动。例如，警报控制系统、电梯和通信系统。

几分钟内，消防指挥员们就决定集中力量进行营救和撤离。他们派遣消防队员进入楼内帮助数百名被困在电梯、楼梯间和房间内，以及因受伤而无法撤离的人员。他们还命令消防队员确定各层人员全部撤离。

与此同时，紧急医疗服务组织指挥官也开始划定区域，集结救护车，对伤员进行鉴别归类、治疗并送往医院。紧急医疗服务现场指挥员助理在灭火指挥部中担任全部紧急医疗服务的指挥工作，向灭火指挥部报告情况。

上午 9 时 03 分，第二架飞机撞击世贸中心 2 号塔楼，指挥员们立即调集另外的消防分队，并从世贸中心 1 号塔楼调派消防分队。随着动员升级，为了便于统一的指挥调度，调度员命令所有有回应的消防分队到世贸中心附近上级指挥员指定的集结地点报到。然而，当这些消防分队接近指定区域时，许多分队并没有到指定区域报到，而是直接进入两座塔楼大厅或事故区域的其他地点。集结失败导致消防分队在进入塔楼大厅之前，不能得到必要的沟通信息和准确方位。结果，上级指挥员不能准确掌握所有消防分队的具体位置，更无法在混乱、紧急状态下进行有效沟通。

世贸中心 1 号塔楼大厅内的指挥员们和他们派入楼内的分队之间的通信联络是零星的。指挥员们有时可以联络到一些分队及其队员，有时则不能。一些分队也确认有时可以收到无线通信，但有时也不能。指挥员们不知道他们的讯息是否被传送出去，那些分队是否因为忙于救助行动而没有确认收到信息，或者分队回复了，信息却没有能够传送过来。因为关于处在危险中的市民的报告不断传到大厅中的救援指挥部，所以指挥员们决定继续尝试疏散和拯救市民，尽管存在通信联络上的困难。

世贸中心 1 号、2 号塔楼大厅中的指挥员们无法建立有效的沟通渠道，也不知道塔楼外面发生了什么。他们没有可靠的沟通消息来源，也没有关于事故区域全面形势的外部信息、塔楼的情形和火灾的发展情况。例如，他们无法收到电视报道和来自盘旋在塔楼上空的纽约警察局直升机的报告。应急状态下无法进行有效的信息沟通，导致基本信息缺乏，限制了他们对事件的全面形势的估计能力。

紧急医疗服务机构指挥员和救护车也因为无线通信堵塞，而面临无法事先通信的问题。导致这种现象发生的部分原因是，两个紧急医疗服务机构频道在同一个频率上。通常指挥频道是指挥员专用的，城市覆盖频道是救护车和紧急医疗服务机构使用的。大量救护车反复请求被派遣到世贸中心，使得通信堵塞问题加剧，沟通渠道不畅通。

无线通信困难是导致紧急医疗服务调度员在 9 月 11 日应接不暇的因素之一。除了要与救护车和指挥员联系外，调度员还要根据从 911 求救中心和纽约市警察局传来的求救请求而采取行动。他们必须派遣救护车，将行动录入计算机，从众多消息来源中监控信息和接听其他电话。大量的、复杂的关于世贸中心袭击的信息使得调度员们要从他们接到的众多消息来源中核实每件事并迅速采取适当的行动非常困难。

上午 8 时 46 分—10 时 29 分，至少有 20 名（主要集中在北楼）被大火和浓烟围困在大楼顶楼的人员从高空跳下。世贸中心倒塌发生在上午 9 时 59 分，导致许多市民和第一时间出动的消防人员死亡。然而，世贸中心 1 号塔楼中的消防队员和指挥员们最初并不知道正在发生什么事情。许多人以为世贸中心 1 号塔楼正发生局部坍塌。当 1 号塔楼大厅充满碎石和残骸时，在 1 号大厅指挥部的第一大队指挥员迅速通过移动无线通信下达了撤退命令，但是很多消防队员并没有听到这道命令，一些人得以离开是因为其他战斗员告诉他们指挥部已经下达了撤退命令。

当消防和紧急医疗服务的指挥员在周围的建筑物中寻找避身处时，世贸中心 2 号塔楼的倒塌摧毁了西街对面的事故救援指挥部，削弱了指挥和控制机构。消防局长和其他指挥员在上午 10 时 29 分 1 号塔楼的倒塌中丧生，使事故救援临时处于无指挥状态。另外，倒塌发生后，许多紧急医疗服务人员不知道谁在代理紧急医疗服务指挥官。

上午 11 时，计划部门的一位高级官员接替紧急医疗服务指挥官，但是在接下来的近半个小时里，整个事故救援指挥仍不十分清楚。在这段时间里，一些高级消防指挥官都主动重建指挥部，有时导致了多重指挥。

上午 11 时 28 分，城市值班指挥员接替消防局长担任事故现场救援指挥官，现场救援指挥开始恢复。

案例思考题

1. “9 • 11”事件应急状态下的沟通存在哪些问题？
2. 结合该案例，分析危机沟通的重要性。

第 2 章

危机管理中的内部沟通

所谓内部沟通，是指在危机管理过程中，政府系统内部各单位、各层级、各部门以及政府工作人员之间通过一定的媒介和方式交流思想、观念、情感、资料等，以达到交流信息、增进共识、加强合作、协调行动的目的的活动过程。内部沟通分为纵向沟通和横向沟通两大类。纵向沟通也称垂直沟通，是指沿着组织结构中的直线等级进行上传下达的信息传递，包括下行沟通和上行沟通。横向沟通也称水平沟通，是指同级政府中各平行部门或人员之间以及同级不同地方政府之间的信息交流。

本章主要说明危机管理中内部沟通的含义、特点与类型，纵向沟通和横向沟通的定义与特点，信息上报和信息下达的主要内容、基本过程和主要障碍，横向沟通的信息来源及主要障碍。

重点问题

- 内部沟通的含义与类型
- 纵向沟通和横向沟通的定义与特点
- 纵向沟通中信息上报的主要内容及主要障碍
- 纵向沟通中信息下达的基本过程及主要障碍
- 横向沟通的信息来源及主要障碍
- 信息研判的过程、需求及程序

2.1　内部沟通的含义与类型

2.1.1　内部沟通相关概念

1. 内部沟通的定义

如前所述，危机沟通分为内部危机沟通（以下称内部沟通）与外部危机沟通（以下称外部沟通）两大类。其中，内部沟通是指发生在组织内部的沟通（也称管理沟通）。具体而言，内部沟通是指在危机管理过程中，政府系统内部各单位、各层级、各部门以及行政人员之间通过一定的媒介和方式交流思想、观念、情感、资料等，以达到交流信息、增进共识、加强合作、协调行动的目的的活动过程。

内部沟通的内容涉及突发事件应急管理过程中事态、机构、人员等各个方面，既包括突发事件事态和应急处置情况，也包括有关组织运行情况的信息沟通，还包括有关组织内部员工状况的信息沟通。内部沟通是各单位各部门上传下达、互通有无的一种途径和方式，其目标在于加强组织内部领导班子成员之间、领导与下属之间、组织各部门之间以及职工之间的信息交流，协调各类政府内部关系，增加政府组织的内聚力和外引力，以更好地实现危机管理的目标。

2. 内部沟通的特点

作为危机沟通的重要类型，内部沟通具有如下特点：

一是发生在组织内。与外部沟通不同，内部沟通主要指组织内部门间或人员间的沟通，尤其是管理者与被管理者之间的沟通。政府内部沟通一般发生在政府系统内部各机关、各部门之间，各部门与人员之间，人员与人员之间。政府是一个从中央到地方的纵向分层、横向分部、上下沟通、左右联系、密切配合的庞大组织体系。因此，政府内部沟通活动范围很广，它既可以发生在同一级政府内，也可以发生在不同层级政府之间或不同地方政府之间。

二是沟通渠道以正式沟通为主。沟通渠道是指传递和接收行政信息的通道。根据沟通渠道不同，内部沟通可分为正式沟通与非正式沟通。所谓正式沟通，是指依据正式的行政组织程序，按照行政组织规定的线路进行沟通。非正式沟通是指通过正式规定的渠道、正式程序以外的其他方式进行的沟通。政府的系统性和严密性，决定了内部沟通的主要方式为正式沟通。内部沟通一般通过遍布全国的完整的政府网络来进行，这种沟通具有约束力和传递途径可靠等优点。

三是沟通内容主要是危机管理相关信息。非常规状态下的突发事件沟通与常规状态下的信息沟通不同。危机管理中的内部沟通与外部沟通一样，其内容都是与危机管理活动有关的信息。具体而言，这些危机管理相关信息包括日常所报送的常态性信息（如应急值守）和突发事件发生后的应急信息两个方面。

3. 内部沟通的作用

内部沟通对政府至关重要。美国著名学者约翰·奈斯比特（John Naisbitt）曾指出：

未来的竞争是管理的竞争，竞争的焦点在于每个社会组织内部成员之间及其与外部组织的有效沟通上。内部沟通是政府良好运转的先决条件①。现代管理理论之父切斯特·巴纳德（Chester I. Barnard）认为，共同的目标、协作的意愿及组织成员的相互沟通是组织存续的三要素，而连接前二者的正是信息沟通，因此组织的存续离不开有效的沟通②。美国政治学家加布里埃尔·阿尔蒙德（Gabriel A. Almond）甚至认为，发挥信息传播作用的沟通网络，可被称为"政府的神经"③。

具体而言，危机管理中的内部沟通有如下作用：

一是收集和分享信息。组织机构在政府体系内部沟通中，普遍存在着信息不对称现象，表现为政府组织之间、政府组织与公务人员之间以及公务人员之间的信息不对称④。畅通而有效的内部沟通，有利于信息在组织内部的充分流动和共享，提高组织的工作效率。政府体系内部积极的信息沟通，有利于管理者了解各方面的危机管理状况，把握危机管理工作的需求与要求，促进各地区、各部门和相关人员之间进行协调。只有及时、全面掌握机构内部管理过程中的各种信息，才能及时控制、指挥整个组织的运转，实现有效管理。

二是提高决策的科学性。领导人员决策的质量在很大程度上取决于他们从组织外部和组织内部所得到的信息的数量和准确度。通常，他们所得到的信息越及时、越准确，则他们的决策也就越科学、越合理。畅通而有效的内部沟通，有利于及时了解和掌握各方面的情况，提高组织决策的科学性与合理性。良好的内部沟通，有利于目标的传达和任务的执行，也可促使政府工作人员大胆地对任务和目标提出意见和建议，为正确决策提供更加广泛、科学的依据。

三是增强凝聚力。诺贝尔奖获得者、管理学大师赫伯特·西蒙认为，没有信息沟通就不可能有组织，因为如果没有信息沟通，组织将无法影响个人行为⑤。政府是一个纵横交错的复杂网络，需要处理好不同政府工作人员之间、政府工作人员与部门之间、部门与部门之间、地区与地区之间等的沟通，增强机构的凝聚力。马斯洛需求层次理论显示，在满足基本的生理需求后，人们往往需要得到社交和情感方面的满足。有效的内部沟通能够促使人们相互了解，能够消除人们内心的紧张与不安，改善彼此之间的关系，进而增强员工的凝聚力，提高管理效能。

四是提高对机构的认同感。好的组织结构通常有独特、鲜明的文化建设。通过有效沟通，可以让政府工作人员认识到政府机构文化，增强他们对单位的认知及服务意识的时代要求，提高工作积极性和责任感。特别是在高度紧张和压力的危机管理过程中，更是需要形成不同政府工作人员之间、政府工作人员与部门之间、部门与部门之间、地区与地区之间齐心协力、同舟共济、共渡难关的格局。

4. *内部沟通的影响因素*

不同的内部沟通活动会产生不同的沟通效果。具体而言，决定政府体系内部沟通效果

---

① 奈斯比特. 大趋势：改变我们生活的十个新方向. 梅艳，译. 北京：中国社会科学出版社，1984.

② 巴纳德. 经理人员的职能. 孙耀君，等译. 北京：中国社会科学出版社，1997：62.

③ 阿尔蒙德，小鲍威尔. 比较政治学：体系、过程和政策. 曹沛霖，等译. 上海：上海译文出版社，1987：166.

④ 刘志鹏. 行政组织内部沟通中的信息不对称及其克服. 当代世界与社会主义，2011（2）：126-130.

⑤ 西蒙. 管理行为. 詹正茂，译. 北京：机械工业出版社，2004：283.

的因素，主要包括如下几个方面：

一是组织结构设置情况。不同的组织结构往往会产生不同的内部沟通效果。合理的组织机构有利于内部信息传递和协调合作。通常认为，扁平化的组织结构有利于政府体系内各职能部门的分工与合作，管理范围更宽，管理幅度扩展，能够确保上行沟通、下行沟通和平行沟通的通畅。而且，组织层次的减少还可以使行政权的纵向委托减少，有利于加快信息传递速度，减少信息传递层次和信息过滤环节，确保信息的真实性，提高行政沟通效率。相反，在传统的科层式结构中，政府组织结构过于庞大、管理层级过多，各职能部门职责分工不明晰，信息从领导层传达到最基层需要经历繁杂的过程，信息传播过程中的信息失真概率会大大增加，从而影响沟通的及时性与准确性。

二是沟通者自身情况。在沟通中，沟通双方的知识、经验和技能水平的差异将会影响沟通的效果。在政府体系内部管理实践中，如果上下级之间认知差异比较大，就容易造成沟通障碍，使信息难以及时有效传播。例如，政府组织内部往往由于地位差异导致心理不平衡，形成偏见、成见，难以构筑共同观念和达成共同方向。不同地域存在方言、生活习惯等差异，而语言表述也受个人文化层次、表达能力和习惯等因素的影响，容易形成沟通障碍。

三是沟通渠道。沟通渠道是否畅通，往往产生不同的沟通效果。以电话沟通为例，沟通时电话信号的好坏会对沟通信息的准确传达产生极大的影响。网络时代信息沟通速度快、来源广、方式多，组织中的每个成员既可接收信息，也可发布信息，组织的领导者难以再通过独占信息资源来维护其权威地位，从而导致组织中领导权威的确立不再是由最初信息占有的多寡来决定，而是由其整合信息的能力来决定①。政府体系内部信息量巨大冗杂，其沟通渠道应灵活多样，但很多政府体系沟通仅停留在下达命令、汇报工作及开会等沟通方法上，信息传达不及时、走过场、形式化的现象比较严重，实际效果不够理想。

2.1.2　内部沟通的类型

沟通的方向有往上沟通、水平沟通、往下沟通三种方式。根据不同的沟通路径和载体，政府体系内部沟通可以分为上行沟通、下行沟通、平行沟通和斜向沟通。

2.1.2.1　上行沟通

上行沟通（upward communication）指的是下级自下而上向上级反映情况、建议的一种沟通方式，即自下而上的沟通。信息按照组织内部明确的规章制度所规定的组织程序从下属人员流向管理者的沟通，都可称为上行沟通。在政府危机管理中，上行沟通主要表现为下级政府机关及政府工作人员向上级政府机关及政府工作人员表达其表达意见和态度，传递信息、资源。政府上行沟通包括三种类型：一是下级政府向上级政府报告信息，二是下级部门向上级部门报告信息，三是下级政府工作人员向上级政府工作人员报告信息。上行沟通有两种表现形式：一是层层传递，即依据一定的组织原则和组织程序逐级向上级反映，如政府部门的一般工作汇报；二是越级反映，即减少中间层次，让最高决策者和领导者与一般工作人员直接对话。

---

① 罗嫣才．网络时代的信息沟通与教育组织管理．成人教育，2004（4）：33-35.

上行沟通的优点是，下级能将自己的看法、意见向上级领导反映，获得一定的满足，能够增强下级的参与感；同时，上级领导可以通过下级的上行沟通了解下级、基层的情况、存在的问题等，有助于上级做出符合实际情况的科学决策。上行沟通存在的问题和缺陷是，在上行沟通过程中，下级因处于弱势地位，容易产生一定的心理距离和心理障碍，因害怕领导打击报复、给“小鞋”穿，往往报喜不报忧，不愿反映真实情况。

2.1.2.2 下行沟通

下行沟通（downward communication）是指上级通过层级体系将信息向下传递的过程，即自上而下的沟通。任何一种信息按照组织内部明确的规章制度所规定的组织程序从管理者流向下属人员的沟通，都可称为下行沟通。下行沟通是上级获取下属部门了解、合作、支持与采取行动的重要举措。在政府危机管理中，下行沟通主要表现为政府体系中的管理层和领导层，通过各种方式和媒介将信息、资源以及对某一事件的看法和态度传递给下级政府机关及其工作人员。同样，政府下行沟通包括上级政府向下级政府、上级部门向下级部门以及上级政府工作人员向下级政府工作人员传递信息三种类型。

下行沟通的主要作用是，上级领导把组织的路线、方针、政策及意图等传递给下属，从而给下属指明工作的目标，明确其职责和权利；担任领导职务的上级领导可以把工作中存在的问题、要求等传达给下属，以增强下属的归属感；协调组织中各层次的活动，增进各层次、各职能部门之间的联系和了解。下行沟通的缺点是，由于信息是逐级传递的，传递过程中可能会发生信息的搁置、误解、歪曲，从而影响沟通的效果，而且长期过分依赖于下行沟通，一方面容易助长权威主义，产生不民主的氛围，影响士气；另一方面会助长下属的懒惰主义，导致下级过分依赖上级，缺乏工作的积极性和创造性。

2.1.2.3 平行沟通

平行沟通（horizontal communication）又称横向沟通或水平沟通，指的是与平级间进行的与完成工作有关的交流。平行沟通发生在组织内同层级或部门间，如员工间的沟通、管理者内部之间的沟通。平行沟通的主要目的是谋求相互之间的理解和工作中的配合。在政府危机管理中，平行沟通主要表现为政府体系中不相隶属的各单位、各部门及其政府工作人员之间的沟通。平行沟通具体表现在三个方面：一是同级政府之间的沟通，二是同级政府不同部门之间的沟通，三是横向不同地区之间的沟通。

平行沟通具有很多优点：第一，它可以使办事程序、手续简化，节省时间，提高工作效率；第二，它可以使组织各个部门之间相互了解，有助于培养整体观念和合作精神，克服本位主义倾向；第三，它可以增加工作人员之间的互谅互让，培养员工之间的友谊，满足工作人员的社会需要，提高工作人员的工作兴趣，改善工作态度。平行沟通的缺点表现在，头绪过多，信息量大，易造成混乱。此外，平行沟通尤其是个体之间的沟通也可能成为员工发牢骚、传播小道消息的途径，涣散团体士气。

2.1.2.4 斜向沟通

斜向沟通（diagonal communication）又称跨级沟通、交叉沟通，指组织内不同层级无隶属关系的组织、部门或个人之间的沟通。斜向沟通是一种特殊形式的沟通。斜向沟通包括组织内部非同一组织层次上的单位或个人之间的信息沟通和不同群体的非同一组织层次之间的沟通。斜向沟通时常发生在职能部门和直线部门之间，如营销经理与品管课长之间的往来。在政府危机管理中，斜向沟通主要表现为不同层级政府、政府部门或不同地区之间的沟通。在政府中，斜向沟通经常发生在条块之间。

斜向沟通的目的是加强工作中的协调配合和加快信息的传递过程。

2.1.3　纵向沟通与横向沟通

就政府危机管理而言，内部沟通可主要分为纵向沟通和横向沟通两大类。

2.1.3.1　纵向沟通

纵向沟通也称垂直沟通，是指沿着组织结构中的直线等级进行上传下达的信息传递，包括下行沟通和上行沟通。具体而言，纵向沟通包括上下级政府之间、上下级政府部门之间的沟通。在纵向沟通中，信息从下级组织到上级组织或从下级组织到上级组织交流（自下而上的“上行流”或自上而下的“下行流”）。纵向信息依靠上级组织对下级组织的等级权威来完成，以官僚机构内明确的上下级关系为核心，具有单项性、命令性、等级性、强制性等特征。

自下而上纵向信息传递的过程，通常被称为信息上报，其目的是规范突发事件当事人与相关部门、相关层级政府通报事件的行为和程序，做到下情上达，以便及时采取有效措施防止事件蔓延或扩大，尽可能减少或避免损失。自上而下的纵向信息传递的过程，通常被称为信息下达，其目的是及时对下级的请示或对事态做出研判和决策部署，并将结果及时反馈给下级，以便上级及时统筹调度各方面的应急资源，推动下级迅速开展应急处置和救援工作。

2.1.3.2　横向沟通

横向沟通也称水平沟通，是指同级政府中各平行部门之间或人员之间以及不同地方同级政府之间的信息交流。与纵向沟通相比，在横向沟通中不存在直接的上下级关系。

横向信息包括地区与地区之间、组织与组织之间以及组织内部不同部门之间横向传递的信息，横向信息流具有双向性、平等性等特征。具体而言，横向沟通包括同级政府不同部门之间、不同地方之间、军地之间、不同行业之间的沟通。

2.2　纵向沟通

2.2.1　信息上报

2.2.1.1　信息上报的含义与重要性

1. 信息上报的含义

信息上报（或称信息报告）是指当突发事件发生或可能发生时，各级应急管理部门在接到下级部门、专业机构、社会组织或公众的报告后，依据突发事件分级标准或敏感程度，及时、准确、客观地向同级政府部门或上级政府部门报告，为突发事件应对提供信息的工作过程。

信息上报的过程，是信息自下而上流动的过程，也是通常所说的下情上传的过程。具体而言，信息上报包括如下情形：一是地方各级政府及有关部门向上级政府及有关部门通报突发事件信息；二是专业机构、监测网点和信息报告员向所在地政府及有关主管部门报告突发事件信息；三是获悉突发事件信息的公民、法人或者其他组织，向所在地政府、有关主管部门或者指定的专业机构报告。

2. 信息上报的目标

信息是决策的基础，信息上报是做好应急处置的前提。信息上报是否及时、准确、规范，直接关系到能否为突发事件应对工作提供科学的决策依据。

具体而言，突发事件信息上报包括以下三方面的目标：

一是确保及时、安全、可靠的信息报送，为决策机构提供尽可能全面准确的信息。应急管理的对象是突发事件。突发事件具有事发突然、后果严重、需要紧急采取措施进行应急处置等特点，这一切都建立在对信息及时、准确、全面掌握基础之上。同时，由于突发事件往往具有敏感性和较严重的社会后果，信息报送的安全性和可靠性也是重要的考虑因素。因此，信息上报的首要目标是确保信息上报及时、安全、可靠。

二是在及时、安全、可靠的信息上报基础上，提高综合研判效率，做到快速反应，积极稳妥处理事件。信息上报的最终目的是供决策者及时掌握事件的全面信息，以快速、科学地研判，制定应对措施。通过对所上报的信息进行科学准确的研判，有利于采取科学有效的措施，尽快控制事态。

三是整合资源、信息共享、协调运转。突发事件要求全方位收集和分析信息。危机事件的监测监控、预测预警、信息上报、综合研判、辅助决策、指挥调度等，有利于实现突发事件的协同、有序应对，满足国家和各地区、各部门应急管理工作的需要。信息上报还以实现部门间、国家间和地区间的信息共享、协调运转为目标。如应对洪涝灾害过程中，关于灾情严重地区的气象信息、设备物资信息、人员配备信息等重要信息需要及时报送，以供各单位根据自身工作职责及职能制订相应应对计划，协同作战。

3. 信息上报的类型

根据不同的标准，可把信息上报分为不同类型。

从信息传递的层级来看，信息上报分为逐级上报和越级上报两大类。逐级上报指信息点将信息按照规定的逐级上报流程（如县—地市—省—部或县—省—部），经过逐级审核和加工整理后，自下而上将信息报送至上一级领导和相关部门的过程。越级上报也称信息直报，是指越过直属领导向上级汇报的情况。通常，可以越级上报的情况包括：遇有特殊重大紧急情况，如战争、自然灾害等，如逐级上报，可能会延误时机，造成重大损失时；经多次请示直接上级，长期未得到解决的重大问题；上级领导或领导机关交办，并指定越级直接上报的事项；对直接上级机关或领导进行检举、控告；直接上下级机关有争议，而无法解决的重大问题；询问、联系无须经过直接上级机关的一些工作问题等。

从信息报告的时间先后顺序来看，信息上报分为初报、续报、终报三大类。初报（初次报送，也称首报）是指发现或者得知突发事件后的首次上报，续报（阶段报送）是指在查清有关基本情况、事件发展情况后随时上报，终报（总结报送，也称结报，即处理结果报告）是指在突发事件处理完毕后上报。当突发事件发生时，需要第一时间进行初报；如果事态不断演化、次生衍生事件不断出现或应急处置与救援工作取得新进展时，应该续报；事件应急处置与救援结束后，要及时对整个事件应对情况进行总结，开展终报工作。

初报、续报、终报作为信息上报的三个不同阶段，报告的侧重点、内容、方式等都有所不同。初报强调内容的时效性，责任主体在无特殊原因情况下需将获得的突发事件信息，立即通过电话、网络等方式，报告给上级政府应急管理部门。续报强调内容的连续性，信息报告责任主体通过书面报告或网络报告等方式，将事件基本情况、处置请求、发展趋势和建议及时报送给上级政府应急管理部门。终报强调报告内容的全面性。当事件现场处置结束后，需立即开始进行终报，报送责任主体向上级政府应急管理部门报送正式文件①。

4. 信息上报的重要性

信息上报工作是政府实施应急管理的一项重要内容，它与突发事件的预测预警、应急处置和善后恢复等工作密切相关。突发事件信息上报渠道畅通与否和信息传递效率、质量的高低，直接影响上级政府对突发事件动态和发展趋势的掌握，影响领导决策和应急处置工作开展。作为突发事件应急处置第一要素，突发事件信息不仅领导重视、应急需要，而且群众关心、社会关注，信息上报（通报）是否及时准确，事关社会稳定和政府形象。

我国《突发事件应对法》第七条明确规定："突发事件发生后，发生地县级人民政府应当……立即向上一级人民政府报告，必要时可以越级上报。"第三十八条规定："获悉突发事件信息的公民、法人或者其他组织，应当立即向所在地人民政府、有关主管部门或者指定的专业机构报告。"第三十九条规定："地方各级人民政府应当按照国家有关规定向上级人民政府报送突发事件信息。县级以上人民政府有关主管部门应当向本级人民政府相关部门通报突发事件信息。专业机构、监测网点和信息报告员应当及时向所在地人民政府及其有关主管部门报告突发事件信息。有关单位和人员报送、报告突发事件信息，应当做到及时、客观、真实，不得迟报、谎报、瞒报、漏报。"第六十三条规定，"迟报、谎报、瞒报、漏报有关突发事件的信息，或者通报、报送、公布虚假信息"，"造成后果的根据情节对直接负责的主管人员和其他直接责任人员依法给予处分"。我国其他相关法律法规也对突发事件信息报告做了明确规定。例如，《水污染防治法》第六十八条规定："环境保护主管部门接到报告后，应当及时向本级人民政府报告，并抄送有关部门。"《山西省突发事件应对条例》规定："各级人民政府应当及时向上一级人民政府报送突发事件信息，有关部门和单位应当及时向所在地的县（市、区）人民政府和上一级主管部门报送突发事件信息；必要时可以越级报告。"

2006年国务院办公厅印发的《关于加强和改进突发公共事件信息报告工作的意见》强调，"信息报告是应急管理运行机制的重要环节，信息报告渠道畅通与否和传递效率高低，直接影响到各地区、各部门对突发公共事件的预测预警、应急处置、善后恢复等各项工作。及时、准确的信息报告，有利于掌握突发公共事件的动态和发展趋势，采取积极有效的措施，最大限度地减少事故和灾害的发生以及造成的损失，保护人民群众的生命和财产安全。"2012年中共中央办公厅印发的《关于加强和改进党委信息工作的意见》强调，

① 杨小林. 突发事件现场处置导则. 北京：中国科学技术出版社，2016：68-69.

信息是党委进行科学决策、民主决策、依法决策的重要依据，是各级党委（党组织，下同）反映工作情况、促进工作交流、加强业务指导的平台和渠道，也是党委与人民群众沟通联系的重要桥梁；要切实做好信息综合开发、加工整合、信息调研、互联网信息报送等工作，全力实现信息工作“第一手情况、第一道研判、第一时间报送”的目标。

2015年国务院应急办发布的《关于切实加强突发事件信息报告工作的通知》提出，高度重视突发事件信息报送工作，采取有力措施不断提升工作质量和水平，有利于为妥善应对重大突发事件发挥重要作用；要切实增强信息报告的主动性，“获知突发事件线索后，要及时主动调度核实。对达到或可能达到重特大突发事件标准的情况，要立即电话报告，同时编报书面信息上报；处置过程中，要密切跟踪事态进展，全面掌握相关情况，加大续报工作力度；处置结束后，要及时终报。对于敏感信息、预警预测信息、可能引发重大以上突发事件的信息，以及社会舆论广泛关注的热点、焦点事件，要加强分析研判并及时报告，不拘泥于分级标准的相关规定。要加大与应急管理工作相关信息的报送力度，对于涉及本地区、本系统的重要工作部署要主动报送信息”。

2.2.1.2 信息上报的主要内容

根据《突发事件应对法》有关规定、国务院办公厅印发的《关于加强和改进突发公共事件信息报告工作的意见》《关于切实加强突发事件信息报告工作的通知》和各地有关突发事件信息上报的制度规定，突发事件信息上报的内容主要包括如下几个方面：

1. 信息上报的要素

突发事件信息实行分级报告。我国《突发事件应对法》第七条规定，突发事件发生后，发生地县级人民政府应当立即采取措施控制事态发展，组织开展应急救援和处置工作，并立即向上一级人民政府报告，必要时可以越级上报。国务院制定了《特别重大、重大突发公共事件分级标准（试行）》（以下简称《分级标准（试行）》），作为各地区、各部门报送特别重大、重大突发事件信息的标准和按照突发事件总体应急预案、专项应急预案规定进行分级处置的依据。根据《分级标准（试行）》的规定，特别重大、重大突发事件信息要向国务院报告。可能引发特别重大、重大突发事件的预测预警信息也要向国务院报告。事件本身比较敏感或发生在敏感地区、敏感时间，或可能演化为特别重大、重大公共事件的信息，不受分级标准限制。各地也制定了《突发事件分级标准（试行）》，如《黑龙江省突发事件分级标准》（试行），作为地方进行分级处置和分级报告的依据。

根据规定，突发事件信息上报的内容要简明、准确，应包括以下要素：时间、地点、信息来源、事件起因和性质、基本过程、已造成的后果、影响范围、事件发展趋势、处置情况、拟采取的措施以及下一步工作建议等。对突发事件及处置的新进展、可能衍生的新情况要及时续报；突发事件处置结束后，要进行终报。

各地和各部门结合实际，参照国务院办公厅印发的《关于加强和改进突发公共事件信息报告工作的意见》和《关于切实加强突发事件信息报告工作的通知》，也规定了突发事件信息上报的内容。例如，《突发环境事件信息报告办法》第三条规定：“对初步认定为一般（Ⅳ级）或者较大（Ⅲ级）突发环境事件的，事件发生地设区的市级或者县级人民政府环境保护主管部门应当在4小时内向本级人民政府和上一级人民政府环境保护主管部门报告。对初步认定为重大（Ⅱ级）或者特别重大（Ⅰ级）突发环境事件的，事件发生地设区的市级或者县级人民政府环境保护主管部门应当在两小时内向本级人民政府和省级人民政府环境保护主管部门报告，同时上报环境保护部。省级人民政府环境保护主管部门接到报告后，应当进行核实并在1小时内报告环境保护部。突发环境事件处置过程中事件级别发生变化的，应当按照变化后的级别报告信息。”①

《黑龙江省人民政府办公厅关于进一步加强突发事件信息报告工作的意见》规定，突发事件信息报告主要包括如下四个方面的内容。第一，根据《黑龙江省突发事件分级标准》（试行）规定，在黑龙江省行政区域内发生的1级至4级自然灾害、事故灾难、公共卫生事件和公共安全事件及可能引发各级突发事件的预测预警信息。第二，社会和公众关注的敏感事件，包括涉及民族政策和宗教政策的事件、涉及港澳台人员的事件、涉及黑社会团伙犯罪事件、群体事件和各种原因引发的骚动。第三，发生在敏感时间或敏感地区、社会公众关注的事件或可能引发突发事件的信息。第四，值班工作信息。须向黑龙江省政府报告的紧急重大事项和省政府总值班室调查了解的事项。第五，该意见规定，突发事件信息报告内容包括以下要素：时间、地点、信息来源、事件起因和性质、基本过程、已造成的后果、影响范围、事件发展趋势、处置情况、采取的措施及下一步工作建议、拟请上级政府协助解决的有关事项等。

2. 信息上报的责任主体

依据突发事件分类管理、分级负责、条块结合、属地管理为主的应急管理体制，突发事件信息上报实行时效原则和属地管理原则，突发事件发生地政府是信息上报的责任主体。国务院办公厅印发的《关于切实加强突发事件信息报告工作的通知》明确指出：“依照有关规定，事发地人民政府是突发事件信息报告的责任主体，有关部门按照各自职责负责报告相关类别的突发事件信息。”也就是说，发生突发事件，地方各级人民政府都要按规定向上级人民政府报告，不能以有关部门报告代替政府报告，目的是强化政府责任。“下级部门向上级部门报告突发事件信息，不能减损政府的报告责任。”②

根据规定，突发事件发生单位有责任及时向当地政府报告突发事件信息，同时向上级主管部门报告。跨行政区域的突发事件发生后，上级行政主管部门要及时汇总、报告相关信息。省级政府负责向国务院报告特别重大、重大突发事件信息。国务院有关部门按照各自职责，负责向国务院报告相关类别的特别重大、重大突发事件信息。国务院办公厅印发的《关于切实加强突发事件信息报告工作的通知》还就健全中央企业信息报告工作机制做出规定，中央企业要按照“属地管理”原则，强化信息报送意识，突发事件发生后要及时向当地人民政府报告。要继续完善直报工作机制，遇重大以上突发事件或重要紧急情况，有关中央企业要在向主管部门报告的同时，及时报告国务院总值班室。中央企业境外分公司要建立快速响应机制，畅通信息报告渠道，发生重大、敏感突发事件后，要及时跟踪了解情况，按照规定做好信息报告工作。

各地方、各部门也依据国家规定，明确了信息上报的责任主体。例如，《黑龙江省人

---

① 《突发环境事件信息报告办法》第二条规定：突发环境事件分为特别重大（Ⅰ级）、重大（Ⅱ级）、较大（Ⅲ级）和一般（Ⅳ级）四级。

② 中华人民共和国突发事件应对法（注释本）. 北京：法律出版社，2008：25.

民政府办公厅关于进一步加强突发事件信息报告工作的意见》规定，突发事件发生地的政府为信息上报责任主体，各市（地）政府（行署）和省直有关单位的政务值班室履行信息上报责任，以《值班信息》为载体上报突发事件信息。

3. 信息上报的形式

突发事件信息上报的形式是多种多样的。特别是，网络化建设是提高信息上报质量的有效途径，是现代化办公的必然需要。建立以国务院应急平台为核心的国家应急平台体系，是形成以国务院应急机构为运转中枢的一体化应急能力的重要途径，是提高突发事件信息上报质量和速度的重要手段。2007 年 6 月，国务院下发了《国家应急平台体系建设指导意见》，对国家应急平台体系建设总体框架内容和建设任务分工等提出要求。国家应急平台体系建设包括国务院应急平台，31 个省（自治区、直辖市）、新疆生产建设兵团、5 个计划单列市应急平台，20 个有应急职能的部门应急平台和 100 个部门值班系统①。

根据规定，各地区、各部门通过应急平台向国务院报告突发事件信息，有条件的同时报告音视频信息。紧急情况下，可先通过电话口头报告，再书面报告。涉密信息的报送遵守相关规定。特别重大突发事件处置过程中，现场指挥机构负责人或授权专人与国务院应急管理办公室（国务院总值班室）保持密切联络，及时、主动报告有关情况。其他级别突发事件现场指挥机构也应设信息报告人员，具体负责对信息进行收集、汇总、报告。

例如，《黑龙江省人民政府办公厅关于进一步加强突发事件信息报告工作的意见》规定：信息报告形式分为初报、续报、终报，分别采用不同的形式进行。初报应通过网络报告，在时间紧张情况下可先采用电话报告，而后补报文字材料。初报信息要素应包括事件发生时间、地点、人员、原因、类型等基本内容；续报应通过网络报告，信息要素应包括事件进展情况、确切数据、危害程度、影响范围、持续时间、转化方向及采取的措施、保障情况等内容；终报在初报和续报的基础上，通过网络报告事件结果、处理情况、社会影响、善后工作、恢复重建及对整个事件的调查评估。

4. 信息上报的时限要求

根据《国家突发公共事件总体应急预案》等相关规定，特别重大、重大突发事件发生后，省级政府、国务院有关部门要立即向国务院报告，最迟不得超过 4 小时。同时，将情况及时通报相关部门和可能受事件影响的地区。特别重大突发事件发生后或遇特殊情况，地市级政府在向省级政府报告的同时，要直接向国务院及相关主管部门报告。对于个别情况特殊确实难以在发生后 4 小时内向国务院报告的特别重大、重大突发事件，省级政府应在接到事件报告后 2 小时内报至国务院，并说明具体原因。有关法律法规对突发事件信息上报另有规定的，从其规定。

国务院办公厅印发的《关于切实加强突发事件信息报告工作的通知》进一步规定：“各地区、各部门要进一步强化首报意识，重特大事件发生后，要采取一切措施尽快掌握情况，力争 30 分钟内向国务院总值班室电话报告、1 小时内书面报告。根据《突发事件应对法》《国家突发公共事件总体应急预案》等有关规定，特殊情况下，事发地市、县级人民政府在向上级人民政府报告突发事件信息的同时，可直接向国务院总值班室报告情况。”

---

① 范维澄，陈涛．国家应急平台体系建设现状与发展趋势//中国突发事件防范与快速处置优秀成果选编，2009.

“接到国务院总值班室要求核报的信息，事发地省级人民政府、有关部门要通过各种渠道迅速核实，按照时限要求反馈相关情况。原则上，电话反馈时间不得超过 30 分钟，对于明确要求报送书面信息的，反馈时间不得超过 1 小时。在事发现场指挥处置的市、县负责同志要保持通讯畅通，全面掌握最新情况，及时接听国务院总值班室电话，并按照核报要求，准确如实反馈现场处置工作情况。”

相关部门和地方也根据实际，对突发事件信息上报的时限做出具体规定。例如，2003 年 5 月 7 日国务院第 7 次常务会议通过的《突发公共卫生事件应急条例》，对疫情报告程序和时限做了严格的限定。根据《条例》，最慢的疫情报告程序是：疫情发现→2 小时内报告县卫生局→2 小时内报告县政府→2 小时内报告市政府→2 小时内报告省政府→1 小时内报告卫生部→立即报告国务院，前后合计 9 小时。在逐级上报的同时，《条例》规定可越级上报。县卫生局在向县政府报告的同时，必须同时报告市（地）卫生部门；县政府在向市（地）政府报告的同时，还可以向省政府报告；国家公布突发事件报告电话，任何单位和个人都有权通过电话报告疫情。2003 年 5 月 12 日卫生部发布的《传染性非典型肺炎防治管理办法》对疫情报告、通报和公布做出专门的规定，要求任何单位和个人不得隐瞒、缓报、谎报或者授意他人隐瞒、缓报、谎报，并要求县级以上卫生部门加强农村疫情监测和疫情报告体系建设，建立健全县、乡、村三级疫情信息网络。

《黑龙江省人民政府办公厅关于进一步加强突发事件信息报告工作的意见》规定：确认为一般（Ⅳ级）或较大（Ⅲ级）突发事件发生后，各市（地）政府（行署）要在事件发生后 4 小时内，向省应急管理办公室报告有关情况；确认为重大（Ⅱ级）和特别重大（Ⅰ级）突发事件发生后，各市（地）政府（行署）要在事件发生后 2 小时内，向省政府及省应急管理办公室报告情况。对社会和公众关注的敏感事件或可能演化为重大、特别重大突发事件信息，执行重大和特别重大突发事件信息上报时限标准。

5. 信息上报的渠道

为提高信息来源的广度和精度，需要建立政府渠道、新闻媒体、信息报告员和社会公众等共同参与的立体化、多层次、综合性的信息上报渠道①。

《国务院关于全面加强应急管理工作的意见》指出：“在加强地方各级人民政府和有关部门信息报告工作的同时，通过建立社会公众报告、举报奖励制度，设立基层信息员等多种方式，不断拓宽信息报告渠道。”国务院办公厅印发的《关于加强和改进突发公共事件信息报告工作的意见》规定，第一，要充分发挥新闻媒体的优势和作用，及时收集和掌握突发事件信息及相关社会动态。新闻媒体要按照有关规定和程序及时、准确、客观报道突发事件。第二，各地区、各部门要注意从互联网、境外媒体的报道中获取有关突发事件和社会热点问题的信息，对其中反映的重要情况及时核实，并视情报告。第三，地方各级政府、各有关部门可结合实际情况，建立开放的信息报告平台，接受公众的突发事件信息报告，经核实后视情报告。第四，各地区、各部门要结合实际，积极探索在企业、社区、农村、学校等基层单位设立专职或兼职信息报告员，建立风险隐患报告激励机制等。

国务院办公厅印发的《关于切实加强突发事件信息报告工作的通知》指出，应努力畅

① 李喜童. 政府应对突发事件的信息报送机制研究. 中国应急救援，2012（2）：15-18.

通和拓宽信息获取渠道，“进一步发挥各级政府信息报告主要渠道作用，特别是提升基层政府第一时间获取信息的能力，跑好信息报告‘最先一公里’；要进一步简化信息报告程序，理顺中间环节，突破‘中梗阻’。同时，要充分依托新技术、新手段，加强对微博、微信、网络媒体等互联网信息的监测分析，及时掌握突发事件线索和影响社会安全稳定的苗头性、趋势性、敏感性信息”。

《突发环境事件信息报告办法》第十四条规定：“突发环境事件信息应当采用传真、网络、邮寄和面呈等方式书面报告；情况紧急时，初报可通过电话报告，但应当及时补充书面报告。”“书面报告中应当载明突发环境事件报告单位、报告签发人、联系人及联系方式等内容，并尽可能提供地图、图片以及相关的多媒体资料。”

做好突发事件信息上报工作，必须建立健全统一的突发事件信息系统，通过多种渠道，实现对突发事件信息的及时收集和快速上报。突发事件信息系统是指汇集、储存、分析、传输突发事件发生、发展情况的信息的网络和体系。我国《突发事件应对法》第三十七条规定：“国务院建立全国统一的突发事件信息系统。县级以上地方各级人民政府应当建立或者确定本地区统一的突发事件信息系统，汇集、储存、分析、传输有关突发事件的信息，并与上级人民政府及其有关部门、下级人民政府及其有关部门、专业机构和监测网点的突发事件信息系统实现互联互通，加强跨部门、跨地区的信息交流与情报合作。”建立全国统一的突发事件信息系统，拓宽信息报道渠道，首先要加快国务院应急信息系统建设。“充分发挥这一枢纽工程在国家应急信息网络建设中的龙头带动作用，同时规范技术标准，完善、整合有关专业应急信息系统，规划、部署地方人民政府的信息系统建设，搭建以国务院应急信息平台为中心，以省级和国务院部门应急信息平台为节点，上下贯通、左右衔接、信息共享、互有侧重、互为支撑的信息网络体系。”①

随着互联网、云计算以及大数据等信息技术的发展，我国很多地方和部门都在建立基于信息技术的突发事件网络直报信息系统。例如，2004 年 1 月，全国正式启动以传染病个案报告为基础的传染病与突发公共卫生事件信息报告管理系统——疾病监测信息报告管理系统，各级各类医疗卫生机构可通过该系统网上直接报告法定传染病疫情等突发公共卫生事件，基本实现疫情监测资料从县级到中央通过计算机网络的实时报告与管理，改变了以往所采用的手工监测、层层报告审批导致疫情信息严重滞后的模式。各级疾控机构每日对通过网络直报的传染病个案进行审核，保障数据准确无误；每月初各级疾控机构对上月疫情报表进行统计和审核；每月上旬，中国疾病预防控制中心（CDC）整理出全国法定报告传染病与突发公共卫生事件总体情况后上报卫生部及时对外公布。目前，我国法定传染病网络直报管理的组织体系、支持体系日趋完善，卫生信息化发挥了重要作用。对 2013 年度全国 31 个省（自治区、直辖市）和新疆生产建设兵团抽取的 9 个省的卫生计生行政部门、疾控机构和医疗机构的现场调查结果显示，我国各级各类医疗机构传染病报告率为 91.87%（95%可信区间 90.57%～93.05%）②。

---

① 中华人民共和国突发事件应对法（注释本）. 北京：法律出版社，2008：25.

② 郭青，张春曦，王晓风，等. 2013 年度全国法定传染病信息报告质量和管理现状调查. 疾病监测，2015，30（2）：145-149.

6. 信息上报制度和责任追究制度

突发事件信息上报，就是在努力做好及时、准确报告突发事件信息的同时，要采取措施，不断提高信息上报的质量。要按照信息上报要素及有关要求，做到突发事件信息上报要素完整、重点突出，表述准确、文字简练。要注意做好突发事件的续报，确保信息的连续性。

国务院办公厅印发的《关于加强和改进突发公共事件信息报告工作的意见》规定，对各地区、各部门报告突发事件的情况，国务院办公厅将定期和不定期进行考核。对能够及时准确报告突发事件信息、报告质量高的提出表扬；对迟报、漏报以及报告质量差的进行通报批评，并要求查找原因，提出整改措施。对因迟报、漏报造成损失或重大影响，以及有意瞒报的，作为事件调查处理的一项重要内容，依据有关法律法规，追究相关人员的责任。国务院办公厅印发的《关于切实加强突发事件信息报告工作的通知》强调："国务院总值班室将进一步完善信息报告工作考评机制，定期通过视频点名、每月通报、年终总结等形式，对各地区、各部门、各单位突发事件信息首报时效、核报情况、整体工作等进行考评。对信息报告工作成绩突出的单位和个人，给予鼓励和表扬；对因迟报、漏报等造成重大损失、重大影响的，国务院总值班室将督促有关地区、部门或单位依法依规严肃追责。"

我国各地、各部门都就突发事件信息上报工作制定了严格的情况通报和责任制度。例如，《黑龙江省人民政府办公厅关于进一步加强突发事件信息报告工作的意见》规定："省政府总值班室将不定期地抽查各地政务值班情况，并将抽查情况进行通报。"《突发环境事件信息报告办法》第十五条规定："在突发环境事件信息报告工作中迟报、谎报、瞒报、漏报有关突发环境事件信息的，给予通报批评；造成后果的，对直接负责的主管人员和其他直接责任人员依法依纪给予处分；构成犯罪的，移送司法机关依法追究刑事责任。"

2.2.1.3　信息上报的障碍：信息阻塞

在政府体系中，组织机构过于庞大，涉及区域过宽或中间层级过多，容易造成信息在自下而上传递过程中损失和失真，导致信息沟通不畅，最终影响上级对事态的认知和判断。

1. 纵向信息阻塞的原因

在信息自下而上单向传播的过程中，由于缺乏自律与反馈能力，起决定作用的多是行政机构，强调的是各级行政指令传达式自上而下的传播。"政府机构有其自身的利益。这些利益不仅存在而且还相当具体。"① 美国学者费利克斯 A. 尼格罗（Felix A. Nigro）认为："由于传统的官僚制在观念上是等级制的、职位定向的和权力主义的，因此缺乏在以科学为基础的文明环境中追求效率所需要的参与气氛。"②

纵向信息流方式虽然运作效率高，但却带来了较高的成本：一是由于自下而上的传递过程涉及更高层级的部门，增加了管理运行的成本；二是强制性的行政命令形式不能全面保护各方利益，因而产生各种损失；三是过多地使用有等级的信息流方式，可能造成权力滥用的情况。

---

① 亨廷顿．变化社会中的政治秩序．张岱云，译．上海：上海译文出版社，1989：23.

② 尼格罗，等．公共行政学简明教程．郭晓来，等译．北京：中共中央党校出版社，1996：107.

"层级沟通机制可能在一定抽象意义上是'理性'的，但根据人类沟通理论，层级沟通不符合信息成功交换的基本规则。"① 与传统科层制相比，扁平化的组织结构有利于行政组织内各职能部门的分工与合作，确保上行沟通、下行沟通和平行沟通的通畅，上级能够更为直接、快速地了解到具体的行政信息，从而减少信息的不对称。在多层级的决策体系中（特别是在权力高度集中的体制中），自下而上的多层传递和过滤不可避免带来信息的漏损或失真，地方对上级的信息阻塞等垂直信息流不畅通常会造成上下级之间的信息不对称。由于"山高皇帝远"，此时地方容易成为美国学者威尔逊所说的"应付型组织"（coping organization），出现地方迟报、漏报、虚报甚至故意瞒报、不报等虚假治理的情形②。

纵向信息阻塞现场之所以存在，究其原因，在于传统的高度集权式政府组织中的权力受到组织层级的节制和规则的严格制约，决策链条较长，信息点（事发地）与决策点（高层）之间相距较远，权力与信息转换的时滞往往导致决策者往往错过在第一时间进行决策的最佳时机③。马奇和西蒙同样关注到信息在等级制的层级中容易被歪曲的问题，他们称之为官僚组织的"不确定吸收"（uncertainty absorption）。在这一过程中，最初被信息收集者认为是暂时的、不确定的、不稳定的数据，通过拥有决策权的层层等级过程后逐渐变成最终的、确定的、不容改变的数据④。美国著名经济学家塔洛克（Gordon Tullock）关于官僚制的研究表明：在一个金字塔式的科层结构下，基层员工收集的信息经过层层过滤传到上级手中时，最后剩下的只是其中的一小部分，假如在最初的级别中收到的信息共为 5 000 位，并假设每经过一个层级，删除一半的信息量，则到第六级时剩下的信息连 80 位也不到⑤。为此，切斯特·巴纳德指出，为保证指令在传达过程中不走样，应减少层次，组织层次越少，指令下达越直接，差错也越少⑥。

2. 纵向信息阻塞的情形

在按照金字塔式的科层制构建的政府内部行政组织中，"组织成员按职位的大小呈等级排列，上级指挥下级、部署工作，下级向上级负责、汇报工作，上级的精神从等级链一级一级地向下传，下级的反馈意见及一些基层工作的信息同样按等级链一级一级地往上传，不可越级请示汇报，一般也不跨级布置工作"。"集权式的科层制的结构使得信息分布不均，大量集中在上层，拥有信息的多少，成了行政人员在组织中权力和地位的体现，致使组织内真实信息缺失，虚假信息泛滥。"⑦

具体而言，纵向信息不畅，影响上级决策者对事态的准确认识和及时决策，包括两种情形。

---

① O'CONNER R E, SPENCE L D. Communication disturbances in a welfare bureaucracy: a case for self management. Journal of sociology and social welfare, 1976, 4 (2): 178-204.

② WILSON J Q. Bureaucracy: what government agencies do and why they do it. New York: Basic Books, 1989: 159-175.

③ 孔飞力. 叫魂：1768 年中国妖术大恐慌. 陈兼，刘昶，译. 上海：上海三联书店，1999.

④ MARCH J G, SIMON H A. Organizations. New York: Wiley, 1958: 165.

⑤ DOWNS A. Inside Bureaucracy, a rand corporation research study. Boston: Little, Brown, and Company, 1967: 117.

⑥ 巴纳德. 经理人员的职能. 孙耀君，等译. 北京：中国社会科学出版社，1997：139-140.

⑦ 贺芒，段鹰. 论行政组织沟通的有效性. 行政论坛，2004 (9)：19.

（1）信息经过层层请示汇报后可能走形变样。

请示、报告制度是中国共产党和人民解放军一项重要政治组织制度。根据我国有关请示汇报的制度规定，请示汇报本着级级负责、从下至上、对口汇报的原则进行，一般情况下不能越级汇报。

请示汇报制度对常规性、一般性的工作汇报很有必要，但若对自然灾害等重特大紧急突发情况也采取同样的制度，可能就存在上级掌握情况滞后、决策迟缓的问题，特别是信息在层层请示汇报的过程中可能走形变样。上级决策者远离基层，基层发生的问题经过层层请示汇报后再作决策，不仅影响决策的正确性，而且影响决策的及时性。“特别是越重要的信息，审批层级越高，审批环节越多，越不会越级报告，造成信息滞后、‘倒流’。相当数量的信息报送太迟，失去采用价值，尤其是灾险情信息没有及时报送，有的地方甚至催要还报不上来。”①

（2）地方未及时上报甚至故意瞒报、漏报信息。

发生突发事件后，个别地方不向上级或分管领导请示汇报工作，甚至出了问题、有了漏洞还进行“封锁”，上级找上门来还遮遮掩掩，以防“家丑”外扬②。

以 2008 年三鹿奶粉事件为例。自 2007 年 12 月以来，石家庄三鹿集团公司陆续接到消费者关于婴幼儿食用三鹿牌奶粉出现疾患的投诉。经企业检验，2008 年 6 月已发现奶粉中非蛋白氮含量异常，后确定其产品中含有三聚氰胺，有关问题仍在深入调查中。8 月 2 日，三鹿集团公司向石家庄市政府做了报告。“在 2007 年 12 月至 2008 年 8 月 2 日的 8 个月中，三鹿集团公司未向石家庄市政府和有关部门报告，也未采取积极补救措施，导致事态进一步扩大。石家庄市政府 2008 年 8 月 2 日接到三鹿集团公司关于三鹿牌奶粉问题的报告后，虽然采取了一些措施，但直至 9 月 9 日才向河北省政府报告三鹿牌奶粉问题。8 月 2 日至 9 月 8 日的 38 天中，石家庄市委、市政府未就三鹿牌奶粉问题向河北省委、省政府做过任何报告，也未向国务院和国务院有关部门报告，违反了有关重大食品安全事故报告的规定。”③

3. 纵向信息阻塞的典型案例：“9・8”特别重大尾矿库溃坝事故④

（1）事故基本情况。

2008 年 9 月 8 日 7 时 58 分，山西省临汾市襄汾县新塔矿业有限公司（以下简称新塔公司）980 沟尾矿库左岸的坝顶下方约 10 米处，坝坡出现向外拱动现象，伴随几声连续的巨大响声，数十秒内坝体绝大部分溃塌，库内约 19 万立方米的尾砂浆体倾盆而泻，吞没了下游的宿舍区、集贸市场和办公楼等设施，波及范围约 35 公顷（525 亩），最远影响距离约 2.5 公里。事故造成 277 人死亡、4 人失踪、33 人受伤，直接经济损失 9 619.2 万元。

经国务院山西省襄汾县新塔矿业公司“9・8”特别重大尾矿库溃坝事故调查组调查认定，事故的直接原因是新塔公司非法违规建设、生产，致使尾矿堆积坝坡过陡。同时，采

① 杨小林．突发事件现场处置导则．北京：中国科学技术出版社，2016：73．

② 崔长柏．请示汇报中存在的问题及对策．领导科学，1996（4）：27．

③ 三鹿集团公司主要负责人涉嫌犯罪．人民日报，2008-09-23．

④ 本案例资料主要来自：闪淳昌，张振东，钟开斌，石国领．襄汾“9・8”特别重大尾矿库溃坝事故处置过程回顾与总结．中国应急管理，2011（10）：13-18．

用库内铺设塑料防水膜防止尾矿水下渗和黄土贴坡阻挡坝内水外渗等错误做法，导致坝体发生局部渗透破坏，引起处于极限状态的坝体失去平衡、整体滑动，造成溃坝。

（2）信息上报的情况。

溃坝事故发生后，信息报告机制不完善，审核职责不明确，事故发生地地方政府未按照有关规定及时如实上报事故信息，故意谎报事故发生的原因，瞒报事故伤亡情况，以“暴雨”掩盖事故责任。

9月8日上午8时许，襄汾县陶寺乡党委书记接到云合村委会的事故报告后，立即上报了襄汾县政府。9时许，襄汾县长到达事故现场后，在没有降暴雨、事故原因尚不清楚的情况下，指示县政府工作人员向临汾市委、市政府做出“暴雨引起山体滑坡、导致尾矿库溃坝”的报告。但据现场调查和山西省气象信息网发布的信息，2008年9月7日早8点到8日早8点，襄汾县降水量只有1.5毫米，远远低于气象学上10毫米小雨降水量——最多是“毛毛雨”。此前9天，襄汾县根本没有降雨。

临汾市委书记、市长到达事故现场后，只是简单听取了县里有关负责人的情况汇报，在没有广泛开展深入调查了解、研究分析事故可能造成的伤亡、组织有效的排查抢险工作情况下，就回到市里继续开会。

当日下午4时许，临汾市抢险指挥部要求上报死亡人数，在明知已发现33具尸体的情况下，襄汾县委书记决定按“死亡26人、受伤22人”上报，县长等表示同意。临汾市及山西省政府按襄汾县政府所报告情况逐级上报，并通过新闻媒体对事故原因和人员伤亡情况进行了失实报道，在社会上造成了恶劣影响。同时，县委书记在“明知事故原因不是暴雨引发泥石流，而且伤亡人数众多”的情况下，仍然同意宣传部以“暴雨说”向外发布新闻，新华社、中央电视台等媒体据此发布消息。下午4时7分，在中央电视台播发的新闻中，襄汾县委常委、宣传部部长在接受新闻连线时，再次重申了襄汾县陶寺乡新塔矿区铁矿尾矿库决口，造成1人死亡1人受伤，原因是“下暴雨”。

2.2.2 信息下达

2.2.2.1 信息下达的含义与重要性

1. 信息下达的含义

信息下达是指正确地将上级的战略转变成可执行的计划，有效传递给下级，并且能够对计划的执行过程进行有效的控制、管理，对下级进行有效授权和激励，以提高下级的工作效力和工作能力的过程。信息下达的过程，也是通常所谓的上情下达的过程。

信息上报与下达共同构成双向的纵向沟通。其中，上传是指及时向领导和上级传达本单位信息；下达是指将领导和上级的部署与意图传达到应知对象。

信息下达是应急指挥的重要组成部分。应急指挥是指领导在实现应急决策目标的过程中，按照既定的目标和计划，对下属的工作进行领导和指导的活动。

2. 信息下达的重要性

信息下达的目的，是让下级正确理解高层的意图和组织的整体战略，并且在组织战略不可执行或者需要调整的时候，能够与高层进行有效的沟通，对战略进行调整。

不确定性是突发事件的本质属性。突发事件通常在发生的状态、发生的原因、发展变化的过程、造成的后果等方面具有高度的不确定性，存在信息不及时、不准确、不全面等不对称现象，需要决策者在有限时间、有限信息、有限资源的条件下迅速做出决策，无章可循，由此给管理者造成决策困境。上级决策者在接到下级的信息上报后，必须对事态及时做出准确研判，迅速下达清晰的指令，争取在较短时间内平稳控制事态。通常，做出正确决策、下达有效指令的时间越短，突发事件造成的损失就越小；反之，突发事件造成的损失就越大。

2.2.2.2　信息下达的过程

1．指令传达

指令是指领导干部对下级下达必须遵照执行的任务、要求和命令。指令下达是指把上级的指示传达到下级的过程。发生险情时，根据险情及时、准确地按应急预案下达应急指令，指导下级政府、部门或人员及时采取各项应急处置与救援措施，并督促检查应急指令的全部内容，指挥、协调应急反应行动，监察应急操作人员行动。

正确决策是正确执行的基础，是各项工作成功的重要前提。“在一切失误中，决策的失误是最大的失误。一着不慎，全盘皆输。”① 上情下达要求上级政府、部门或人员做出准确研判、科学决策，并及时把指令传达到位。据统计，从 1949 年至 1999 年的 50 年间，全国煤矿在处理重大灾害性事故过程中，因灾情误判、方案错误、指挥失误、措施不力、灾变继发等原因，仅造成救护队伤亡的就达 218 起，救护队员死亡 457 人。

2012 年 8 月 1 日，日本前首相菅直人被东京地方检察院刑事立案，原因是他在 2011 年发生的福岛第一核电站核泄漏事故的处理中，瞎指挥导致第 1 核反应堆氢气爆炸，致使多名核电站作业人员受伤。日本大地震和核泄漏事故发生一年多后，东京、福岛、金泽地方检察院宣布接受 5 起灾民和市民团体的刑事诉讼，其中东京地方检察院立案的有 3 起。除了起诉东京电力公司前会长（董事长）胜俣恒久和国家原子能安全委员会委员长班目春树等 26 人之外，事故当时的日本首相菅直人和其他 5 名大臣等政府高官也遭到另案起诉。指控菅直人前首相的起诉书称，在福岛第一核电站第 1 号核反应堆发生核泄漏后，亲自指挥救急处理工作的菅直人首相（当时）和相关大臣们没有采取必要的应急措施，导致氢气爆炸，致使在反应堆附近救险的多名工作人员受伤。东京地方检察院决定以“违反原子能等规制法罪”和“业务过失伤害罪”对菅直人前首相等进行立案侦查。日本国会核泄漏事故调查委员会和民间调查委员会均认定菅直人在处理核泄漏事故中存在瞎指挥问题②。

俗话说，人命关天，灾情就是命令，时间就是生命。突发事件发生后，对指令下达在时限上有特殊要求——迅速下达指令，“快刀斩乱麻”，有利于快速解决问题；层层请示汇报，等待拖延，久拖不决，则容易耽误救援的宝贵时机。在 2008 年贵州“6·28”瓮安事件不断升级恶化、情况万分紧急时，当地领导干部临危不断，议而不决，请示汇报，拖延等待，不敢及时下令，致使事态恶化、局面失控。从 6 月 22 日凌晨李树芬溺水身亡停尸河边到 6 月

① 万里．决策民主化和科学化是政治体制改革的一个重要课题：在全国软科学研究工作座谈会上的讲话（1986 年 7 月 31 日）//新时期科学技术工作重要文献选编．北京：中央文献出版社，1995：197.

② 核事故中“瞎指挥”，菅直人遭刑事立案．新华网，2016-12-24.

28日长达7天，是瓮安事件的“发酵期”，当地党和政府和公安机关思想麻痹，致使易事拖难、小事拖大、大事拖炸。从28日16时至23时长达7个小时是瓮安事件的“黄金处置期”，州、县领导班子在事到临头时茫然不知所措，坐在会议室里召开紧急会议、专题会议，研究处置对策，在拖延、等待中失去了处置先机。实际上，从黔南州府所在地都匀到瓮安也就一个多小时的车程，无论是瓮安县委、县政府和县公安局的主要领导，还是黔南州委、州政府、州公安局的主要领导，均没有出现在现场聚集的群众面前，导致事态逐步升级，矛盾不断激化，矛头最终直指县公安局、县政府和县委①。

2. 跟踪评估

把指示传达到下级后，上级政府、部门或人员应对下级的接报和落实情况进行督促检查，确保政府、部门或人员准确理解、严格落实，避免相关指令“严格不起来、落实不下去”现象的发生。同时，还要根据事态演变情况，及时对先前所做出的决策部署和指令要求进行调整，确保这些决策部署和指令要求符合事态发展的实际情况。

2013年发生的“3·29”吉林八宝煤矿瓦斯爆炸事故，说明了及时准确地把上级的指示传达到下级、确保指示不折不扣得到落实的重要性。2013年3月29日21时56分，吉林省白山市江源区的吉煤集团通化矿业集团公司八宝煤业公司（以下简称八宝煤矿）发生特别重大瓦斯爆炸事故，造成36人遇难（企业瞒报遇难人数7人，经群众举报后核实）、12人受伤，直接经济损失4 708.9万元。4月1日，该矿不执行吉林省政府禁止人员下井作业的指令，擅自违规安排人员入井施工密闭，10时12分又发生瓦斯爆炸事故，造成17人死亡、8人受伤，直接经济损失1 986.5万元。

“3·29”事故搜救工作结束后，鉴于井下已无人员，且灾情严重，吉林省政府和国家安全监管总局工作组要求吉煤集团聘请省内外专家对井下灾区进行认真分析，制定安全可靠的灭火方案，并决定未经省政府同意，任何人不得下井作业。4月1日7时50分，监控人员通过传感器发现八宝煤矿井下－416采区一氧化碳浓度迅速升高，通化矿业公司常务副总经理王升宇召集副总经理李成敏、王立和八宝煤矿副矿长王清发等人商议后，违抗吉林省政府关于严禁一切人员下井作业的指令，擅自决定派人员下井作业。9时20分，通化矿业公司驻矿安监处长王玉波和王清发分别带领救护队员下井，到－400大巷和－315石门实施挂风障措施，以阻挡风流，控制火情。10时12分，该区附近采空区发生第五次瓦斯爆炸，此时共有76人在井下作业，经抢险救援59人生还（其中8人受伤），发现6人遇难并将遗体搬运出井，井下尚有11人未找到，事故共造成17人死亡、8人受伤。鉴于该矿井下火区在逐步扩大，有再次发生瓦斯爆炸的危险，经专家组反复论证，吉林省政府决定采取先灭火后搜寻的处置方案。4月3日8时10分左右又发生第六次瓦斯爆炸，由于没有人员再下井，未造成新的伤亡。综观整个事故，国务院吉煤集团通化矿业公司八宝煤业公司“3·29”特别重大瓦斯爆炸事故调查处理报告指出，该矿在连续三次发生瓦斯爆炸后继续违章指挥、冒险作业，违抗省政府禁令擅自决定再次组织人员下井冒险作业②。

---

① 刘子富．新群体事件观：贵州瓮安“6·28”事件的启示．北京：新华出版社，2008.

② 赵庆跃．屡越“红线”连酿惨剧：吉林八宝煤业公司“3·29”特别重大瓦斯爆炸事故案例分析．吉林劳动保护，2013（8）：37-39.

3. 方案调整

政策评估是政策过程的一个重要环节。只有通过政策评估，人们才能够判断一项政策是否收到了预期效果，从而决定这项政策是应该继续、调整还是终结；同时，通过政策评估，还可以总结政策执行的经验教训。

同样，在危机管理活动中，内部沟通不只是告知信息的过程，更是反馈与回应的过程。应急决策是应急管理的核心，是一个多主体、多阶段、多层级的适应性动态演进过程。“在阶段上，由于突发事件本身具有不断变化、动态演进的生命周期特征，其发展过程及结果难以预测与掌握，需要决策者采取动态视角观察事态发展变化情况，发现新的问题并寻找相应的应对战略，应急决策呈现为一个动态演进的过程而非终极状态。”①

在 2015 年天津港“8・12”瑞海公司危险品仓库特别重大火灾爆炸事故现场处置过程中，救援方案就根据实际情况做了调整。截至 8 月 13 日凌晨，爆炸原因和发生爆炸的危险品类型仍不清楚。现场浓烟滚滚，应急处置工作主要有三个难点：一是爆炸现场内部起火物料堆积，各种不同成分的材料混杂可能发生化学反应，随时可能发生爆燃和爆炸；在处置过程中现场危化品多次发生轻微爆燃，给官兵生命构成极大威胁；二是现场集装箱堆积、箱体大、重量大；特别是爆炸发生后，集装箱变形散落，清理灭火救人的难度大；三是爆炸波及的范围广，在很大范围内造成大量碎片、物品洒落，房屋倒塌变形，整个事故现场面积大。8 月 13 日 10 时，天津爆炸现场救援指挥部爆炸中心点召开会议决定，现场救援暂停，待现场勘察完毕后决定下一步采取何种措施。国务院工作组确定工作思路，暂缓扑灭，派防化团进场：（1）由于危化品数量内容存储方式不明，暂缓扑灭，确定好具体方案再实施；（2）密切关注环保监测，派防化团进现场；（3）伤员的抢救救治，遇难者家属的安抚；（4）对附近区域进行交通戒严。同时，现场消防北侧集结点西移 300 米，让出十字路口。随后，约 20 辆满载沙子的大货车出现在火场北侧，并有多辆铲车驶入火场，拉沙子灭火。随后，以北京卫戍区防化团为依托的国家级核生化应急救援队摩托化急行军赶赴现场。

2.3　横向沟通

2.3.1　横向沟通的相关概念

2.3.1.1　横向沟通的含义与重要性

1. 横向沟通的含义

横向沟通是指同级政府中各平行部门或人员之间以及不同地方同级政府之间的信息交流。横向信息流包括地区与地区之间、组织与组织之间以及组织内部不同部门之间的横向

① 钟开斌. 信息与应急决策：一个解释框架. 中国行政管理，2013（8）：106-111.

信息传递。地区与地区之间、组织与组织之间以及组织内部门与部门之间并无明确的上下级关系，它们之间平等互惠，没有隶属关系，彼此既是信息的传播者也是接收者。横向信息流的关键是同级部门各负其责，协同配合，它具有双向性、平等性等特征。

2. 横向沟通的重要性

近年来，危机正变得越来越有跨界性质，跨界危机治理已经成为理论界和实务部门面临的一个重要新兴课题①。为了有效应对各种跨界危机，相关国家（地区）和国际组织都在探索开展跨地区、跨部门、跨行业、跨层级、跨时段的跨界危机合作治理模式，全面加强危机管理中的横向沟通，以形成有效应对各种跨界危机的纵横交错网络。例如，欧盟2001年建立了成员国间的民事保护机制（civil protection mechanism，CPM），作为跨区域协同应对各种跨境突发事件的常备体系；美国各州签订了州际应急救助协议（The emergency management assistance compact，EMAC），实现互帮互助；日本所有都道府县都签订了72小时相互支援协议，90%以上的市町村签订了相互支援协议。

2.3.1.2 横向沟通的信息来源

1. 部门之间

各单位、各部门的横向沟通配合、互联互通、信息共享、资源共享，有利于及时从整体上掌握突发事件动态，迅速采取有效措施。我国《突发事件应对法》第三十九条规定："县级以上人民政府有关主管部门应当向本级人民政府相关部门通报突发事件信息。"

部门协调机制是我国突发事件信息管理的重要内容和重点工作之一。以公共卫生领域为例，在2003年抗击非典疫情的过程中，我国缺乏国家统一的公共卫生信息平台，部门之间信息整合能力差，信息无法共享，延误疫情防控工作。自取得抗击非典疫情胜利后，我国逐渐完善了突发公共卫生事件应急协调机制建设，加强各部门间突发公共卫生事件的信息沟通与措施联动。2005年9月，卫生部牵头与31个中央、国家有关部门建立了突发公共卫生应急协调机制，确定协调机制的主要内容包括信息沟通、联席会议、培训演练、联防联控等②。2004—2005年卫生部还陆续成立了卫生部防控人禽流感疫情、人感染猪链球菌病工作领导小组，明确了各组工作职责，保证了突发公共卫生事件应急机制的有效运转。

特别是自2008年以来，我国以政府应急管理和议事协调机构、部际联席会议为核心的应急协调机制建设取得重大进展，部门间信息共享水平不断提高。例如，外交部、公安部、交通运输部、商务部、民政部、卫健委等部门和单位加强沟通联动，建立健全涉外突发事件防范处置机制。经过几年的努力，我国处理信访突出问题及群体性事件联席会议等统筹协调机制不断加强，国家防汛抗旱总指挥部、国家森林防火指挥部、国务院抗震救灾指挥部、国家减灾委员会、国务院安全生产委员会、国务院食品安全委员会等议事协调机构的职能不断完善，重特大突发事件应急指挥部快速建立、高效运行。

---

① BOIN A，RHINARD M. Managing transboundary crises：what role for the European Union?. International studies review，2008，10（1）：1-26.

② 2013年，为更好地坚持计划生育的基本国策，加强医疗卫生工作，深化医药卫生体制改革，优化配置医疗卫生和计划生育服务资源，提高出生人口素质和人民健康水平，方案提出，将卫生部的职责、人口计生委的计划生育管理和服务职责整合，组建国家卫生和计划生育委员会。

例如，在应对甲型 H1N1 流感过程中，在国务院领导下，成立由多部门参与的联防联控机制，加大部门间信息沟通与统筹协调力度。在利比亚撤侨行动中，各有关方面建立高效联动机制，军地企高效协作，前后方密切配合，4 天内撤出 13 300 多人，12 天共安全撤回我国在利 35 680 人（含 2 名我国香港同胞），并帮助我国台湾同胞 3 人、外籍雇员和外国公民 2 103 人撤离利比亚。特别是随着国务院应急平台的初步建成，实现了与部门专业应急平台、省（区、市）政府应急平台的互联互通，提高了跨部门协调的水平。

2. 地区之间

通过相关地方政府之间的信息互通、资源共享、相互救援，区域应急协作联动机制构建了一个动态的和开放式的治理网络，有利于克服地方政府在相对封闭和孤立状态下的资源及能力缺口，产生“1+1>2”的系统效应，从而实现应急管理能力倍增。随着突发事件的复杂性、关联性、危害性和应对难度增加，周边地区地域相邻、人缘相近、突发事件关联性强，加强应急管理区域合作、共同提升应急管理能力水平，成为促进区域经济社会平稳较快发展的必然趋势。

我国《突发事件应对法》第四十条规定：“县级以上地方各级人民政府应当及时汇总分析突发事件隐患和预警信息……认为可能发生重大或者特别重大突发事件的，应当立即向上级人民政府报告，并向上级人民政府有关部门、当地驻军和可能受到危害的毗邻或者相关地区的人民政府通报。”《突发环境事件信息报告办法》（环境保护部令第 17 号）第八条规定：“突发环境事件已经或者可能涉及相邻行政区域的，事件发生地环境保护主管部门应当及时通报相邻区域同级人民政府环境保护主管部门，并向本级人民政府提出向相邻区域人民政府通报的建议。接到通报的环境保护主管部门应当及时调查了解情况，并按照本办法第三条、第四条的规定报告突发环境事件信息。”

自 2008 年以来，泛珠三角区域、首都地区、长三角区域、晋冀蒙六城市、陕晋蒙豫四省区、粤港澳等区域间信息共享和应急协作联动机制不断健全。例如，2009 年 4 月，泛珠三角区域内福建、江西、湖南、广东、广西、海南、四川、贵州、云南 9 个省（区）政府决定开展应急管理区域合作，内容涉及应急管理工作交流、理论研究、科技攻关、人才交流、平台建设等多个方面。2011 年 4 月 26 日，泛珠三角区域内地九省（区）41 个毗邻市在梧州签署应急联动合作协议，就进一步调动区域力量、联手预防和应对突发事件、共同提升应急管理水平等达成共识。2014 年 8 月，北京市应急办、天津市应急办、河北省应急办共同签署《北京市、天津市、河北省应急管理工作合作协议》。根据协议，京津冀三地将建立各级应急管理机构之间的常态信息交流机制，对本市（省）发生的、可能会波及其他市（省）的突发事件，第一时间向相关方通报准确情况，并及时、有效开展联合处置。三地在与国务院应急平台互联互通的基础上，进一步优化和完善技术系统，优先实现视频会议、有线通信和应急移动指挥等方面的互联互通，提升资源共享和应急响应效率。

3. 军地之间

公安、武警、军队是我国应急管理的骨干和突击力量。早在 2005 年 6 月，国务院、中央军委颁布《军队参加抢险救灾条例》（国务院、中央军事委员会令第 436 号），对军队参加抢险救灾的主要任务、与地方人民政府的工作协调关系、动用军队的权限和程序、军地联合指挥、平时救灾准备和经费物资保障等做了明确规定。例如，该条例第七条规定：

“军队参加抢险救灾应当在人民政府的统一领导下进行，具体任务由抢险救灾指挥机构赋予，部队的抢险救灾行动由军队负责指挥。”第八条规定：“县级以上地方人民政府应当向当地军事机关及时通报有关险情、灾情的信息。”此后，非战争军事行动能力正式纳入我国军队战斗力体系。军队构建了以专业部队为骨干，与公安、武警部队紧密配合，与国家和地方专业队伍相互衔接的兵种部队非战争军事行动力量体系。

《军队参加抢险救灾条例》第八条规定：“在经常发生险情、灾情的地方，县级以上地方人民政府应当组织军地双方进行实地勘察和抢险救灾演习、训练。”第九条规定：“省军区（卫戍区、警备区）、军分区（警备区）、县（市、市辖区）人民武装部应当及时掌握当地有关险情、灾情信息，办理当地人民政府提出的军队参加抢险救灾事宜，做好人民政府与执行抢险救灾任务的部队之间的协调工作。”总参谋部（今中央军委联合参谋部）建立了应急办，与公安、民政、水利、林业、地震、海洋、气象等20多个国家部委建立密切联系。

2.3.2 横向沟通的障碍：信息隔阂

在政府体系内部，各部门“都在千方百计地扩大自己所支配的国家资源，赋予自己的利益以高于所有其他部门的优先权”①。由于政府体系内部不同的组织机构可能因不同的组织利益而不断发生冲突，政府的整体凝聚力沦为“官僚机构各自为政”的牺牲品②。其结果是政府部门之间、区域之间、条块之间、军地之间信息无法共享，条块分割难以形成整体合力；这种分割也易于形成专业主义，造成部门间、区域间、条块间、军地之间的“信息隔阂”，最终导致危机管理工作效率低下，无法形成有效控制事态发展的整体合力。

2.3.2.1 部门之间

突发事件发生后，各部门之间由于缺乏制度化的信息共享机制，各方信息沟通容易出现障碍，各个信息源处于一种割裂的状态，造成“信息孤岛”效应。美国2001年“9·11”事件独立调查委员会指出，美国情报部门之间情报分享不畅是导致事件发生的关键原因——“各政府机构如同医院中的一群专科医生，各自都开出检查单、查找症状并开出治疗药方，唯独缺少一个主治医生来确保他们进行团队协作”。2014年韩国“岁月”号客轮翻沉事故发生后，海警部队与海洋水产部因事权分割、职责交叉难以形成统一的指挥，政府与救援部门之间的沟通几乎为“零”，国家层面的应急响应与现场救援行动脱节。

部门之间信息互联互通不够的情况，在我国也普遍存在。因此，近年来，我国大力加强以政府应急管理和议事协调机制、部际联席会议为核心内容的部门间应急协调机制建设。例如，外交部、公安部、交通运输部、商务部、民政部、卫健委等部门和单位加强沟通联动，建立健全涉外突发事件防范处置机制。我国处理信访突出问题及群体性事件联席会议、国家防汛抗旱总指挥部、国家森林防火指挥部、国务院抗震救灾指挥部、国家减灾

---

① POGGI G. The State: its nature, development and prospects. Stanford: Stanford University Press, 1990: 30-31.

② TULLOCK G. The politics of public bureaucracy. Cambridge: Harvard University Press, 1965.

委员会、国务院安全生产委员会、国务院食品安全委员会等议事协调机构的职能不断完善。

2.3.2.2　区域之间

区域之间的关系主要体现为横向政府间关系。应急管理事务中的政府间关系合理设计是有效因应灾害危机的基础要件[①]。新时期应急管理中的政府间关系转型过程面临来自地方政府应急管理能力、地方利益倾向、应急制度建设以及灾害危机事件与应急决策者特征等阻滞因素挑战。突发事件发生后，事发地与可能受到危害的毗邻或者相关地区，由于各方面的原因，无法实现信息融合与数据共享。

近年来，随着突发事件的复杂性、关联性、危害性和应对难度增加，周边地区地域相邻、人缘相近、突发事件关联性增强，我国开始加强应急管理区域合作。自 2008 年以来，泛珠三角区域、首都地区、长三角区域、晋冀蒙六城市、陕晋蒙豫四省区、粤港澳等区域间信息共享和应急协作联动机制不断健全。

2013 年 8 月 16 日 11 时至 23 时，辽宁省抚顺市清原满族自治县南口前镇突降 449 毫米暴雨，这相当于抚顺地区全年平均降雨量的一半。暴雨引发特大洪涝灾害，抚顺全市有 63 人遇难，另有 101 人失踪。超过一半的死者死于南口前村。上游、下游的村落均由村干部组织撤离，唯独该村村民没有得到通知。清原县海阳水库开闸泄洪的消息同样没有传达给村民[②]。

2.3.2.3　条块之间

“条块关系是中国地方政府体制中基本的结构性关系。中国政府围绕着条块关系进行过多次变革，但始终未能成功摆脱条块矛盾的困扰。目前，政府职能转变迟迟不能到位，政府机构改革困难重重，政府间横向的交流与合作倍受阻隔，以及‘中间梗阻’等大量问题的存在，一个基本的原因就是条块关系没有理顺。”[③] 在我国条块管理体制下，由于职责划分模糊，在管理实践中时常出现条块行动信息无法共享、衔接配合不够、协调困难等问题。

为了解决条块之间可能存在的矛盾，加强相互之间的协调配合，近年来，我国开始建立健全省部际联席会议制度。例如，1995 年，环保部、国家发展改革委、水利部、财政部、国土资源部、住建部等部门及相关省政府等，共同签署了“松花江、海河、淮河、太湖等流域省部际联席会议制度”。2007 年 5 月底，太湖蓝藻大规模集中爆发，导致水源地水质遭受严重污染，给无锡市群众生活带来很大影响。为此，国务院于 2008 年 5 月批复了《太湖流域水环境综合治理总体方案》，建立了由国家发改委牵头，国家发改委等 13 个国务院部门和江苏、浙江、上海两省一市等参加的太湖流域水环境综合治理省部际联席会议制度[④]。

2.3.2.4　军地之间

公安、武警、军队是我国应急管理的骨干和突击力量。随着社会环境的日趋复杂，恐

---

① 陶鹏．中国应急管理纵向府际关系：转型、挑战及因应．南京社会科学，2015（9）：90-95.

② 邵世伟，潘梦琪，郭琛．抚顺洪灾中的孤岛南口前．南方周末，2013-08-22.

③ 周振超．打破职责同构：条块关系变革的路径选择．中国行政管理，2015（9）：103-106.

④ 太湖流域水环境综合治理省部际联席会提出新要求．中国政府网，2018-02-10.

怖活动、自然灾害、公共卫生安全、群体性事件等非传统安全威胁日益突出，有效应对多种安全威胁，避免或减少各种意外损失，已成为军地双方共同的使命、责任。

近年来，我国军队加强非战争军事行动能力建设，组建了抗洪抢险、地震救援、交通应急抢险、海上应急搜救、应急通信保障、医疗防疫救援、核生化应急救援、空中紧急运输服务队共5万人的8类80支国家级应急队伍，武警水电、交通部队纳入国家应急体系，武警工化救援队伍建设得到加强。在近年来我国突发事件应急抢险与救援过程中，都具有军地联合参与、军地联合指挥的显著特点。总参谋部建立了应急办，与公安、民政、水利、林业、地震、海洋、气象等20多个国家部委建立密切联系。例如，近年来，国家安全生产应急救援指挥中心和总参谋部应急办公室的合作不断密切和深化，特别是在重特大事故灾难和自然灾害应急救援中，双方密切合作，挽救了大量宝贵生命，得到了党中央、国务院、中央军委的充分肯定。2011年4月27日，国家安全生产应急救援指挥中心与总参谋部应急办公室在京举行仪式，共同签署了《国家安全生产应急救援指挥中心和总参谋部应急办公室建立应急联动工作机制的合作协议》，标志着国家安全生产监督管理总局及其应急救援指挥中心与总参谋部及其应急办公室正式建立了协调配合、高效顺畅的应急联动工作机制。协议签署以后，双方将通过信息共享、技术支持、联合行动、共同处置等方面的合作，进一步提高应急反应速度和应急处置能力，有效降低和减少重特大生产安全事故和其他突发事件的影响和损失①。同时，公安、武警和解放军在政府议事协调机制中的位次得到大幅提高。例如，2009年，增加解放军副总参谋长葛振峰和水利部副部长鄂竟平为国务院防汛抗旱总指挥部副总指挥。2013年5月，国务院抗震救灾指挥部组成人员由原来的34人升至44人，成员单位新增总参谋部应急办等，成员中新增总参谋部应急办主任。国家防汛抗旱总指挥部组成人员由原来的23人增加至26人，副总指挥增加解放军副总参谋长②。

2.4 信息研判

如前所述，危机沟通是一个信息管理的过程。“没有调查就没有发言权。”在内部沟通过程中，不管是纵向沟通还是横向沟通，其前提是对信息及时做出准确的判断；只有在对信息做出准确判断的基础上，才能实现信息上传下达或横向交流。换言之，信息研判是内部沟通的前提。

2.4.1 信息研判的过程与要求

2.4.1.1 信息研判的含义

研判即研究、判断。突发事件信息研判，是指“借助现代先进信息技术，在及时、准

① 国家安全生产应急救援指挥中心与总参谋部应急办建立应急联动工作机制. 中国应急管理，2011（5）：4.

② 钟开斌. 从强制到自主：中国应急协调机制的发展与演变. 中国行政管理，2014（4）：115-119.

确、全面捕捉突发事件征兆后，将已采集整合的信息定期进行分析研究，从多角度、多层面、全方位进行评判，评估本部门、本地区的公共安全形势，及时发现倾向性、苗头性信访问题，为预警信息发布和采取预警措施提供决策依据”①。

信息研判的目的，是根据突发事件的发生发展规律，根据重大危险源和危险区域、关键基础设施和重点防护目标，各级政府和部门的监测数据以及案例库、知识库、空间信息等数据进行隐患分析和风险评估，进行突发事件发生后形成的各种物理参数的强度时空分析，分析评估事件后果的危险性，预测分析事件可能的影响范围、影响方式、持续时间和危害程度等，综合研判事件的后果，为突发事件预警和应急处置提供科学依据。

2.4.1.2　信息研判的过程

研判的过程是对信息进行整理，变原始信息为加工信息的信息处理过程。突发事件接报后的信息研判过程，包括信息核实和信息判断两个阶段。

信息核实即检验和查证，是指核查所接报的信息是否属实，识别和确认信息报告单位是否存在迟报、谎报、瞒报、漏报等行为。信息判断是指综合运用多种评价分析方法，按照事件的性质、严重程度、可控性和影响范围等因素，确定事件的级别，分析事态的发生规律、可能的发展态势等。在综合判断突发事件级别时，要考虑有形不利后果和无形不利后果两个方面，即可能产生有形的客观损失（如人员伤亡、经济损失、环境影响等）和可能造成无形的不利影响（如对人群的心理影响、国际影响和声誉、国家形象和利益、社会舆论和稳定等）。

2.4.1.3　信息研判的重要性

俗话说，对症方能下药。只有对信息做出准确判断，才能在此基础上采取有针对性的应急处置和救援措施，控制事态发展。可以说，研判是应急指挥的起点，研判失误是应急指挥的最大失误，也是导致应急响应不力、事态升级扩大的关键原因。

2011 年山东省青岛市“11·22”中石化东黄输油管道泄漏爆炸特别重大事故发生的重要原因之一，是企业和政府相关部门对事故风险研判失误——青岛站、潍坊输油处、中石化管道分公司“对泄漏原油数量未按应急预案要求进行研判，对事故风险评估出现严重错误”；青岛市经济和信息化委员会、油区工作办公室“对原油泄漏事故发展趋势研判不足”；开发区管委会“未能充分认识原油泄漏的严重程度，根据企业报告情况将事故级别定为一般突发事件”②。2014 年“12·31”外滩陈毅广场拥挤踩踏事件发生的重要原因之一，是“对监测人员流量变化情况未及时研判”——黄浦公安分局对各时段人员流量快速递增的变动情况未及时察觉，对上海市公安局多次提醒的形势研判要求未做响应③。

2.4.1.4　信息研判的原则

《关于切实加强突发事件信息报告工作的通知》指出：“获知突发事件线索后，要及时主动调度核实。”“处置过程中，要密切跟踪事态进展，全面掌握相关情况，加大续报工作力度”，“对于敏感信息、预警预测信息、可能引发重大以上突发事件的信息，以及社会舆

---

① 闪淳昌，薛澜．应急管理概论：理论与实践．北京：高等教育出版社，2012：256.

② 山东省青岛市“11·22”中石化东黄输油管道泄漏爆炸特别重大事故调查报告．国家安全监管总局网，2014-04-07.

③ 上海市政府联合调查组．“12·31”外滩陈毅广场拥挤踩踏事件调查报告．解放日报，2015-01-22.

论广泛关注的热点、焦点事件，要加强分析研判并及时报告”。常言道：“不怕一万、就怕万一。”“居安思危，思则有备”，有备未必无患，但无备肯定有大患。突发事件信息研判必须牢固树立底线思维，增强忧患意识、风险意识和敏锐力、洞察力，小事当大事看、小事当大事办，切实做到未雨绸缪，防患于未然。

底线思维是以底线为导向的一种思维方法和心态，强调“立足最低点，争取最大期望值”，把功夫下在平时，把精力倾注在基层，随时做好出点事、出大事的思想准备、工作准备，宁可备而不用，不可用而不备，扎扎实实做好维护安全稳定。底线思维强调要切实增强忧患意识，坚持居安思危、未雨绸缪，凡事从最坏处着想、向最好处努力，切实做好充分准备，做到有备无患、遇事不慌，牢牢把握主动权。

以台风预警预报和人员疏散撤离为例，影响台风强度的因素很多，大气环流形势、海表温度、地形因素、海陆差异、潮水，包括台风自身结构的变化等等诸多因素，都会对台风强度预测产生影响，而目前描述大气运动的数学物理方程很多都是近似方程，还不能完全解释各种大气运动过程。在当前对台风结构及变化机理尚未认识清楚、预报困难的情况下，必须坚持底线思维，把困难估计得严重些，把准备工作做得充分些。

例如，习近平同志在担任浙江省委书记期间，高度重视防台救灾工作，强调要善于运用底线思维的方法，扎实做好各项准备工作。2004 年在检查和部署防御 14 号台风工作时的讲话中，强调各级领导干部和有关部门负责人要到岗到位，尽心尽职，严阵以待，科学指挥防汛抗台工作。要深入抗台第一线，一旦发生险情，及时组织抢险救灾。要严肃抗台纪律，对领导不到位、工作不到家、失职渎职的，要严肃追究责任。2005 年，习近平同志对做好第 9 号台风“麦莎”防御工作指示，要坚持以人为本，把确保人民生命安全放在第一位，尽最大限度减少人员伤亡和灾害损失。习近平同志对做好第 15 号台风“卡努”防御工作指示，必须坚持高标准、严要求，始终保持高度的政治责任感和对人民极端负责的态度，始终坚持“三个不怕”，即不怕兴师动众，不怕“劳民伤财”，不怕十防九空，始终尽职尽责、一丝不苟地做好各项防范工作。对防台工作指示“三个切不可”：思想上切不可麻痹，工作上切不可松懈，措施上切不可犹豫。做最坏的打算，争取最好的结果①。

2.4.2 信息研判的基本程序

2.4.2.1 信息核实

1. 信息核实的含义

信息核实是指对接报的各种突发事件信息进行比对确认，及时查实事件的真实情况，对事态做出初步判断的过程。

根据规定，地方政府和政府部门在接到发生突发事件信息报告后，应当立即进行查实、确认，对事件的性质、类型、发展态势等做出初步认定。例如，《突发环境事件信息报告办法》第三条规定：“突发环境事件发生地设区的市级或者县级人民政府环境保护主管部门在发现或者得知突发环境事件信息后，应当立即进行核实，对突发环境事件的性质

---

① 以人为本科学防台：习近平论防台抗灾. 浙江日报，2015-07-10.

和类别做出初步认定。”“对初步认定为一般（Ⅳ级）或者较大（Ⅲ级）突发环境事件的，事件发生地设区的市级或者县级人民政府环境保护主管部门应当在 4 小时内向本级人民政府和上一级人民政府环境保护主管部门报告。”“对初步认定为重大（Ⅱ级）或者特别重大（Ⅰ级）突发环境事件的，事件发生地设区的市级或者县级人民政府环境保护主管部门应当在两小时内向本级人民政府和省级人民政府环境保护主管部门报告，同时上报环境保护部。省级人民政府环境保护主管部门接到报告后，应当进行核实并在 1 小时内报告环境保护部。”“突发环境事件处置过程中事件级别发生变化的，应当按照变化后的级别报告信息。”

2. 信息核实的内容

突发事件信息核实的内容，主要包括以下五个方面（5W1H）：

一是已经发生或可能发生哪些事件（what）。针对某一种类的事件或区域，从不同层面、不同角度，分析、列举、细化此类事件或该区域可能发生的各种不利情况。

二是这些事件为什么会发生（why）。分析可能导致突发事件发生的各种原因，包括自然原因（如自然灾害中的致灾因子）、物理原因（如基础设施本身存在的隐患）、技术原因（如系统工程问题）、管理原因（管理不善问题）、人为外力原因（如恐怖袭击、外力破坏）等。

三是这些事件是怎样发生的（how）。分析不同的风险源发生作用的机理，即厘清风险源是通过何种途径、何种机理，如何导致突发事件发生并产生影响的。

四是这些事件可能在何时（when）何地（where）发生。分析不同的风险发生和产生影响的时间、地点，确定突发事件发生及影响的重点区域和时间段。

五是这些事件主要影响哪些对象（whom）。分析突发事件可能导致的后果，次生、衍生灾害，包括可能产生的客观损失（人员伤亡、经济损失、环境影响等）和主观影响（敏感程度、社会影响、政治影响、媒体关注度等），受不利影响的对象和可能的影响方式等。

3. 信息核实典型案例

潞安集团天脊煤化工集团有限公司“12·31”苯胺泄漏事故引发浊漳河水污染事件，暴露了当前我国突发事件信息研判方面存在的不少问题。

2012 年 12 月 31 日 7 时 45 分，山西省长治市潞城市辖区的山西天脊煤化工集团有限公司苯胺罐区因输送软管破裂发生苯胺泄漏，污染物流入浊漳河引发浊漳河部分河段河水污染，影响下游晋豫冀三省至少数十万人饮水安全，引发国内主流媒体广泛关注。山西省潞安集团天脊煤化工集团有限公司“12·31”苯胺泄漏事故引发浊漳河水污染事件调查组（以下简称山西省事故调查组）调查认定，潞安集团天脊煤化工集团有限公司“12·31”苯胺泄漏事故引发浊漳河水污染事件（以下简称“12·31”苯胺泄漏事故），是一起由企业安全生产责任事故引发的重大环境污染事件，事故企业、相关政府及部门对此负有责任①。

调查表明，16 时 30 分、18 时 44 分，潞城市环保局和长治市环保局先后接到天脊集团关于发生苯胺泄漏事故的首次报告。按照规定，潞城市环保局和长治市环保局接报后应立即进行核实并对事件的性质、类别、已经造成和可能进一步造成的危害、级别等做出初

① 本案例资料主要根据以下资料改编：突发事件信息报告：“12·31”苯胺泄漏事故引发浊漳河水污染事件//国家行政学院应急管理案例研究中心. 应急管理典型案例研究报告（2015）. 北京：社会科学文献出版社，2015：139-167.

步认定。但是，潞城市环保局和长治市环保局辨别力和敏感性不够强，对天脊集团上报苯胺泄漏 1～1.5 吨的信息不加质疑地采纳，既未通知公众采取措施，也未按程序及时上报当地政府和上级部门。同时，在 1 月 5 日之前的 5 天时间里，在已有大量监测数据显示苯胺泄漏可能远远超出企业所上报 1～1.5 吨的信息时，当地环保部门仍未及时进行核实、查实。山西省事故调查组调查认定，长治市环保局贯彻执行国家和省有关突发环境事件和突发事件应急处置和信息报告规定不到位，“在得知事件信息后没有立即进行核实，面对大量的监测数据不能及时做出正确判断，不能向领导和上级提出正确建议，在监测数据连续超标的情况下，仍坚持将污染事件暂定为一般环境污染事件”。

2.4.2.2 影响分析

1. 影响分析的含义

影响分析是指系统、详细地分析突发事件可能导致的后果，次生、衍生灾害，受影响的对象、范围和可能的影响方式，以回答“这些突发事件可能产生怎样的影响”的问题。通过这一过程，明确突发事件的后果形式和影响对象。

突发事件造成的影响和后果包括客观损失和主观影响两个方面。其中，客观损失包括人员伤亡、经济损失、环境影响等，主观影响包括政治影响、社会影响、媒体关注度、敏感程度等。

2. 影响分析的内容

突发事件可能产生的影响，受到以下因素的影响：一是事件本身的危害程度，二是事件所作用对象（受灾体）的承受能力（脆弱性），三是控制和应对事件的能力。突发事件后果首先受突发事件本身性质的影响（例如暴发不同传染病疫情的后果严重程度不同），同时与突发事件承受能力成反比（例如人群抵抗力越高，风险后果严重程度就越低），与突发事件控制能力成反比（例如医疗技术水平越高，风险后果严重程度就越低）。

分析突发事件可能产生的影响，需要从以下几个方面入手。

第一，分析突发事件后果的形式和受影响的对象。一方面，分析产生后果的形式。综合分析直接后果和次生、衍生后果，包括可能产生的客观损失（人员伤亡、经济损失、环境影响等）和主观影响（政治影响、社会影响、媒体关注度、敏感程度等），并分析判断突发事件对重大决策的直接影响程度。另一方面，明确受影响的对象和范围（客体）。事件一旦发生，哪些人、物、环境会受到影响？明确受影响的客体是开展脆弱性分析的基础。

第二，分析突发事件承受能力（脆弱性）。突发事件是通过作用于客体产生影响与后果的。客体的承受能力不同，突发事件产生的后果就有可能变化。突发事件承受能力（脆弱性）分析就是分析受突发事件影响对象（客体）对突发事件的承受、抵抗能力，包括系统自身承受能力和社会心理承受能力等。

第三，分析突发事件控制能力。突发事件控制能力分析是对所有为避免或减少突发事件发生及潜在损失的措施及手段进行分析和评估的过程。这一环节是突发事件等级确定工作的重要组成部分。整理现有控制措施，分析措施的有效性，既是评估突发事件后果的基础，也是查找当前工作不足、提出改进措施的重要途径。评估突发事件控制能力可以从（但不限于）以下几个方面进行：预测预警能力、应急预案、应急组织体系、应急处置能力、应急资源保障水平（人力、物力、财力、技术水平）、恢复重建能力、政策保障、宣教培训、工程措施。

3. 影响分析的方法

分析突发事件可能产生的影响，可以采取如下方法与工具。一是系统分析。按事故发展的时间顺序，系统分析事件可能产生的各种后果，定性地了解整个事件的动态变化过程。可借鉴事件树分析（ETA）方法的思路①。二是历史资料研究法、专家评估法等②。这些是系统分析方法的有益补充。

2.4.2.3　等级确定

1. 等级确定的含义

等级确定是指根据对事件影响的分析评估，对照突发事件等级标准，确定突发事件等级，为突发事件应急响应提供科学依据的过程。

信息研判的最终目的是确定突发事件的级别，在此基础上启动相应级别的应急响应。我国《突发事件应对法》第三条规定："按照社会危害程度、影响范围等因素，自然灾害、事故灾难、公共卫生事件分为特别重大、重大、较大和一般四级。"国务院制定的《特别重大、重大突发公共事件分级标准（试行）》，明确了各类特别重大、重大突发事件的分级标准，并规定了敏感原则——"对一些比较敏感或发生在敏感地区、敏感时间，或可能演化为特别重大、重大突发公共事件的信息报送和分级处置，不受上述标准限制"。

我国各类突发事件相关法律法规，对不同类型突发事件的级别做了明确规定。例如，2007 年制定的《生产安全事故报告和调查处理条例》第三条规定，根据生产安全事故（以下简称事故）造成的人员伤亡或者直接经济损失，事故一般分为以下等级：一是特别重大事故，是指造成 30 人以上死亡，或者 100 人以上重伤（包括急性工业中毒，下同），或者 1 亿元以上直接经济损失的事故；二是重大事故，是指造成 10 人以上 30 人以下死亡，或者 50 人以上 100 人以下重伤，或者 5 000 万元以上 1 亿元以下直接经济损失的事故；三是较大事故，是指造成 3 人以上 10 人以下死亡，或者 10 人以上 50 人以下重伤，或者 1 000 万元以上 5 000 万元以下直接经济损失的事故；四是一般事故，是指造成 3 人以下死亡，或者 10 人以下重伤，或者 1 000 万元以下直接经济损失的事故。《突发环境事件信息报告办法》第二条规定："突发环境事件分为特别重大（Ⅰ级）、重大（Ⅱ级）、较大（Ⅲ级）和一般（Ⅳ级）四级。"

2. 等级确定的方法

不同领域、不同类型突发事件等级分类的方法不同，主要包括以下几种：

一是系统分析。基于详细而完备的基础数据，使用一套科学的指标体系、模型计算方法，对风险后果进行定量分析或模拟。受到数据和模型等约束，大多数类型的突发事件还

① 事件树分析（ETA）是一种按事故发展的时间顺序由初始事件开始推论可能的后果，从而进行风险源辨识的方法。它以一初始事件为起点，按照事故的发展顺序，分成阶段进行分析，直到达到系统故障或事故为止。所分析的情况用树枝状图表示。它既可以定性地了解整个事件的动态变化过程，又可以定量计算出各阶段的概率，最终了解事故发展过程中各种状态的发生概率。

② 历史资料研究法是通过对已存在的资料的深入研究，寻找事实和一般规律，然后根据这些信息去描述、分析和解释过去的过程，同时揭示当前的状况，并依照这种一般规律对未来进行预测。专家评估法也称专家调查法，专家评估法是以专家为索取未来信息的对象，组织各领域的专家运用专业方面的知识和经验，通过直观的归纳，对预测对象过去和现在的状况、发展变化过程进行综合分析与研究，找出预测对象变化、发展规律，从而对预测对象未来的发展状况做出判断。

难以使用这一分析方法。

二是历史数据分析。根据同类事件发生的历史情况，判断某种风险后果。这一分析方法适用于各类事件。

三是专家经验和会商。运用专家知识和经验，分析某种风险后果。这一分析方法适用于各类事件。

本章小结

1. 所谓内部沟通，是指在危机管理过程中，政府系统内部各单位、各层级、各部门以及行政人员之间通过一定的媒介和方式交流思想、观念、情感、资料等，以达到交流信息、增进共识、加强合作、协调行动的目的的活动过程。内部沟通的目标是加强组织内部领导班子成员之间、领导与下属之间、组织各部门之间以及职工之间的信息交流，协调各类政府内部关系，增加政府组织的内聚力和外引力，以更好地实现危机管理的目标。

2. 沟通的方向有往上沟通、水平沟通、往下沟通等不同方式。根据不同的沟通路径和载体，政府体系内部沟通可以分为上行沟通、下行沟通、平行沟通和斜向沟通。就政府危机管理而言，内部沟通分为纵向沟通和横向沟通两大类。纵向沟通也称垂直沟通，是指沿着组织结构中的直线等级进行上传下达的信息传递，包括下行沟通和上行沟通。横向沟通也称水平沟通，是指同级政府中各平行部门或人员之间以及不同地方同级政府之间的信息交流。

3. 具体而言，纵向沟通包括上下级政府之间、上下级政府部门之间的沟通。在纵向沟通中，信息从下级组织到上级组织或从下级组织到上级组织交流（自下而上的“上行流”或自上而下的“下行流”）。纵向信息依靠上级组织对下级组织的等级权威来完成，以官僚机构内明确的上下级关系为核心，具有单项性、命令性、等级性、强制性等特征。自上而下纵向信息传递的过程，通常被称为信息上报，其目的是规范突发事件当事人与相关部门、相关层级政府通报事件的行为和程序，做到下情上达，以便及时采取有效措施防止事件蔓延或扩大，尽可能减少或避免损失。自上而下的纵向信息传递的过程，通常被称为信息下达，其目的是及时对下级的请示或对事态做出研判和决策部署，并将结果及时反馈给下级，以便上级及时统筹调度各方面的应急资源，推动下级迅速开展应急处置和救援工作。

4. 横向沟通也称水平沟通，是指同级政府中各平行部门之间或人员之间以及不同地方同级政府之间的信息交流。与纵向沟通相比，在横向沟通中不存在直接的上下级关系。横向信息包括地区与地区之间、组织与组织之间以及组织内部不同部门之间横向传递的信息，横向信息流具有双向性、平等性等特征。具体而言，横向沟通包括同级政府不同部门之间、不同地方之间、军地之间、不同行业之间的沟通。

5. 信息上报（或称信息报告）是指当突发事件发生或可能发生时，各级应急管理部门在接到下级部门、专业机构、社会组织或公众的报告后，依据突发事件分级标准或敏感程度，及时、准确、客观地向同级政府部门或上级政府部门报告，为突发事件应对提供信息的工作过程。信息上报的过程，是信息自下而上流动的过程，也是通常所说的下情上传的过程。信息上报的主要障碍在于信息阻塞——在政府体系中，因为组织机构过于庞大，涉及区域过宽或中间层级过多，容易造成信息在自下而上传递过程中损失和失真，导致信息沟通不畅，最终影响上级对事态的认知和判断。

6. 信息下达是指正确地将上级的战略转变成可执行的计划，有效地传递给下级，并且能够对计划的执行过程进行有效控制、管理，对下级进行有效授权和激励，以提高下级的工作效力和工作能力的过程。信息下达的过程，也是通常所谓的上情下达的过程。信息下达的目的，是让下级正确理解高层的意图和组织的整体战略，并且在组织战略不可执行或者需要调整的时候，能够与高层进行有效的沟通，对战略进行调整。

7. 横向沟通的主要障碍在于信息隔阂，政府部门之间、区域之间、条块之间、军地之间信息无法共享，条块分割难以形成整体合力。这种分割也易于形成专业主义，造成部门间、区域间、条块间、军地间的“信息隔离”，最终导致危机管理工作效率低下。

8. 信息研判是根据突发事件的发生发展规律，进行突发事件发生后形成的各种物理参数的强度时空分析，分析评估事件后果的危险性，预测分析事件可能的影响范围、影响方式、持续时间和危害程度等，综合研判事件的后果，为突发事件预警和应急处置提供科学依据的过程。信息研判是内部沟通的前提。研判的过程是对信息进行整理，变原始信息为加工信息的信息处理过程。突发事件接报后的信息研判过程，包括信息核实和信息判断两个阶段。信息研判具体包括信息核实、影响分析和等级确定三方面的工作程序。

关键术语 »

内部沟通	纵向沟通	横向沟通	信息上报（信息报告）
信息阻塞	信息下达	信息隔阂	信息研判

复习思考题 »

1. 何谓危机管理中的内部沟通？它有哪些基本特点和主要类型？
2. 何谓纵向沟通与横向沟通？两者之间有何区别与联系？
3. 纵向沟通中信息上报包括哪些主要内容？在信息上报过程中有哪些常见的障碍？
4. 纵向沟通中信息下达主要有哪些工作程序？信息下达需要把握哪些原则？
5. 横向沟通主要的信息来源有哪些？横向沟通过程中有哪些常见的障碍？
6. 信息研判对内部沟通的重要性体现在哪些方面？信息研判应把握哪些要点？

阅读案例

“12·31”外滩陈毅广场拥挤踩踏事件

一、事件的基本情况

1. 事件概况

2014 年 12 月 31 日 23 时 35 分，上海市黄浦区外滩陈毅广场东南角通往黄浦江观景平台的人行通道阶梯处发生拥挤踩踏，造成 36 人死亡，49 人受伤。

2015年1月21日，上海市政府联合调查组（以下简称调查组）对外发布了《“12·31”外滩陈毅广场拥挤踩踏事件调查报告》（以下简称《调查报告》），认定“这是一起对群众性活动预防准备不足、现场管理不力、应对处置不当而引发的拥挤踩踏并造成重大伤亡和严重后果的公共安全责任事件”。《调查报告》指出：“这起公共安全责任事件，后果极其严重，社会影响极其恶劣，教训极其深刻。”“对事发当晚外滩风景区特别是陈毅广场人员聚集的情况，黄浦区政府和相关部门领导思想麻痹，严重缺乏公共安全风险防范意识，对重点公共场所可能存在的大量人员聚集风险未做评估，预防和应对准备严重缺失，事发当晚预警不力、应对措施不当，是这起拥挤踩踏事件发生的主要原因。”

2. 活动变更的基本情况

2011年起，黄浦区政府、上海市旅游局和上海广播电视台连续3年在外滩风景区举办新年倒计时活动。鉴于在安全等方面存在一定的不可控因素，黄浦区政府经与上海市旅游局、上海广播电视台协商后，于2014年11月13日向市政府请示，新年倒计时活动暂停在外滩风景区举行，将另择地点举行，活动现场观众将控制在3 000人左右，主办单位是黄浦区政府和上海广播电视台。对此，市政府同意暂停在外滩风景区举办新年倒计时活动，并就另择地点举办的活动，明确要求“谁主办、谁负责”，坚决落实属地管辖，切实把责任落到实处。

2014年12月9日黄浦区政府第76次常务会议决定，2015年新年倒计时活动在外滩风景区举行，具体由黄浦区旅游局承办。同时，要求区有关部门落实活动的各项保障措施。12月26日，黄浦公安分局做出《大型群众性活动安全许可决定书》，同意区旅游局举办新年倒计时活动的申请。

二、信息研判的基本情况

调查报告指出，拥挤踩踏悲剧发生的重要原因，是对监测人员流量变化情况未及时研判、预警，未发布提示信息。“12月31日20时至事件发生时，外滩风景区人员流量呈上升趋势。黄浦公安分局指挥中心未严格落实上海市公安局指挥中心每半小时上报人员流量监测情况的工作要求，也未及时向黄浦区委区政府总值班室报告。黄浦公安分局对各时段人员流量快速递增的变动情况未及时采取有效措施，未报请黄浦区政府发布预警，控制事态发展。对上海市公安局多次提醒的形势研判要求，未做响应。”

1. 事发当晚外滩风景区人员流量总体情况

事发当晚20时起，外滩风景区人员进多出少，大量市民游客涌向外滩观景平台，呈现人员逐步聚集态势。事后，根据上海市通信管理局、上海市公安局、地铁运营企业（申通集团）等部门单位提供的数据综合分析，事发当晚外滩风景区的人员流量，20时至21时约12万人，21时至22时约16万人，22时至23时约24万人，23时至事件发生时约31万人。

2. 外滩风景区人员流量监测和报告情况

20时12分，上海市公安局指挥中心要求黄浦公安分局指挥中心整点上报外滩风景区和南京路步行街人员流量情况。20时20分，黄浦公安分局指挥中心上报，外滩风景区观景平台人员流量5成（民警凭经验对人员密集程度的判断），南京路（河南路至中山东一路）人员流量约5～6成。

20时27分，上海市公安局指挥中心要求黄浦公安分局指挥中心每半小时上报外滩风景区和南京路步行街人员流量情况。21时14分，黄浦公安分局指挥中心上报陈毅广场人员流量5成，情况正常；21时39分，黄浦公安分局指挥中心指挥员孙成致电外滩分指挥部蔡立新，询问外滩风景区和南京路步行街人员流量情况，蔡立新回复均为6～7成，但电台和电话记录未显示上报上海市公安局指挥中心；22时45分，黄浦公安分局上报，外滩风景区观景平台人员流量5～6成。

3. 黄浦公安分局警力调配情况

20时25分，黄浦公安分局局长助理陈荣霖要求指挥中心收集辖区各派出所可调用警力。

21时09分，陈荣霖致电蔡立新，外滩风景区仍由黄浦公安分局副局长、外滩分指挥部现场指挥长陈琪负责指挥，南京路沿线交由副局长姚华指挥，并对警力部署进行调整。21时13分，黄浦公安分局调集辖区5家派出所40名警力增援南京路沿线，22时左右到岗；21时18分，通知警训队20名警力增援外滩分指挥部，21时44分，警训队20名警力到岗。

21时20分，指挥中心指挥员俞磊带领40名警力到达外滩分指挥部增援。

20时27分，黄浦公安分局局长周正致电陈琪，询问南京路步行街人员流量、警力配置情况。周正要求采取“铁马”措施，每隔10米安排1名警力；外滩风景区观景平台入口设立单向通行警戒带。

此后，黄浦公安分局根据人员流量情况，对现有警力部署进行调整。22时44分，周正致电姚华，要求南京路沿线警力设置拦截线减缓人群往外滩方向流动。

经调查，截至23时30分，黄浦公安分局在外滩风景区、南京路沿线共布置警力510名，其中陈毅广场80名（阶梯处13名），南京路沿线150名。

4. 上海市公安局指令和警力增援情况

20时31分，上海市公安局主要领导致电周正，要求重视外滩风景区人员流量情况，落实安保措施。

22时，上海市公安局副局长陈臻、俞烈、陆民在市局指挥中心大厅，通过视频监控查看外滩风景区等区域人员流量情况。陈臻通过视频电话提示周正，外滩风景区人员已经很多，要求其进行安全评估，如有需求及时提出。对此，黄浦公安分局未提出需求。

22时12分，上海市公安局指挥中心指令培训三部200名、培训四部100名、静安公安分局100名、虹口公安分局50名、闸北公安分局50名共500名警力增援黄浦公安分局。23时10分，虹口公安分局增援警力到达中山东一路、滇池路口，任务是负责中山东一路（南京东路至北京东路）沿线警戒和人群疏导。23时30分，闸北公安分局增援力量到达陈毅广场北侧观光隧道入口，任务是引导和疏散观景平台人群。23时35分，培训三部、培训四部增援警力分别位于中山东一路福州路路口、中山东一路北京东路路口，静安公安分局增援力量尚未抵达。

23时24分，上海市公安局指挥中心致电黄浦公安分局指挥中心，建议在外滩风景区沿线的中山东一路两端对机动车进行改道分流，实施交通临时管制措施。黄浦公安分局指挥中心回复，周正的意见是继续保持交通畅通，否则老百姓会认为外滩风景区有大型活动。

资料来源：上海市政府联合调查组.“12·31”外滩陈毅广场拥挤踩踏事件调查报告. 解放日报，2015-01-22.

案例思考题

1. 在本案例中，人员流量监测预警信息在内部沟通过程中存在哪些问题？
2. 在本案例中，导致内部沟通不畅、最终引发拥挤踩踏事件的主要原因是什么？

第3章

危机管理中的公众沟通

公众沟通（public communication）是公共危机管理中的重要工作领域和关键研究议题，这不仅因为“公共危机”事关“公众”的生命、财产、环境安全，与公众的切身利益相关，引发公众的高度关注，更在于“公共危机的处置与应对”需要公众的理解、支持、参与和配合。公众沟通，作为政府的危机管理行为之一，与媒体沟通、信息管理、新闻发布等，共同发挥着舆论引导和风险交流的作用，直接影响着政府危机管理的成败。

本章主要介绍公众沟通的研究缘起、定义与特征、目的与作用、主体与形式、基本原则与主要方式方法。

重点问题

- 公众沟通的含义与目的
- 公众沟通的原则要求
- 公众沟通的方式方法

3.1 公众与公众沟通

谁是公众，或者公众是谁，是公众沟通研究遇到的首要问题。公众，是一个抽象的集体名词，在危机管理中，人们常常用这一术语来指称政府、企业或社会团体的沟通对象，将公众理解为信息传播的受众（audience）或接收者（receiver）。在经验领域，这一概念指代宽泛，使用简单方便，并不为人深究。

但是，如果在理论上也笼统地运用这一概念，就会忽略危机管理情境中一个个具体的、有血有肉的、会理性思量的、懂策略选择的个体或群体，公众就会成为研究者摸不着、看不见的客体，会成为消极的、单向的、非人格化（impersonal）的接收端，这样，公众沟通的针对性和有效性也就无从谈起。

3.1.1 发现公众：从沟通的主体视角转向客体视角

公众是危机沟通的对象，是危机沟通研究的逻辑起点。但是，在传统的危机沟通研究中却常常被忽略，这与传播效果研究的历史有关，与研究视角的转换有关。

20世纪20年代前后，大众报刊、广播、电影、唱片等迅猛发展，对传统社会“田园牧歌”式的平静生活产生了强烈冲击。当时的人们普遍认为，“大众传媒可以毫无阻挡地传递观念、情感、知识和欲望，传播似乎可以把某些东西注入人的头脑，就像电流使电灯发出光亮一样直截了当”①。这一时期的核心观点被称为“媒介枪”②“子弹论”“魔弹论”“皮下注射论”，意指传播媒介拥有不可抵抗的强大力量，它们传递的信息在受传者身上就像子弹击中躯体、药剂注入皮肤一样，能够引起直接的速效反应，从而左右人们的态度和意见，乃至直接支配人们的行动③。

显然，在这一时期，公众是传播的客体，其作为人的“自主性”被遗忘了，仅仅是一个被动的“反应者”，外界给予“刺激”，公众就做出“预期的反应”。与这一时期整个社会的变迁相关，作为公众的个体刚刚进入城市，走入现代生活，传统的等级秩序被打破，熟人社会之间的密切联系被割裂，社会被看成由相互隔绝、相互孤立的“原子”组成，这些“原子”在任何有组织的媒体传播和说服面前都是脆弱的、不堪一击的，而公众压根就没有成长起来，其结果必然是被政府或媒体所“左右”。

20世纪40年代，“子弹论”遭到否定，这源于一项实证研究。拉扎斯菲尔德等人历时半年，对600名对象进行的7次追踪调查显示，在整个竞选宣传期间，只有8%的人受政党及媒体传播的影响改变了投票意向，与此相对应，剩余的绝大多数人没有改变投票意向。这一调查结果与当时流行的“子弹论”大相径庭，超出了人们的普遍直观经验。为了弄清原因，拉扎斯菲尔德团队对调查数据进行了深入细致的分析，提出了一系列假说：一是“既有政治倾向论”，指人们在接触政党或媒体宣传之前已有稳定的政治态度；二是“选择性接触论”，即人们既有的政治倾向在很大程度上影响着他们的媒介接触行为，通常情况下，人们更倾向于选择那些与自己的立场一致或接近的媒体；三是“人际影响论”（personal influence）和“意见领袖论”（opinion leaders），即在说服人们改变态度方面，媒介传播不如家人、朋友、同事等人际传播更有效。

在这一时期，媒介退去了“子弹论”的威力，其传播效果不再具有“魔法性”特征。人们认识到，传播对于受众产生的影响非常有限，既可能是“结晶”和“改变”，也可能是“强化”和“小变化”，甚至是“毫无变化”。受众的既有立场、社会关系及其选择性接触和回避，对于传播效果产生着重要的制约作用，这被称为“有限效果论”。

---

① 张隆栋．大众传播学总论．北京：中国人民大学出版社，1993：156.

② 施拉姆．美国传播研究的开端．王金礼，译．北京：中国传媒大学出版社，2016：129.

③ 郭庆光．传播学教程．北京：中国人民大学出版社，2011：176-177.

从“子弹论”到“有限效果论”的研究史表明，研究者逐步发现了受众的主体地位。换句话说，受众不是被动的、毫无自主性、没有选择能力的“靶子”，而是有一定主动性和能动性的媒体使用者和信息解码者（decoded），他们能掌控（in charge）自己的媒介行为，并不是消极的“受害者”（victims）。受众主体地位的发现，使研究者对于传播效果的研究，从关注传播主体、传播内容、传播渠道、传播方法逐步转向关注“受众属性”与“受众行为”的研究。

20 世纪 70 年代，“有限效果论”开始受到人们的批评。理由来自两方面，一是它只考察了具体传播活动的微观、短期效果，而忽略了日常的、综合的信息传播活动对社会产生的宏观的、长期的、潜移默化的影响；二是过分强调“有限效果论”会给传播实践带来某些消极影响，如降低传播者的社会责任感，为低俗有害内容的泛滥提供“口实”等。之后，一批理论渐渐兴起，如“议程设置理论”“沉默的螺旋理论”“知识鸿沟理论”“培养分析理论”等。尽管这些理论研究的主题和内容各不相同，但有两个共同的特点：一是它们的研究焦点集中于探索宏观的、长期的社会效果，二是它们不同程度地强调传播具有影响力。这被称为“强力效果论”或“适度效果论”。

“适度效果论”的产生与电视传媒日益渗透人们的生活密切相关。20 世纪 60 年代以后，电视成了占主导地位的大众传媒，人们每天接触电视的时间从几十分钟到几个小时，看电视成了人们业余生活的主要内容。由于电视对于人们认知和观念的影响在“有限效果论”的框架下很难得到解释，因此，需要对大众传播的影响和效果做出重新评价，此时，“适度效果论”应运而生。

从“有限效果论”到“适度效果论”标志着政府或媒介仍然可以通过内容、技术、策略的选择来影响公众，但此时的“公众”已非彼时的“公众”。公众的主体性已经借由“有限效果论”凸显出来了，人们在考虑传播效果时，不得不分析受众的属性、特点。正如沉默的螺旋所发现的那样：一方认为自己的观点合理，自信且大声地说出自己的观点，另一方感到自己被孤立了，因此会退缩，“吞”下自己的观点，陷入沉默，从而进入螺旋循环——优势意见占明显的主导地位，其他的意见从公共图景中完全消失，并且“缄口不言”，这就是沉默的螺旋的形成过程①。

20 世纪 80 年代以来，随着网络技术的发展及网络基础设施的建设与完善，新媒体、全媒体、社交媒体的概念开始兴起，“所有人对所有人传播”很好地概括了这种媒体技术所引发的传播革命，它突出的特点是“互动性、即时性、共享性、海量性”，人人都是信息的生产者、传播者，人人都是记者、编辑、评论员，甚至发展出一种公共新闻或公民新闻（public or civil journalism）。

这些概念的出现表明了一种趋势：政府或传媒努力影响的受众，或者说是“受控制的受众”（audience control），正在向着“受众自治”（audience autonomy）的方向不断发展，受众的角色正在终结（end of the audience）。换句话说，那些原来被称为听众、读者、观众的受众，将被如下角色取代：搜寻者（seeker）、咨询者（consultant）、浏览者（brow-

① 诺尔-诺依曼．沉默的螺旋：舆论：我们的社会皮肤．董璐，译．北京：北京大学出版社，2013：5.

ser)、反馈者(respondent)、对话者(interlocutor)、交谈者(conversationalist)①,这意味着,技术作为变化之源,正在改变受众的特征,受众的“主体性”进一步凸显。

从传播效果研究史的角度来看,受众是伴随着“现代社会的变迁、工业化与城市化进程,以及媒介技术的发展”等要素,逐步进入人们的视野的。但从客观现实来看,受众原本就存在。可以说,自人类开始运用肢体、符号、文字、声音进行交流以来就存在,而且从来都不是被动的。只是到了20世纪,人们开始有意识地关注政府或媒介的传播效果时,“受众”才因传媒风靡一时的浩大声势而被遮蔽,其作为人的主观能动性也随之被忽略。

20世纪80年代以来,数字技术的发展及互联网的普及,使受众被“重新发现”。新技术的发展突破了原来由政府和传统媒体垄断的传播权,社会的话语权借助互联网提升,这意味着互联网赋予了社会真正的权力。一方面,社会对互联网的使用促进了公共辩论和问题传播②;另一方面,互联网扮演了社会抗议的工具,扩大了公众的体制内与体制外政治参与。只有系统梳理传播效果的研究历史及其所反映的“时代-技术-社会变迁”历程,才能够真正理解,作为传播“客体”的受众,在相当程度上,也应当被作为一个“主体”来对待。

3.1.2 公众是谁:厘定概念

为了更好地理解公众(public),有必要将其与大众(mass)、群体(group)、群众(crowd)、受众(audience)等概念进行区分(见表3-1)。在这方面,传播学者丹尼斯·麦奎尔的研究给我们带来了启发。他在《受众分析》一书中指出,“大众被视为现代工业化、城市化社会的产物,尤其是就其规模化、匿名化、无根性等特点而言。大众人数众多、分布广泛;其成员彼此陌生,互不知晓也无法知晓;具有分散性和异质性;对那些超出其直接经验范围或直接控制之外的事物感兴趣,并对之关注有加。与群众一样,大众没有任何组织性也没有稳定的结构、规则和领导者。但与群体不同的是,大众缺乏实现自身目的的意愿和手段,也没有固定场所”③。

表3-1　相关概念的厘定

相关概念	特征
大众	人数众多、分布广泛;其成员彼此陌生,互不知晓也无法知晓;具有分散性和异质性;对那些超出其直接经验范围或直接控制之外的事物感兴趣,并对之关注有加
群体	成员生活在一定的社会和地理边界内;相互知晓,彼此互动,对群内成员的身份相互认同;拥有相似的价值观;群体内部关系清晰,行事规则明确,有一定的内聚力和稳定性
群众	与大众类似,没有任何组织性,是一个松散集合,往往是一盘散沙,需要精英(elite)的启蒙和引领;其成员可能拥有一致的身份认同和心态;在危机状态下,常常容易冲动、缺乏理性

① 麦奎尔. 受众分析. 刘燕南,李颖,杨振荣,译. 北京:中国人民大学出版社,2006.
② 郑永年. 技术赋权:中国的互联网、国家与社会. 邱道隆,译. 北京:东方出版社,2014:14.
③ 同①8-9.

续前表

相关概念	特征
受众	传播活动的对象或受传者，被称为观众、读者、听众、用户等
公众	具有政治和法律属性，被视为民主政治制度的一个元素；公众往往偏好参与公共议题的讨论，提出一些观点、意见、原则和建议，希望为改变现状而努力；有意识地关注那些具有广泛社会影响的事件，比如选举结果、重大灾难、生态危机等；在理论上，公众被视为社会公共利益的维护者

群体的特点是，成员生活在一定的社会和地理边界内；相互知晓，彼此互动；他们对彼此的群体成员身份相互认同；拥有相似的价值观；群体关系的构成清晰明了，并随着时间的延伸而持续。

群众是一个相对较大的群类。其成员可能拥有一致的身份认同和心态，但是在本质上，群众是不稳定的、缺乏理性的和容易冲动的。群众是一个与文化无关、与道德也无关的群体。

受众指的是一对多的传播活动的对象或受传者①。从古罗马的竞技场、古希腊的剧院，到印刷品的出现、电影的发明、无线广播的普及、电视的出现，再到互联网科技的发展，所有接收到信息的观众、读者、听众、用户，都属于受众的范畴。按照传者-信息-渠道-受众（SMCR）的线性传播模式，受众与传者构成了社会传播过程的两极，这两者之间既相互依存又相互矛盾和冲突。

公众则是现代社会的产物，被视为民主政治制度的一个元素。公众由这样一群人组成：自由参与公共议题的讨论，提出一些观点、意见、原则和建议，希望为改变现状而努力。与此同时，他们有意识地关注那些具有广泛社会影响的事件，比如选举结果、重大灾难、生态危机等。公众被看作社会公共利益的维护者，是一个与政府相对应的概念，具有政治和法律属性。

总的来看，人们倾向于认为：大众，遍布于社会各个角落，数量众多、一盘散沙、孤立平庸，需要精英（elite）的启蒙和引领，被动接受传播信息；群体，因其成员间身份、动机或利益的一致性，常常组成较为密切的网络关系或利益团体，他们能主动地、有组织地开展集体行动，对于传播信息有较强的选择性，对于劝服影响和操纵行为更具弹性和抵抗力；公众，则是关心公共价值和公共利益的理性个体或群体，他们的数量广泛、构成多样，不仅对传播信息有较强的选择性，而且与传播者之间有更频繁的互动，并就公共问题发表看法，表现出从“受者角色”向“传者角色”的转变。

公众的“传者角色”表现为“公共舆论”（public opinion）的形成。公共舆论是公众对于国家管理者产生和持有的社会政治态度②，它对于政治家和政府维持自身权力的合法性和权威性具有至关重要的作用。它可以是民意调查结果，也可以是群众意见反映；既可能在一个开放的系统中自动生成，也可能在封闭的环境中被制造（creation of public opinion）；既带有强烈的情绪，也表达一定的信念；既包含着正确的看法与意见，也包含着愚蠢、偏

① 郭庆光. 传播学教程. 北京，中国人民大学出版社，2011：150.

② 王来华. 舆情研究概论：理论、方法和现实热点. 天津：天津社会科学出版社，2003：5.

见、错误观点或者门户之见；既有理智的成分，也有非理智的成分①。从政治传播的角度来看，当我们关注公众时，更多的是在关注“公众舆论”，关注公众的社会政治态度，或者说，是在关注民意和民心。

3.1.3 公众沟通：比较释义

公众沟通（public communication）是政府、企业、社会组织与公众进行信息交流的一系列活动。在危机管理实践中，公众沟通与媒体沟通、风险沟通等共同构成危机沟通的基本研究范畴（见表 3－2）。

表 3－2　　危机沟通的基本研究范畴

类型	对象	内容	特点	目的
媒体沟通	媒体（传统媒体、新媒体、“大V”）	一切可通过媒体发布的信息，包括事态情况、结果损害，危机处理的全过程信息（预防准备、监测预警、救援处置、恢复重建），以及调查结果、原因责任等信息	信息传播快、传播广，但有“过滤”功能，善于议程设置，对于“公众想什么”能产生影响力，既能产生积极效应，也能产生消极效应	借助于媒介工具，传递信息
风险沟通	风险区域公众、非风险区域公众、媒体	风险信息（技术或专业层面的风险特征，比如风险源识别、暴露评估、技术方案等；管理层面的风险管控措施、法律规章等；个体层面的风险感受等）	充分的交流和讨论，缩小风险认知与风险事实之间的“鸿沟”，引发关于风险问题的伦理和道德讨论	培育公众对于风险的理性认知
公众沟通	公众	不局限于风险信息，一切与公众知情权、参与权、表达权和监督权有关的信息，但同时不涉及国家秘密、商业秘密、个人隐私，不危及国家安全、公共安全、经济安全和社会稳定	宣介政策、解疑释惑、了解社情民意、发现矛盾问题、吸纳建设意见、廓清模糊认识，化解怨气怨言，引导和纠正错误看法	赢得公众的信任与支持

公众沟通与媒体沟通不同，前者的沟通对象是公众，后者的沟通对象是媒体。由于媒体是专门从事信息生产和传播的专业化媒介组织，是一种有组织的传播活动，因此，媒体既有积极的社会功能，也有消极的、负面的社会功能。在大众传播时代，与媒体沟通，借用媒体这一中介进行信息传播，是政府危机沟通的主要方式。正如美国白宫发言人弗莱舍所做的比喻：“平日里媒体仿佛一群嗡嗡作响的蚊子，每个政府官员都避之唯恐不及，恨不得把它们都赶走；而一旦危机发生，媒体就成了一头 20 吨重的大象，向你直扑过来；这时候，你想躲都躲不开。”②

美国传播学者约翰·梅里尔列举了新闻报道存在的若干问题，包括：（1）用单向和静态的方式表现人物和事件，使受众形成定向思维；（2）把观点包装成事实（presentation

① 李普曼. 公众舆论. 阎克文，译. 上海：上海人民出版社，2006：译者前言 2.

② 史安斌. 危机传播与新闻发布：理论·机制·实务. 北京：清华大学出版社，2013：129.

of opinion as fact)；(3) 有选择地使用引语，通过表面客观的手段达到主观的目的；(4) 信息选择，使用有些事实而不使用另一些事实；(5) 不顾受众知情权，对某个新闻事件完全不报道或漏掉新闻事件的某些事实；(6) 帖标签，如一个新闻事件中的游击队员，在其他新闻事件中成了自由战士；(7) 用笼统的词语进行概述，比如用许多人或大多数人；(8) 用情感动词或副词呈现否定或肯定的态度；(9) 根据塑造形象使用不同的语言、照片或音像资料；(10) 以偏概全，用个体代表整体；(11) 对后续事态不再追踪。读者看到的信息与原始信息有一定的差异。这些现实问题的存在，使得"信息失真"广泛存在。

这些问题表明，媒体并不是一个毫无立场、没有头脑的"传声筒"。恰恰相反，在很多时候，媒体是以兜售观点为生的，而且总是在"影响公众想什么上"下功夫。它们不仅对议题设置很在行，而且力图承担"公共责任"，发挥舆论监督的作用。因此，媒体与政府间通常会呈现出一种"竞合"(co-petition) 的关系。双方会围绕各类突发事件或敏感事件中的"焦点问题"，在信息供给与传播领域展开场激烈的博弈与较量。

从政府的角度来看，媒体在向大众传播信息时，常常存在"断章取义""标题党""错误信息""煽风点火""添乱"等问题，而从媒体角度来看，政府在信息发布的过程中，也存在"信息供给不充分""不及时""藏匿信息""回避问题""应付和摆平媒体"等现象。这些情况表明，政府与媒体之间并不充分信任，一旦有机会向公众直接传递信息，政府就可能绕开媒体，直接与公众沟通。而在互联网时代，政府对于网站、微博与微信等工具日益娴熟的运用，也为其与公众直接沟通提供了现实的可能性和便捷的途径。

公众沟通与风险沟通既有区别又有联系。风险沟通的对象是公众，信息内容是风险的科学知识或相关风险法律规制与风险管理等内容，公众沟通的内容却不局限于风险，包括突发事件伤亡及财产损失信息、决策指令、投入资源等一切与公众知情权有关的信息。按照《政府信息公开条例》，行政机关应主动公开四类信息：一是涉及公民、法人或者其他组织切身利益的；二是需要社会公众广泛知晓或者参与的；三是反映本行政机关机构设置、职能、办事程序等情况的；四是其他依照法律、法规和国家有关规定应当主动公开的。与此同时，要求重点公开九类信息，其中包含"突发公共事件的应急预案、预警信息及应对情况"。

按照美国国家研究委员会 (NRC) 的定义，风险沟通是"一种在个人、团体、机构之间进行信息和意见交流的互动过程。交流的内容既包括描述风险特性的信息，也包括不完全与风险特性相关的内容，比如对风险及风险管理的法律或制度安排表现出的各种担心、意见和反应等"。进而言之，风险沟通不仅仅是解释和说明风险的科学计算问题，也是讨论更广泛的道德和伦理问题的论坛 (forum)①。

第一代的风险沟通研究局限于"区分目标群体""设计有效信息""使用正确的渠道"，很多从事公共关系的人们被看作风险沟通领域的专家。第二代的风险沟通研究开始强调风险决策过程中的民主，推动风险承担者参与风险决策；其焦点是"关注一个人为什么接受或拒绝风险"，它承认科学确定的"事实风险"与人们对"事实风险的感知"之间存在遥

---

① 世界卫生组织. 建立有关电磁场风险的对话. 北京：中国电力出版社，2009：87.

远的距离，而风险沟通要解决的正是“缩小认知差距、建立正确的风险感知”这一问题。风险沟通的目的是，通过传递科学信息，影响人们的主观建构，从而培育公众的科学素养以及对待风险的理性精神。

总的来看，公众沟通有六大特征：一是面向广大公众，即使非利益相关方，若有必要知晓也可自由获得信息；二是在公共空间传播，即不是在政府系统内部，或在相关团体或组织之间属于“私域”的范围内传播；三是涉及公共事件，凡是具有广泛社会影响、引起广大公众关切的事件、议题甚至谣言，政府都有义务向公众说明情况、解疑释惑；四是政府可直接与公众沟通，也可通过媒体与公众沟通，但直接沟通更有利于真实信息的传递，新媒体时代，政府也更趋向于利用这种方式传递信息，以防信息被媒体过滤、解读甚至误导；五是与风险沟通相比，公众沟通的信息内容更广泛，不局限于风险内容的传播。六是强调“以受众为中心”进行沟通，注重对受众的分析与研究，考虑信息能否到达受众，受众能否正确地理解传者的意图，能否产生传者所希望的态度和行动改变等。

在价值层面上，公众沟通具有“权利和义务”的意义。它强调，作为公众的“公民、法人和其他组织”有依法获取政府信息的权利；相应地，政府有及时、准确地公开政府信息的义务，且应当遵循公正、公平、便民的原则。在一定程度上，这使危机管理中的公众沟通具有了“政治意涵”，反过来说，正是这种政治意涵使公众沟通成为监督政府危机管理行为的重要工具。

3.2 公众沟通分析

3.2.1 公众沟通的目的与作用

所有的公众沟通行为都是有目的的。危机中的公众沟通行为，是为了降低危机的生命财产损害和社会危害。因此，危机状态下，政府采取的任何一项沟通行为，即使那些看起来不露痕迹的沟通行为，都不是盲目的，为沟通而沟通、无的放矢的“自由运动”，而是一系列有意图、有目标取向的信息传播活动，极其强调对于客体（object），包括利益相关方、无利益相关方及周围社会产生的实际影响或后果。在微观上，它带有引导性和说服性动机，旨在获得沟通客体在心理-情感-态度、事实-知识-认知、道义-价值-信念上的支持，促发其产生与沟通主体意图或要求相一致的行动。具体而言，危机中的公众沟通行为包含三个目的，分别是价值目的、效果目的和关系目的。

第一，价值目的。公众沟通在价值追求上强调保障公众的知情权（right to know），及与之相关的知情表达权、参与权和监督权。知情权也称知晓权，指获取政府信息的自由和权利。第二次世界大战前，知情权主要是西方记者的口号和主张；第二次世界大战以后，伴随着美国的劳工运动和环保运动，这一主张逐渐深入人心。从最初主张“个人有权知道自己日常生活中接触到哪些化学药剂”，到主张“每个人都有得到其应知信息的平等权利”，知情权发展成一项为全世界人民接受的基本人权。

1948年12月，联合国通过《世界人权宣言》，其中第十九条规定：“人人享有主张和发表意见的自由，此项权利包括持有主张而不受干涉的自由，和通过任何媒介和不论国界寻求、接受和传递信息和思想的自由。”之后，1966年12月，联合国又通过了《公民权利和政治权利国际公约》，同样在十九条指出：“人人有发表自由意见的权利；此项权利包括寻求、接受和传递各种消息和思想的自由，而不论国界，也不论口头的、书写的、印刷的、采取艺术形式的、或通过他所选择的任何其他媒介。”中国在1998年10月5日签署了《公民权利和政治权利国际公约》，将“尊重和保障人权”写进了党的十五大、十六大报告。2003年的非典疫情将保障公众知情权提上了议事日程。2007年10月，党的十七大报告明确指出，“保障人民的知情权、参与权、表达权、监督权”。党的十八大报告再次指出，“保障人民知情权、参与权、表达权、监督权，是权力正确运行的重要保证”。由此，这一政治观念逐步渗透到各项法律法规与政策措施的制订中，渗透到政府的行政行为中。在突发事件应急管理中，公众沟通的价值取向也是保障公众的知情权。

第二，效果目的。紧急情况下，一条信息对于人们来说就像食物和水一样重要，正确的信息不仅意味着生与死的差别，也给人以心灵抚慰[①]。因此，危机状态下，公众沟通的首要目标是“保护公众”，通过及时准确地传递信息，促发每个人做出明智的（smart）决定和行动，以进行自我保护（informed-decision to protect self）。

在突发事件应急管理中，最常见的公众沟通形式是政府发布预警信息。预警信息不同于其他类型的信息，其目的是引起公众的具体应对，而不仅仅是增强意识或提供知识。比如，2015年12月8日7时至12月10日12时，北京市空气重污染应急指挥部发布了史上第一个红色雾霾预警。根据预警级别，北京市政府建议中小学和幼儿园停课、企事业单位实行弹性工作制，原则上停止大型露天活动，并呼吁公众尽量搭乘公共交通出行，减少机动车上路行使，驻车时及时熄火，减少排放废气。除了建议性措施之外，政府也实行强制性措施，包括实施机动车单双号行驶，公用车在单双号基础上再停驶30%，禁止运输建筑垃圾和渣土运输等重型车辆上路，禁止施工工地室外作业，禁止燃放烟花爆竹和露天烧烤，污染企业被责令停产或限产等。

另一种形式的沟通是发布风险信息，对公众进行安全提示。如2016年7月21日，国家食品药品监督管理总局发布“汛期食品安全风险提示”，针对消费者、食品生产经营单位、灾区食品安全监管相关部门发出风险提示。

一般来说，有效的公众沟通都是能够引发公众在态度、认知、信念或行动等方面能够朝着政府预期方向变化的沟通，但这并不容易实现。为此，各国政府都高度重视这项工作。以美国为例，其突发事件应急指挥架构中设有“信息官”一职，专门负责与公众的沟通工作。在中国的突发事件应急指挥体系中，通常也设有“信息发布和舆论引导组”，负责制定公众沟通方案，建议信息发布的原则与策略，目的之一是让公众按照“降低损害、确保安全”的要求采取自我保护行动。

第三，关系目的。在政府与公众之间建立或提升“信任关系”是公众沟通的另一目的，这意味着公众沟通具有高度的政治属性。危机情况下，政府除了要向公众传递事实真

① 联邦应急管理署.《有效沟通》自学课程（内部资料）。

相、介绍政策措施、说清原因责任之外，还要建构意义，传递价值观，凝聚共识；要占领“道义制高点”，以义导人，要找到“情感共鸣处”，以情感人，要确保“事实和逻辑严密”，以理服人，从而赢得公众的信任和支持。

信任是政府进行社会动员的强大基础。没有信任，政府的指令得不到公众的遵从与配合；有了信任，公众会主动遵从，甚至无须政府号召而积极投入应急响应行动中来。一项关于公众风险心理认知的研究表明，公众判断什么是危险的，什么是应该害怕的和应该有多害怕与他们对政府的信任有关，与他们对于化工企业的信任有关。信任度越高，公众的恐惧和惊慌程度越低。相反，信任度越低，公众的恐惧和惊慌程度越高①。

“塔西佗陷阱”（Tacitus trap）很好地描述了政府失去信任的结果。当公权力失去信任、政府不再受欢迎时，无论政府说什么、做什么，哪怕是说好话、做好事，老百姓就是“老不信”，给政府以负面评价。所以，在公众沟通中，避免陷入“塔西佗陷阱”，建立政府与公众的强信任（thick trust）关系，为事件处置赢得有利的社会支持环境，是政府危机管理的关键。

然而，信任不应该在等到危机时才着手建立，危机之前公众对政府的信任程度如何，往往决定着危机沟通是否有效。因此，应当在常态下着手建立政府与公众的信任关系。但这并不是说在危机状态下，将公众沟通的手段与方式置于信任的目标下权衡，就无助于建立信任关系，相反，如果围绕政府与公众间信任关系的建立来评估公众沟通活动，并采取恰当的行动，则能在较大程度上转“危”为“机”。

总的来看，要实现上述三种目的，政府必须能够把握住公众沟通的主动权。这要求政府制定出一整套常态下的公众沟通战略以及非常态下的公众沟通响应策略。显然，这依赖于经验的积累，依赖于最佳实践（practice-driven）创造出来的方法，依赖于不断接受现实挑战并在持续改进过程中（work-in-progress）筛选出来的技巧。

3.2.2 公众沟通的主体与介质

在一个不确定性极高的风险社会，任何一个组织都有面对危机的可能性，也有应对危机、维护秩序、抵御冲击、降低危害的动机和能力。但凡涉及公共事件，就要和公众打交道，与公众进行沟通。一般来说，政府、企业、社会团体、专家等都是公众沟通的主体。

1. 政府及其部门

政府是一个公权力运行系统，狭义的政府是除立法、司法之外的行政系统。《突发事件应对法》第七条规定：“县级人民政府对本行政区域内突发事件的应对负责；涉及两个以上行政区域的，由有关行政区域共同的上一级人民政府负责，或者由各有关行政区域的上一级人民政府共同负责。”同时，也规定：“法律、行政法规规定由国务院有关部门对突发事件的应对工作负责的，从其规定；地方人民政府应当积极配合并提供必要的支持。”这是对属地管理为主原则的例外规定，主要指核事故、铁路事故等应对工作，由国务院有关部门负责，地方政府要提供必要的人力、物力和财力支持，在充分商量、沟通的情况

① 孙玉红，王永，周卫民．直面危机：世界经典案例剖析．北京：中信出版社，2004：192.

下，地方政府的相关人员要听从国务院有关部门的调度和指挥，相关工作要服从应急处置的安排①。

公众沟通作为应急处置的内在组成部分，遵从《突发事件应对法》的规定，这意味着，依法采取应急措施控制事态发展，组织开展应急救援与处置工作的县级及县级以上地方人民政府及国务院有关部门是公众沟通的主体，但具体的沟通责任由相关涉事责任部门承担，本级或上级政府办公厅（室）与宣传部共同承担组织协调责任。

2016年7月30日，《国务院办公厅关于在政务公开工作中进一步做好政务舆情回应的通知》对此做出明确规定："对涉及国务院重大政策、重要决策部署的政务舆情，国务院相关部门是第一责任主体。对涉及地方的政务舆情，按照属地管理、分级负责、谁主管谁负责的原则进行回应，涉事责任部门是第一责任主体，本级政府办公厅（室）会同宣传部门做好组织协调工作；涉事责任部门实行垂直管理的，上级部门办公厅（室）会同宣传部门做好组织协调工作。对涉及多个地方的政务舆情，上级政府主管部门是舆情回应的第一责任主体，相关地方按照属地管理原则进行回应。对涉及多个部门的政务舆情，相关部门按照职责分工做好回应工作，部门之间应加强沟通协商，确保回应的信息准确一致，本级政府办公厅（室）会同宣传部门做好组织协调、督促指导工作，必要时可确定牵头部门；对特别重大的政务舆情，本级政府主要负责同志要切实负起领导责任，指导、协调、督促相关部门做好舆情回应工作。"

2. 企业与社会组织

理想的危机管理开始于对组织风险（organizational risks）的彻底检查和对可能造成重大问题的组织危险的识别，并为此做好准备。很多行业的企业或组织都可能面临危机，成为公众沟通的主体，主要有五类：

第一类是大型航空公司。从统计数字看，乘坐大型航空公司飞机的乘客，比使用任何其他交通方式的乘客都安全，但是，哪怕只有一次失事，对于公众来说，都是灾难性的。因此，大多数航空公司都重视对飞机坠毁、遭遇劫持的隐患排查、事故预防及善后工作。

第二类是化工、石油与核电等能源类工业企业，这类公司面临的突发事件类型是危险品爆炸、污染物泄漏、邻避抵抗等。

第三类是食品药品企业。奶制品、肉类、儿童食品、疫苗等食药行业，因为在加工过程中可能存在添加剂超标、污染过期、产品掺假等情况对公众造成危害。

第四类是金融服务公司。一些公司因投资失败、高利息诱惑存款及破产，造成公众恐慌。

第五类是社会组织，一些有良好声誉的社会组织往往因突发事件遭遇声誉危机，这对于组织来说是致命的。

这方面的典型案例有很多，比如福岛核事故、马航MH370客机失事、三鹿奶粉事件、天津港"8·12"瑞海危险品仓库特别重大火灾爆炸事故、中国红十字会声誉危机等，这些事故或事件都反映了一些值得总结的公众沟通问题。

3. 第三方

第三方是外在于利益相关方或冲突相关方的人或组织，能够被利益相关方或冲突相关

① 汪永清.《中华人民共和国突发事件应对法》解读. 北京：中国法制出版社，2007：22.

方接受和认可。中立性、权威性、公正性、公信力是第三方的基在本特征。

在公共冲突过程中，当双方信息沟通不畅时，第三方应该为双方建立或加强沟通提供帮助。典型的例子是云南的“躲猫猫”事件和上海的“钓鱼”执法事件。在“躲猫猫”事件中，云南省委宣传部发起成立“网民调查团”调查事件真相；在“钓鱼”执法事件中，浦东新区政府组建“联合调查组”，组成人员有人大代表、政协委员、律师和新闻记者。这两类事件的基本特点是事件发生—网上掀起舆论波澜—传统媒体报道传播—官方给出调查结论—遭遇公众质疑—引入第三方调查—公布调查结果—获得社会认同。

通常，一个普通的案件由专门的司法机关按法定程序依法处理即可，但当一个普通案件上升为舆论事件、为广大公众关注时，就存在一个“可信性”的问题。从法律意义上说，“任何人都不应成为自己案件的法官”，当政府的行政行为面临不能自证清白的困境时，第三方应被邀请介入调查。第三方包括行政监察机构、司法检察机构、人大、政协、网民等。

4. 专家

专家是危机状态下与公众沟通的重要角色。专家往往因其提供科学的、有数据支持的、专业的、独立的见解而被公众认为与政治、商业及其他利益无关。专家涉及各个与公众利益密切相关的领域，如科技界的专家，包括核工程领域、化工领域、消防救援领域、环境保护领域等，如法律界的专家，以及医学界的专家等。他们可以帮助公众深刻地理解救援的科学性、充分性、局限性，给公众解读污染数据的实质意义，说服公众采取适当的健康防护措施，帮助公众了解相关的法律救济途径等。与此同时，他们也可以帮助管理者评价应急处置方案的利弊，评估做出不同决定的可能后果。专家在解释可供利用的科学、法律、环境、健康知识等方面起着积极作用，对培育公众客观理性的立场有巨大的帮助。

5. 媒体

媒体是天然的公共传播媒介，它能够塑造公共舆论、影响政治决策、改变公众的态度。一旦发生危机，媒体会第一时间反应或同步反应，打响一场“新闻战”。报纸、广播、电视等传播媒体会与网络等新媒体一起投入报道、评论、调查中去，有震撼力的图片、视频，同类的案例、历史的教训都会在24小时之内通过一切可以传播的渠道对外进行传播。

为了抢新闻，媒体不可避免地会发一些未经充分核实或未经官方确认的信息；为了获得“权威信源”，媒体会采访指挥部官员或现场处置人员，当然，他们也会采访遇难者家属、当事人、目击者，或其他非官方信源。一般来说，如果官方不能及时提供信息，或信息供给不充分、不准确，媒体是不会被动等待的，它们有自己的报道节奏，也会想尽办法找到信源，比如政府内部人、不便透露姓名的知情人、消息灵通人士等。经验表明，总会有人把政府不愿及时公布的信息透露给媒体。媒体为了获得竞争优势，也可能会临时调集一些记者和相关人员参加突发事件报道，但这些人由于不是长期“跑口”的记者而不一定具备相关的专业知识，因此，他们报道的内容可能存在错误，甚至误导公众。

鉴于媒体对于公众的强大影响力及媒体自身的职业立场、职业利益和职业工作方式，政府应处理好与媒体的关系，并借助媒体处理好其与公众的关系。媒体对公众的影响主要体现在媒介系统（媒介数量、到达率、可得的媒介种类）、媒介供给结果（structure of media provision）、向潜在受众提供的各种内容类型（available content options）、媒介知名度（media publicity）、内容供给时间与呈现方式（timing and presentation）等。

3.2.3 公众的分类

公众沟通着眼于沟通的效果，因此，必须“以公众为中心”来确定一整套与“谁、内容、通过何种渠道、如何理解和接受”等要素相关的沟通策略。这样，公众就成为首要的研究对象，必须对其进行基于实践需求的分类（见表 3－3）。

表 3－3 公众的分类标准和类型

分类标准	公众类型
公众偏好的媒介或渠道	主流媒体偏好公众、市场化媒体偏好公众、网络媒体偏好公众
公众与事件的利害关系	有关公众、一般社会公众
公众卷入事件的程度	参与的公众、感兴趣的公众、无关的公众
公众与风险源物理距离的远近	非居住区人员、规划限制区居民
公众对风险的态度	利益敏感型、风险敏感型、客观理性型、蓄意反对型、盲目型

在法律意义上看，“公众”是指一个或多个自然人或法人以及（根据国内法律或实践）上述自然人或法人的联合体、组织或集团。在《突发事件应对法》及地方人民代表大会和国务院部门出台的规章、办法中，公众被概括为“公民、法人或其他组织”，有时，也用“人民”这一政治概念替代。

一般的分类是基于社会统计学标准，比如按地域（place）和人口特征（people）进行分类。按居住区域分，有属于社区、街道、城市的公众，有属于农村的公众；按人口特征来分，有不同年龄和性别的公众，也有受教育水平、收入水平、政治身份、宗教信仰、家庭环境不同的公众。公众的社会背景和社会环境（social background and milieu）不同，对于沟通效果的影响也不同。

在传播学上，也有按媒介或渠道（medium or channel）、信息内容（content）和时间（time）进行的分类。比如按媒介或渠道分，有偏好于主流媒体、市场化媒体、网络媒体的公众；按信息内容分，有热衷于时政、娱乐、社会新闻、历史文化等不同主题和风格的公众；按时间分，有接受日间时段（daytime）信息的公众，也有接受黄金时段（prime-time）信息的公众。公众接触媒介的渠道、时间及内容，决定着媒体对于公众的影响力策略。

在沟通实践上，常常根据公众与事件的利害关系进行分类。比如，将公众分为“有关公众”和“一般社会公众”。“有关公众”是指“受到环境决策影响的公众，可能受环境决策影响的公众、或与环境决策有利益利害影响的公众……”从而，在环境影响评价领域，将“有关公众”（the public concerned）从“公众”中突出出来，使其不同于“一般社会公众”。对“有关公众”换一种说法，即利益相关方（stakeholder）。

按照公众卷入事件的程度，也可将公众分为三类。第一类是参与的公众。这个事件与他们的个人利益息息相关，他们对事件有着深入的理解。第二类是感兴趣的公众。他们与事件没有直接关系，但却身处其中，受到影响并做出反应。第三类是无关的公众。当其他人谈起这件事时，他们既不关注也不参与讨论。在很多事件中，人们分别属于这三类公众中的一类①。

也有研究者按照公众住所与拟建“邻避设施”所在地之间的实际距离，区分公众对邻避设施建设的态度。以核电站为例，在环境保护部与国家质量监督检验检疫总局发布的《核动力厂环境辐射防护规定》（2011 年 9 月 11 日实施）中，要求“必须在核动力厂周围设置非居住区和规划限制区”。非居住区（exclusion area）是指反应堆周围一定范围的区域，该区域内严禁有常住居民，由核动力厂的运营单位对这一区域进行有效的控制，包括个人和财产从该区域撤离等。规划限制区（planning restricted area）指由省级人民政府确认的与非居住区直接相邻的区域。规划限制区内必须限制人口的机械增长，对该区域内的新建和扩建的项目应加以引导或限制，以考虑事故应急状态下采取适当防护措施的可能性。非居住区和规划限制区边界的确定应考虑选址假想事故的放射性后果。不要求非居住区是圆形，可以根据厂址的地形、地貌、气象、交通等具体条件确定，但非居住区边界离反应堆的距离不得小于 500m，规划限制区半径不得小于 5km。核动力厂应尽量建在人口密度相对较低、离大城市相对较远的地点。规划限制区范围内不应有 1 万人以上的乡镇，厂址半径 10km 范围内不应有 10 万人以上的城镇。基于此，研究者在对公众接受度展开调查时，往往区分 0.5km、5km、10km、30km 及 30km 以外公众，确定不同距离公众的真实需求。距离意味着相关公众对于搬迁利益的计算、核电风险对自己的影响、忽略核电影响等。

依此思路，可将公众分为利益敏感型、风险敏感型、客观理性型、蓄意反对型、盲目型五类。利益敏感型是对利益有较强偏好，愿意为获取利益而忽略风险的类型；风险敏感型对风险有较强的感知，无论用多大的利益都不能换取其对风险的恐惧；客观理性型，能够接受科学知识，对风险和利益都不会过度反映，能够在利益及风险之间做出理性选择；蓄意反对型，抱有其他目的或动机，不接受利益补偿，恶意夸大风险，采取绝对拒绝的态度和行动；盲目型，暴露在外界的冲击和影响下，易于被煽动性的、劝服性的、误导的信息影响和动员。

“知己知彼，百战不殆。”无论怎样对公众进行分类，目的都只有一个，就是深度了解公众的背景、偏好、媒介接触特征，以实现有效的公众沟通。不能对公众产生任何态度、认知、信念与行动上影响的危机沟通，都是失败的危机沟通，而具有成功可能性的危机沟通无一不是以客体——公众为中心的。

3.2.4 公众沟通的主要形式

公众沟通的形式有多种，常见的有听证会、恳谈会、谈判对话、科普活动、调查问卷等。前四种形式注重双向信息交流，后一种形式以单向信息传递为主。除此之外，还有电视讲话、网络信息发布、报纸杂志撰文等，鉴于这些形式是借用媒介的渠道进行公众沟通

① 科瓦齐，罗森斯蒂尔. 新闻的十大基本原则：新闻从业者须知和公众的期待. 刘海龙，连晓东，译. 北京：北京大学出版社，2014：28.

的方式，其他章节已有论述，这里不做重点介绍。

1. 听证会

听证会是一种公共意见表达机制，是不同的利益相关方和意见持有方就事关自身切身利益的问题进行观点表达、理据辩论、信息交流的平台。行政机关在听取各方意见后，做出相关决策。

听证会有三大特征：一是公共性。与座谈会不同，听证参与人不是由举办方在小范围内邀请的，而是从报名的公众中产生的，原则上，任何对听证内容感兴趣的公众都可报名参加。二是开放性。会议的举行也是公开的，允许公众旁听，允许记者采访和报道。三是拘束力。听证会的意见应当作为立法和制定政策的重要依据。对听证会中公众反映强烈的重要意见，如果在决策过程中没有被采纳，行政机关应当做出说明。

听证会往往用于那些时间紧迫性不强、存在较大争议、需充分吸收各方观点、考量各方关切的热点事件。如 2005 年 4 月，原国家环保总局就圆明园整治工程环境影响召开听证会，对整治工程何去何从展开辩论。

另外，国务院《信访条例》第三十一条也提出，对重大、复杂、疑难的信访事项，可以举行听证。听证应当公开举行，通过质询、辩论、评议、合议等方式，查明事实，分清责任。听证范围、主持人、参加人、程序等由省、自治区、直辖市人民政府规定。

2. 恳谈会

恳谈会也称座谈会，是政府为解决冲突而搭建的一个与公众对话、协商、交流的平台。通常，政府邀请民意代表、专家和利益相关方等参加，目的是进行充分的信息交流，增进彼此的理解，回应公众的关切，寻求“最大共识”。

这种方式在 2007 年厦门的 PX 风波和 2013 年昆明 PX 风波的处置中，都曾被当地政府采用。参加昆明 PX 项目恳谈会的民意代表通过主动报名、行业或协会推荐、组织方邀请等方式产生，共有 40 人，既有市人大代表、政协委员，也有主城区市民、安宁市市民和项目所在地村民，还有教师、学生、驾驶员和环保人士等，其中大多数是网民。

恳谈会不是论证会，也不是评审会，要求各方本着平等、坦诚、包容、理性的精神，本着实事求是、尊重科学的态度进行交流，政府借此寻求能够得到公众认同的解决办法，以消解公众的对抗情绪和态度，从根本上化解危机。

3. 谈判对话

谈判对话往往应用于群体性事件的现场处置。群体性事件属于人民内部矛盾，往往涉及利益诉求问题，因此，在矛盾双方或多方之间展开对话是化解群体性事件的重要途径。

一些地方政府的突发群体性事件应急处置预案明确规定，对话是现场处置的必要程序之一，对话的责任主体通常是事件涉及单位主要领导或者事发地党和政府的主要领导。对话原则上另择地点进行，本质上是将利益诉求问题引入理性的轨道上解决，力图通过谈判协商达到最小损害结果，从而平息事态恢复秩序。对话的基本原则和方法是，以公平正义为核心价值追求，区分群众的合理合法诉求与不合理不合法诉求。对于合理要求，应当场表明解决问题的态度；无法当场明确表态解决的，应责成有关职能部门限期研究解决；对确因决策失误或工作不力而侵害群众利益的，据实向群众讲明情况，公开承认失误或错误；对群众提出的不合理不合法诉求要讲清道理，有针对性地开展法制宣传，引导和教育群众知法守法。

在群体性事件处置过程中，对话的效果往往会因对话主体的权威性、承诺的可信性、诉求的合理性、关系的平等性、态度的诚意性、话语的友好性等产生差异。

4. 科普活动

科学知识普及往往应用于风险交流活动，其传播载体多种多样，例如，在报纸、杂志、网络上刊发系列科普文章，举办科普知识讲座，举行课题发布会与沟通会，组织科普知识竞赛，拍摄科普电视宣传片，建立科普展览馆和博物馆，组织考察团实地考察，举办“开放日”活动，开展电台热线对话，接受电视台访谈，举办咨询会，利用民间第三方环保组织进行科普，利用戏剧电影或游戏等喜闻乐见的方式进行科普等，总之可以采取一切可以想到的方式进行全方位、全覆盖地科学知识普及。在世界卫生组织给予电磁场风险沟通的建议中，曾明确指出，科普活动是一种积极风险沟通方式，各利益相关方都应不同程度地参与，哪怕是被动地参与，都是有价值的①。

5. 调查问卷

对于个体的沟通，可以采取电话、邮件问询的方式处理；对于小的利益相关方群体，可以采取会议、调查走访等形式沟通，而对于一个大的利益相关方群体，则可以通过发放问卷、当面询问等方式了解公众的关心和要求，当然，也可以通过互联网展开调查、抽样了解人们对于热点事件或争议事件的态度。需要说明的是，互联网上的调查可提供有用的信息，但不代表可作为统计学意义上的有效样本，所获数据仅仅是群体中使用互联网的那部分公众。

与听证会、恳谈会、谈判对话、科普活动等不同，调查问卷是一种单向信息传递方式，不是一种双向信息沟通方式，且调查问卷结果的有效性很大程度上依赖于问卷设计的水准及对数据的统计方式，因此，调查问卷更大程度上是一种获取信息、发现问题的方式，而不是一种双向沟通的方式。

3.3 公众沟通的原则与方法

公众沟通不仅为他人提供“正确”的信息，更是创建一个包括事实、知识、利益、风险等在内的信息对话（dialogue）渠道。这种对话是所有参与者协同解决问题的前提，同时，也是参与者了解政府是“如何秉持公共价值，为公共利益服务”的一个过程。换言之，政府无论是在公众沟通的内容上，还是在策略选择上，都应围绕“公共价值与公共利益”展开。

3.3.1 基本原则要求

公众沟通是就公共事件在公共领域展开的沟通，危机状态下的公众沟通又必须符合危机管理规律的要求，因此，公众沟通应当遵循基本原则。

① 世界卫生组织．建立有关电磁场风险的对话．北京：中国电力出版社，2009：41.

1. 坚守公共价值与公共利益的立场

公共价值与公共利益是对政府一切行政行为的伦理要求，公众沟通也不例外。当然，在关于什么是“公共价值与公共利益”的问题上，学界有各种解释，但这并不妨碍人们对其“难以名状”却可“默会”的理解。在一些具体的事件上，人们不会以政府是否坚持了公共价值与公共利益来评判是非，而会说政府是“做对了还是做错了”。对和错，背后是有标准的，这个标准本身就是“公共价值与公共利益”。

公共价值与公共利益隐含在每个人的头脑中，在社会心理学中，被称为原型期待。它是关于政府应当做什么的形象。当政府的做法与公众的原型期待一致时，人们就会认为政府做对了，默默地给予支持；相反，当政府做错了，与公众对政府的原型期待不一致时，在公众之中就会形成一股强大的舆论力量，对政府产生“拘束力”。而政府与公众沟通的必要性，也恰恰在于舆论的这种“约束力”。

按照休谟的观点，“从政治哲学的角度来看，没有什么比多数人被少数人所统治更令人吃惊了；并且人们愿意将自己的知觉和愿望放在次于政府期望的位置上，也令人惊讶。当我们试图分析，政府通过什么方式产生了这样不可思议的统治力量时，我们发现统治者……依靠的只是一致性的意见态度。政府是建立在舆论的基础上的，无论是最专制和最军事化的统治，还是最自由的和最受欢迎的统治都一律如此”①。简而言之，统治是以舆论为前提的，普通公民中的一致性意见，构成了政府的真正基础。进而言之，公众对于政府“做对了”的一致性意见，塑造了公众对政府的“认同”，并构成政府“合法性”的基础，也由此公众将管理国家的“权杖”放在了政府手中。

政府唯有时刻坚守公共价值与公共利益，才可能不受舆论的冲击和公众的反对。因此，明智的政府往往会守住“公共价值与公共利益”的底线，在危机状态下，更是不顾一切地保护公众的生命、财产以及公共环境，避免造成重大的损失和破坏。这是在有形方面的做法，看得见摸得着，而在无形方面，例如公众舆论和公众心理上，也需政府去促发支持性舆论、抚慰公众心灵、提振士气。这其中，没有神乎其神的“奥秘”，只有一个常识，那就是“坚守公共价值与公共利益”。因为，只有在“公共价值与公共利益”上，存在分歧的政府和公众才会走到一起，形成“最大的共识”。

2. 坚持“以公众为中心”的沟通理念

在公众沟通过程中，以政府为中心，还是以公众为中心，抑或是平衡政府与公众两个中心，是一个现实选择问题。以政府为中心，强调站在政府一边，控制和影响公众；以公众为中心，强调站在公众一边，保护公众；平衡政府与公众两个中心，则需超越两者，掌握平衡的艺术。

以上三种情况，最后一种是理想状态，较难把握。针对第一种和第二种情况，更恰当的选择是“以公众为中心”。这有两方面的原因，一是《政府信息公开条例》第一条明确规定，沟通的目的是“为了保障公民、法人和其他组织依法获取政府信息，提高政府工作的透明度，促进依法行政，充分发挥政府信息对人民群众生产、生活和经济社会活动的服务作用”。二是政府在危机管理中有天然的优势，它是危机处理的主体，也是公众沟通的

① 诺尔-诺依曼. 沉默的螺旋：舆论：我们的社会皮肤. 董璐，译. 北京：北京大学出版社，2013：71.

主体，因此，以“主体思维”行事是政府的惯性所在。这种惯性通常表现为等级制文化与行为、自我便利、相互包庇、权势意识、权责模糊等。在危机管理中，这些惯性不仅会制约行政效率，而且会成为政府沟通的障碍，让公众失去对政府的信任。

树立以公众为中心的沟通理念，就是要通过思维转换，逐步约束和控制这些惯性行为，主要包含五层意思。第一，以公众的信息需求为导向。公众沟通不能自言自语、自说自话，什么类型的公众需要什么类型的信息，要心中有数；什么问题是整个社会的核心关切，要有针对性地回应。不能只求便利，粗放行事，对信息需求和信息供给不加区分，公众要的信息政府没有，社会关切的问题政府不回应。

第二，建构以公众为中心的话语系统。在公众沟通的过程中，政府信息是向外传播的，不是在政府系统内部交流的，因此，要少讲官话、套话，多讲实在话、朴素话。

第三，善用以公众为中心的传播渠道。传统上，政府有一个属于自己的完整传播系统，如中央与地方的各类主流媒体。政府习惯于运用自己的传播系统进行信息发布，这类媒体虽然因其严肃性及与政府信源的特殊关系而具有一定的权威性，但其受众覆盖范围有限，尤其是公众内部的异质性及多元性特征，使得一部分公众并不买这类媒体的账，造成的结果被自嘲为“写谁谁看，谁写谁看”，使信息也变成一种内循环。新型的传播理念是“公众在哪里，就到哪里去传播”，因此，要扩展传播渠道，在各类公众使用的传播渠道上进行信息传播，扩大信息的覆盖面和到达率。

第四，平衡信息的不对称性传播。危机状态下，政府与公众存在天然的信息不对称性，而不对称性是造成双方误解、分歧和冲突的主要原因。因此，信息传播必须及时、准确、全面，以避免猜测、谣言的出现。

第五，以平等的姿态与公众沟通。政府与公众的关系，实质上是官与民的关系，官民之间不可否认地存在着权势的距离。以公众为中心的沟通理念就是去权势的理念，在政府与公众之间构建平等和谐的关系，提高政府信息传播的可接受度。

3. 贯彻公开透明的基本原则

2003 年的非典不仅催生了中国应急管理事业，而且促进了信息公开工作。2008 年 5 月 1 日，《政府信息公开条例》正式实施，自此，“公开透明”成为政府信息管理工作的基本原则。

此后，国务院办公厅又在 2013 年 10 月 1 日发布《国务院办公厅关于进一步加强政府信息公开回应社会关切提升政府公信力的意见》，指出：“《中华人民共和国政府信息公开条例》施行以来，政府信息公开迈出重大步伐，取得显著成效。随着互联网技术的迅猛发展和信息传播方式的深刻变革，社会公众对政府工作知情、参与和监督意识不断增强，对各级行政机关依法公开政府信息、及时回应公众关切和正确引导舆情提出了更高要求。与公众期望相比，当前一些地方和部门仍然存在政府信息公开不主动、不及时，面对公众关切不回应、不发声等问题，易使公众产生误解或质疑，给政府形象和公信力造成不良影响。”为此，在 100 号文中，国办提出了“加强平台建设”“加强机制建设”“完善保障措施”等政策建议。

2016 年 2 月 17 日，中共中央办公厅、国务院办公厅联合印发《关于全面推进政务公开工作的意见》，该《意见》指出：“公开透明是法治政府的基本特征。全面推进政务公开，让权力在阳光下运行，对于发展社会主义民主政治，提升国家治理能力，增强政府公信力执行力，保障人民群众知情权、参与权、表达权、监督权具有重要意义。”当前的政务公开工作仍存在公开理念不到位、制度规范不完善、工作力度不够强、公开实效不理想等问题，因此提出“以公开为常态、不公开为例外，推进行政决策公开、执行公开、管理公开、服务公开和结果公开”，“用政府更加公开透明赢得人民群众更多理解、信任和支持”。

从这些法规和文件来看，公开透明既是政府与公众进行信息交流的核心理念，也是赢得公众信任的手段。当然，也正如法规所指明的，公开透明既是互联网发展、传播方式倒逼的结果，也是公众权利意识增强的结果；既是法治政府的必然要求，也体现政府治理观念的变化。与此相适应，公开透明作为一种不容置疑的原则，贯穿于整个政府公众沟通过程中，但其意义，却绝不止于公众沟通本身。

3.3.2　主要策略与方法：五大要素的组合

公众沟通采取何种策略，依赖于事件的性质、面对的受众类型及沟通目标。公众沟通策略，是沟通响应能力的一种，它含有谁来沟通（who）、沟通什么（what）、如何沟通（in which channel）、与谁沟通（to whom）、沟通产生什么效果（effect）五大要素，这便是拉斯韦尔的“5W”模式。后来，研究者又在这一模式上加上了何时沟通（when），用以表示不同阶段对沟通策略的影响。

第一，谁来沟通，这是一个关于谁有责任、谁有资格、谁更合适与公众沟通的问题。在制度没有对这个问题规定以前，是一个可以充分讨论的问题。主要有三种观点：

第一种观点认为，掌握信息最充分的人应当与公众沟通。突发事件发生后，公众最想知道发生了什么、伤亡如何、救援进展怎样、情况是否得到了控制、自身和周边的安全是否有保障，而这些疑问，在初期，往往处于“黑箱”状态，公众都想知道，却又无从全面了解。政府最可能全面掌握权威信息，需要迅速回应公众，其中，对于整个事件情况，谁掌握的信息最全面，谁就有责任来回应；对于现场救援情况，谁参与其中，谁最知晓情况，谁就有资格回应；对于某一领域信息，如医疗卫生机构（医院、红十字会）、救援机构（消防、军队）、安置与秩序维护（警察、民政、交通）等，谁最了解情况，谁来回应。

第二种观点认为，最具权威的人应当与公众沟通。权威意味着人们对其专业、能力、身份有充分的认同。例如，权威人物可能是环保领域、医疗领域的专家，其身份或者是院士，或者是某一知名大学的教授等。权威人物也可能是事件发生地众人熟知的民间有威望的人，其身份或者是宗教界人士，或者是辈分高的长者，或者是政府内部级别高的人，他们都有一个特征，即一定的“个人声望”，个人声望是他们言行的担保，因此，他们所言，公众愿意倾听，他们所承诺，在公众看来，具有一定的可信性。因此，权威人物有资格与公众沟通。

第三种观点认为，最有沟通能力的人应当与公众沟通。沟通是一门专业，是一门艺术，那些善于表达、态度真诚，既了解危机沟通真谛，又掌握一定技巧的人最适合与公众沟通。派那些不懂沟通、不会沟通的人上场只会把事情搞砸。

以上这些观点表明，不是任何一个人都能胜任沟通任务的，在危机状态下，谁更适合担当沟通大任，是有取舍和标准的。但在现实情况中，那些应该担当沟通大任的人，却往往因为这样或那样的原因，不敢沟通、不愿沟通、不会与公众沟通。

为此，《关于全面推进政务公开的意见》明确了“第一新闻发言人”的角色。该《意见》指出，各省（自治区、直辖市）政府和国务院各部门的领导干部要带头宣讲政策，特别是遇到特别是遇有重大突发事件、重要社会关切事件等，主要负责人要带头接受媒体采访，表明立场态度，发出权威声音，当好“第一新闻发言人”。与此同时，国务院办公厅印发的《关于在政务公开工作中进一步做好政务舆情回应的通知》也明确指出，涉事责任部门是政务舆情回应的第一责任主体，地方政府办公厅（室）会同宣传部门做好组织协调、督促指导工作，必要时可确定牵头部门，对特别重大的政务舆情，本级政府主要负责同志要切实负起领导责任，指导、协调、督促相关部门做好舆情回应工作。

从这两个文件来看，关于谁来沟通的问题已有规可依，通常情况下，是涉事责任部门；特别重大突发事件情况下，政府主要领导要负起领导责任，并担当“第一新闻发言人”的重任。

第二，沟通什么，包含沟通范围的确定与沟通内容的设计两个问题。就沟通范围而言，原则上，凡是公众需要了解的，不危及国家安全、公共安全、经济安全和社会稳定的信息，都属于沟通范围；属于国家秘密、商业秘密和个人隐私的信息，不在沟通范围。但是，若确需公众了解，经权利人同意公开或者行政机关认为不公开可能对公共利益造成重大影响的涉及商业秘密、个人隐私的信息，也可与公众沟通。

在明确范围的基础上，需要就沟通内容进行选择和设计。在传播学上，这是一个“框架建构”的过程。框架（frame）是一种认知结构、认知定式，人们根据框架来建构对新事物的认识。当人们用“玩忽职守”“隐瞒真相”“审批漏洞”这些词语时，是在用“人为责任”的框架给事件定性，而当用“不可抗力”“设备毁坏”这些词语时，是在用“意外”的框架给事件定性。

框架会影响人们对事件的价值判断、态度及行为反应。心理学的研究表明，即使是本质相同的事件，由于文本表述框架不同，人们的反应或决策选择也会有较大差异。典型的例子是众所周知的“只剩了半杯水”与“已经有了半杯水”的表述给人们带来的感知差距。框架有四种功能：提供问题定义（problem definition）、解释事件原因（causal interpretation）、提供道德评价（moral evaluation）、提示解决方案（treatment recommendation）①。

突发事件环境下，政府与公众都在运用框架认识事件，但显然，两者的框架并不一样。因此，政府的框架建构能否对公众产生效果，往往取决于公众框架的过滤。然而，由于公众作为不定量多数的个人的集合体，其类型的多元性、背景的复杂性、社会网络的多样性、人生经历的差异性，使得其对政府信息的解读出现“同向式解读”“对抗式解读”“妥协式解读”等各种情况，这便是我们在各种危机案例中所看到的多样化的舆论反应。

为了消弭政府与公众在事件认识上的分歧，政府在沟通内容的设计上或者说“框架建

① 郭庆光．传播学教程．北京：中国人民大学出版社，2011：214．

构”上，要了解和研究公众的认知框架。这便是为什么在进行公众沟通时，既要考虑公众的信息需求，又要考虑相关方的动机，还要考虑公众的情感情绪。即使如此，也需有一个认识前提，即使你绞尽脑汁，费尽“洪荒之力”，公众也不可能就政府给出的事实、意见达成完全的一致。但是让公众最大程度地接受，却是信息编码和框架设计能够做到的。

第三，如何沟通，这是一个方式选择的问题。方式选择，从本质上是一个覆盖面和到达率的问题。依据使用渠道的不同，危机传播通常有两种方式：一是人际传播，主要指政府及其部门主要负责人或工作人员与公众进行的面对面的沟通或非面对面的直接互动；二是媒体传播，主要指以广播、电视、报纸、互联网等新旧媒体渠道进行的传播。从广义上讲，公众沟通涵盖这两种传播渠道。但在狭义上，公众沟通主要指面对面的沟通，或跨越媒介渠道的非面对面、但却能直接互动的沟通，如在官方网站或微博上的互动、通过热线电话的交流等。

不同的事件对于渠道的使用要求不同，如果是局部山洪预警，那么，政府会通过一切手段将信息传递给每一个目标受众，平时很少使用的手机短信、广播大喇叭，甚至铜锣也会被使用。如果是地震等突发灾难，那么，应急广播、电视播报就会派上用场，进行即时预警和信息发布。如果是群体性事件，那么广场上的大喇叭、电子显示屏都会被启用，且同时进行对话或发表电视讲话，以平息事态。在事后恢复期，也会视情况开展座谈会、听证会、调查走访，谈判，或发表电话讲话等，以寻求问题的解决。如果是卫生事件，如流行病疫情，或食品安全事件，政府会通过电视、网络等一切手段，传播疫情预防等相关知识。如果是澄清事实、驳斥谣言、解释政策，那么，最好的途径是政府自己的网站或官方微博、微信账号及借助于主流媒体，因为这些渠道可保证信息不会被进行“二次加工”和修改，能够原汁原味地传播。

总的来看，如何使用这些渠道，完全是依目标受众范围的大小、到达的要求、事件的紧急程度而定。当然，有时还会取决于行政成本的大小。

第四，与谁沟通，这是一个目标受众的选择问题。从研究的角度来看，公众是一个个不特定的个体，是一个政治和法律概念，但在实践过程中，在每一个具体的突发事件中，公众又是非常具体的。如前所述，公众不是单方面被政府信息击中的被动个体，它是一个有预先立场、态度、动机、看法的主动个体，双方的沟通是互动的、对话的，在有些事件中甚至是相互博弈的，因此，弄清公众是谁、有什么特征、需求和关切是什么，对于传播效果来说，至关重要。

危机沟通中的公众主要有七种类型。一是处于事件中的目标公众，他们是求救者、生命财产受到损害的人，他们关注与自身生命安全、财产安全相关的信息等。

二是处于事件中的次目标公众，他们是灾区的群众、事发地的居民，他们关注自己受到的影响，生命财产环境安全是否能得到保证。

三是受害者亲属和危机现场工作人员的亲属，他们关注亲人的安全及与亲人相关的信息。

四是围观的公众，他们关注事件的原因、伤亡情况、处理情况、责任追究。

五是热心公众，他们关注现场资源需求、积极给出救援行动建议。

六是上级政府或相关政府工作人员，他们关注救援进展、是否波及自己管辖业务范围及产生的影响。

七是传统媒体记者或自媒体“大V”等，他们关注与事件相关的一切信息，且不限于仅从政府渠道获得信息。

从政府沟通的角度来看，前五类是重点。在不同类型的事件中，卷入危机的公众的个人年龄、教育程度、民族宗教、社会阶层、文化背景，以及外部的媒体导向、舆论趋势等，对政府与公众的沟通效果会产生重要影响。而在风险沟通中，公众对风险的熟悉程度、对风险的控制能力、是否自愿暴露于风险中、对特定疾病的恐惧、与风险事务的直接利益关系、对资源配置公平与否的感受程度等，对公众沟通效果起到更直接的作用。

第五，何时沟通，这是一个涉及“时间、阶段与时机”选择的问题。首先，在沟通的时间上，人们几乎毫无分歧地认为，应当第一时间启动沟通程序，将政府所知及时传递给公众。从黄金4小时到黄金2小时再到“秒新闻”时代“秒发布”信息，表达的都是一个意思，即第一时间发布、即时发布。但在实践中，在事发初期，政府与公众一样，也处于“黑箱期”，了解情况、核实情况、发布信息，需要花费一定的时间，因此，即使在政府看来做到了第一时间发布，公众也往往觉得不够及时。这个矛盾始终存在，因为政府了解、核实、发布信息的速度远远消解不了公众对于信息需求的焦虑。

其次，在危机发展的不同时段，人们对于危机信息的需求不同。在事发初期，公众关注的焦点问题是“伤亡情况、控制情况与安全情况”，此时，突发事件虽得到了广泛关注，但压力并不大，只要将事件相关情况与政府工作情况向公众介绍清楚，就不会引起太大的舆论反响。随着时间的进展，公众关注事件的“原因与责任、政府处置的瑕疵和漏洞”，如果事件与政府工作人员相关，被认定是人祸，且涉及面较广，原因较复杂，有时甚至会延伸到政治领域，那么，这一阶段，政府面临的压力非常大，无论幕后政府做了多少工作，都要走到台前与公众沟通，在很多情况下，这种沟通会演变成一种毫不留情的“质询”和“责难”。对于政府来说，几乎无计可施，陷入此种局面，除了道歉和反复表态之外，就是在沟通工作中不能有任何疏失，不能犯任何低级错误，只能用态度和能力来弱化一部分舆论的批评。有时也需要请更高级别的领导来压阵，请更权威的专家来解围，请更有影响的“大V”来影响舆论。在恢复期，事件的舆论热度降低，公众的关注度降低，但政府与公众沟通不应当就此结束，应当借此机会向公众传递政府为避免同类事件再发生所做的努力，包括制度改进、政策完善、科普宣教，提高公众应对危机的能力。

总之，无论在危机爆发期、延续期还是恢复期，伴随事件过程政府与公众的沟通目标不应当是转移公众对危机的关注或劝服他们无所作为，而是应该告知公众真相，让他们主动参与到危机管理的工作中来，让公众成为危机管理的合作者。

以上五个要素的不同组合，构成公众沟通的不同策略与方法。策略与方法是经验总结的产物，在不同的事件中，依据事件性质的不同、沟通对象的差异、时间阶段的不一，沟通主体会采取不同的方法。在各种最佳实践中，找不到一种绝对正确、“放之四海而皆准”的万能之法。但有一些法律规定的最低标准的“规定动作”或“基本方法”需要掌握。事实上，公众沟通与应急管理一样，不求最完美的结局，只求避免最坏的结果。

本章小结

公众沟通是公共危机管理中的重要工作领域和关键研究议题。它有六大基本特征：一是面向广大公众，即使是非利益相关方，若有必要知晓也可自由获得信息；二是在公共空间传播；三是涉及具有广泛社会影响、引起广大公众关切的公共事件或公共议题；四是政府可直接与公众进行面对面的沟通，也可通过媒体与公众沟通，新媒体时代，政府更趋向于利用网络传递信息，以防信息被媒体过滤、解读甚至误导；五是与风险沟通相比，公众沟通的信息内容更广泛、多样，不局限于风险内容的传播；六是强调“以受众为中心”，注重对受众进行分析和研究，考虑信息能否到达受众，受众能否正确地理解传者的意图，能否产生传者所希望的态度和行动改变等。

危机中的公众沟通行为包含三个目的，即价值目的、效果目的和关系目的。在价值追求上，公众沟通强调保障公众对突发公共事件的知情权，即作为公众的“公民、法人和其他组织”有从政府依法获取与突发事件相关的信息的权利；政府有及时、准确地公开与突发事件相关的信息的义务，且应当遵循公正、公平、便民的原则。在效果追求上，公众沟通的首要目标是“保护公众”，通过及时准确地传递信息，促发每个人做出明智的决定和行动，以进行自我保护。在关系追求上，公众沟通强调借助于沟通活动在政府与公众之间建立或提升“信任关系”。

公众沟通的主体包括政府及其部门、企业与社会组织、第三方机构、专家等一切与突发公共事件处置相关的责任方，主要沟通形式有听证会、恳谈会、谈判对话、科普活动和调查问卷等。公众沟通应当遵循三方面原则，即坚守公共价值与公共利益的立场；坚持以公众为中心的沟通理念；贯彻公开透明的基本原则。

公众沟通策略，是围绕谁来沟通、沟通什么、如何沟通、与谁沟通、何时沟通五大要素构建的一整套计划和措施。在不同的危机情况下，沟通主体会根据事件的性质、面对的受众类型及沟通目标，采取权变之计。总的来看，公众沟通策略是经验的产物，在各种最佳实践中，找不到一种绝对正确、“放之四海而皆准”的万能之法。

关键术语

公众	受众	群体	大众	有关公众	一般社会公众
公众沟通	以公众为中心	知情权	公开透明	信任	听证会
恳谈会	谈判对话	科普活动	调查问卷	公共舆论	公共价值
公共利益	公众保护				

复习思考题

1. 什么是公众沟通？公众沟通与媒体沟通、风险沟通的联系与区别是什么？公众沟通有哪些基本特征？

2. 公众沟通有哪些目的？应当遵循哪些原则？如何理解“以公众为中心”的沟通理念？

阅读案例

昆明PX风波中的公众沟通

1. 舆论“先声”

2012年11月，有网民发微博：“昆明市PX项目，求辟谣。”

2013年2月，《昆明市日报》刊发文章“国家发改委正式批复中石油云南省项目，昆明市安宁区将成西南石油中枢”，PX项目引发社会关注。

2013年3月29日，针对中石油云南省1 000万吨/年炼油项目建设情况，昆明市政府召开新闻发布会，新闻发言人对炼油项目进行了通报，围绕“为什么要建”“可以建吗”“如何来建”等问题进行信息发布。

2013年3月30日，BBC新闻报道：“中国云南省省会昆明市证实中石油项目将落户安宁区。”

同日，《新京报》报道：“昆明市官方：炼油项目下游产业链布局可行性还在研究。”

2. 漫长等待

从2005年开始前期工作，到2009年确定落户昆明市安宁区，再到2013年1月拿到国家发改委正式批文，1 000万吨/年的中石油云南省炼油项目走过了近8个年头。

2011年3月，国家安监总局对该项目出具了《危险化学品建设项目安全许可意见书》，7月和9月，国家环保部环境工程评估中心就该项目的《环境影响报告书》进行了两次技术评估，并出具了环评技术评估意见。根据评估意见，经过多次项目审查，终于，2012年7月，环保部批复同意该项目。

2013年1月，该项目可研报告获得国家发改委核准批复。

至此，54项前期工作的所有支持性文件均已得到批复。

据了解，该项目总投资200.8亿元，设计原油加工能力为1 000万吨/年，建成后将年产236.6万吨优质汽油、457.7万吨优质柴油、56.74万吨煤油、19.86万吨聚丙烯、25.43万吨液化气等。

3. 美丽期待

告别“油荒”。1 000万吨/年炼油项目建成后，云南省将告别没有炼油基地、能源供应紧张的局面。2008年冰冻灾害时，昆明市的成品油储备仅够维持11天，而正常情况下，14天才是安全线。那时，在一个加油站加一箱油平均至少排队5个小时以上，有不少司机排一整天队都加不上油。正是基于如此大的供需矛盾，省委、省政府才通过协调把油气资源通过中缅油气管道接到昆明，这是一个解决昆明用油问题的长远之计。

填补云南省产业空白。《云南省石化产业发展规划纲要（2009—2015年）》提出，云南省石油化工产业要以中石油项目为依托，形成以昆明为中心的石油化工-化肥-有机化工一体化产业基地，发展以炼油-乙烯装置为基础的核心石化产业群，以有机原料、合成树脂、塑料加工、加工助剂、精细化学品及建筑材料为主的石化产业深加工群，并进一步向周边区域和新型材料、纺织等相关产业辐射延伸。

千亿GDP呼之欲出。当地官员表示，“中石油的落地将解决云南对丙烯、碳四、芳烃等深加工石化产品的需求，从而也为云南发展汽车工业、飞机制造、轻纺织工业等带来机遇，其中下游相关产业的产值保守估计将在1 500亿元～2 000亿元”。

可提供3 000多个直接就业岗位。项目建成后将配备750人左右的正式员工。同时，需要大量的配套服务人员，从事设备检验、维修，以及餐饮等服务工作。

能源安全的战略意义。国家发改委的数据显示，2012年，中国石油产量2.07亿吨，进口则达到2.71亿吨，石油对外依存度达56.4%。

4. 公众关切

普通百姓关心的是洁净的水和新鲜的空气。为了回应公众关切，昆明市政府于3月29日召开了新闻发布会，向公众说明该项闻发布会不仅没有平息舆论，反而引起了更多的质疑与反对之声。

2013年4月18日，“绿色河流”和“绿色家园”两家环保组织前往昆明市安宁区中石油项目建设现场进行实地调查，并与当地政府接待领导进行了座谈。座谈会上，当地政府接待领导承诺以后将对此项目与公众沟通保持高度关注。

4月23日，《21世纪商业评论》发表文章：“昆明市为何‘倒行逆施’?”这篇文章犀利尖锐，直指昆明市罔顾干旱缺水的事实，迷失生态旅游的发展定位，注定将成为工业发展、旅游发展、区域发展史上的经典失败案例。

这篇文章影响了事态的发展与走向，经网民转发，网络舆论持续升温。

4月27日，非营利组织的一位工作人员说，他们在接受培训时了解到，这个项目的隐患主要是厂址位于昆明市的上风处，废气会排入城区；抗议的目的是让工厂“改址”。

之后两三天，民众通过短信、微博、微信、QQ群等方式收到了动员信息。

在豆瓣、腾讯微博、新浪微博、百度贴吧等平台，网友的呼吁得到当地网民的积极响应。

网民通过自媒体呼吁市民抵制PX：由“言”变为“行”，由“网上”走到“网下”，由“虚拟”走向“现实”。酝酿已久的舆论终于由“言”变为“行”。

5. 媒体评论

香港《大公报》(中国新闻版)，发表文章：“我们要健康，我们要春城：昆明市千人抗议PX进安宁区。”

美国《华尔街日报》网站评述，中国城市居民发起和参加的环保活动已经成为中国政府关注的主要问题之一，官员们认为大型工业项目是经济增长的必要条件，但公众担心这些项目会对环境造成破坏。在事关保护生态环境和群众生命健康的项目上，能否更加透明公开?

《人民日报》题为“用什么终结‘一闹就停’困局”文章评论，不管投资多大、工艺多先进，如果牵涉到民众利益的公共性问题，仅以“通告”“告知”的形式“单向度传输”，怎能在信息时代、权利时代赢得民众支持?公众激烈的表达背后，实际上是未被尊重的权利、未被满足的诉求，是没有被听见、被看见的情绪和声音。

《中国环境报》发表的文章指出，一个把公众拒之门外的决策机制，一个广遭诟病的执法环境，一个劣迹斑斑的行业管理现状，无论哪一项都足以成为公众反对的理由。

长此以往的结果是，当地官员说话，公众不信；专家说话，公众也怀疑。PX本就是个导火索，就事论事，只能“按下葫芦起了瓢”。

《云南日报》评论员文章“科学看待重大项目”指出，该炼化项目事关国家能源战略安全，切合云南省跨越发展和改善民主之急需，且实施具有充分的科学依据和安全保障。但毋庸讳言，由于这个重大项目的相关信息公开性和透明度不够，对公众和网民提出的问题和质疑缺乏及时、充分、有效的回应解答，导致舆情不断升温、事态出现某些偏向，这是我们大家都不希望看到的。

6. 政府举措

为了取信于民，昆明市政府采取了一系列措施。

5月10日上午，昆明市政府就中石油炼化项目召开新闻发布会，市长承诺，公众关心的PX部分仍在研究中，上什么项目，要听取社会各界意见，在充分披露公开信息、充分沟通基础上决策，坚持走民主决策的程序。

5月13日下午，昆明市政府邀请40多名民意代表举行恳谈会。随后，云南省发改委、气象、环保等相关部门陆续就炼油项目接受媒体采访。

5月15日，昆明市政府组织市民、网友、专家、环保人士和记者参加的考察团，到广西钦州考察。

5月15日，省工信委相关负责人就中石油云南炼油项目接受媒体专访，称对央企项目一视同仁，环境友好绝不动摇。

7. 又起波澜

5月13日，云南省发改委一位官员就“中石油云南省炼油项目环评报告能否公开?”一问做出回答：“该项目的环评报告有密级，是云南近年来能源项目仅有的涉密文件，不能公示。”5月14日，云南省环保厅官员接受媒体采访时表示：“还不知道该项目是否购买环境险。”

一些环保人士却知，环评“机密”。“四川彭州石化项目的环评报告公开了，广东湛江石化项目的环评报告公开了，为何单单就云南省石化项目环评报告涉及机密？2013年1月底国家环保部联合保监会发文，将环境污染责任险的试点推至全国，并将这一险种列为强制责任险。反对者说。

各路网友继续追问，要求公开环评报告。

人们再次聚集……

8. 寻求共识

2013年5月16日下午4时左右，市长李文荣赶到现场，与群众对话。市长李文荣承诺，进一步畅通沟通渠道：第一，开通微博，第二，举行二次恳谈会。

第二天上午9时，李文荣开通实名微博。

5月20日，第二批市民代表赴广西钦州中石油炼油厂实地考察……

5月21日，第二次恳谈会如期举行。

5月26日，炼油石化科普展按计划举办。

5月29日，科普专题讲座顺利举行。

6 月 2 日，李文荣接受新闻媒体集体采访，称将按程序公开炼油项目环评报告。

……

昆明 PX 风波逐渐平息。

案例思考题

1. 梳理当地政府在公众沟通方面的做法，分析其得失。
2. 围绕公众沟通的五大要素，结合案例，构建一套公众沟通策略。

第4章

危机管理中的媒体沟通

媒体沟通是政府危机沟通工作的重要组成部分，媒体沟通的成败，决定着整个危机沟通的成败，因此，政府危机管理中的媒体沟通具有十分重要的意义。

本章主要厘清危机管理中的媒体沟通的概念、特点等基本研究范畴，分析危机管理中的媒体沟通的重要性，梳理危机管理中的媒体沟通的不同环节，探讨危机管理中的媒体沟通的工作重点，提出危机管理中的媒体沟通的基本理念与方法。

重点问题

- 危机管理中的媒体沟通的概念、特点和重要性
- 危机管理中的媒体沟通的不同环节
- 危机管理中的媒体沟通的理念
- 危机管理中的媒体沟通的方法

危机管理中的媒体沟通包括传统媒体沟通和新媒体沟通，严格意义上来讲，很难将这二者区分开来，因为即便是一般意义上的传统媒体，在新媒体时代也构建了一条更加完整的信息传播链条，互联网是其重要的传播渠道，但考察政府危机管理中媒体沟通的实际会发现，与传统媒体，尤其是记者的沟通，与互联网舆论引导还是有着明显的特征差异。因此，本书将危机管理中的媒体沟通与新媒体沟通分为两个章节来分别进行阐释，本章的研究重点侧重于传统媒体的沟通与舆论引导。

4.1 危机管理中的媒体沟通概述

对危机管理中的媒体沟通进行研究，首先需要对其基本研究范畴进行界定与梳理，因

此，本节将重点对危机管理中的媒体沟通的概念和特点进行分析梳理，并对危机管理中的媒体沟通的重要性进行探讨与研究。

4.1.1　什么是危机管理中的媒体沟通？

要界定什么是危机管理中的媒体沟通，首先应该了解什么是媒体、什么是沟通。

4.1.1.1　什么是媒体？

"媒"是"女"字旁，最早指男女婚嫁中传情达意的中介，如《诗·卫风·氓》中的"匪我愆期，子无良媒"。"media"（媒体）一词来源于拉丁语"medius"，指人类用来传播信息的媒介。今天，当人们提到"媒体"时，通常包括"介质"和"渠道"两个不同层面的媒体含义。

1. 两种不同的媒体含义

一是"介质"层面的媒体，指的是传递信息的手段，如报纸、广播、电视等与传播技术有关的媒体。到目前为止，人类传播信息的"介质"层面的媒体经历了从人体器官（人际传播）到印刷媒介，再到电子媒介的发展过程。传播媒介演变的具体历程如下：口头新闻—书信新闻—新闻书—新闻周刊—日报—电台—电视台—互联网。

二是"渠道"层面的媒体，指的是从事信息采集、选择、加工、制作和传输的组织或机构，如通讯社、报社、杂志、电台、电视台和网站等，这些大规模传递信息的载体，又被总称为大众媒体。

不难看出，"介质"层面的媒体概念要比"渠道"层面的媒体概念要更宽泛一些，在现实应用过程中，"媒体"和"媒介"这两个词一般都是通用的。不过，"媒体"侧重于"组织或机构"的意思，"媒介"侧重于"介质"的含义。

2. 媒体与媒介现实

彼得·伯杰（Peter Berger）和托马斯·勒克曼（Thomas Luckman）在 1966 年共同撰写的《现实的社会构建》一书中，将社会现实分为客观现实、媒介现实和主观现实三类，提出了"媒介现实"论，认为媒体为人们构建出了一个与客观现实有所差异的媒介现实①。事实上，沃尔特·李普曼（Walt Lippmann）很早就注意到了媒介现实的虚拟性。他认为，新闻媒介对现场事件的表达经常是错误的：它所创建的形象经常是误导的、歪曲的，也错误地描画了我们头脑中对外部世界的形象。他同时又认为，人们经常不是按照实际的事实与事件来做出决定，而是按照他们从新闻媒体中感知到的他们自认为真实的环境中发生的一切来做决定②。

学术界对"媒介建构现实"的研究，主要有符号学范式、社会学范式和社会心理学范式三种研究范式，分别从媒介文本、社会结构和接收者的个体心理入手，形成了自身独特

① 陈昌凤，虞鑫. 微博空间的政治议题：呈现与建构：从自荐参选人大代表的新浪微博客说起. 人民论坛，2011 (12).

② 李普曼. 舆论学. 林珊，译. 北京：华夏出版社，1989：10-18.

的研究对象与研究领域①。

符号学范式起源于结构主义语言学，索绪尔的现象学和罗兰·巴尔特的符号学是其重要的理论源泉。符号学范式主要研究媒介话语的修辞、媒介内容的文本结构以及基本的叙事模式等，倾向于把媒介建构当作一种话语建构，把研究媒介话语的结构规律以及媒介文本的文化意义作为其首要任务。

社会学范式的理论来源以彼得·伯杰和托马斯·勒克曼的知识社会学为主。这一范式把研究重心转移到了媒介的建构过程，认为在媒介现实与社会现实之间存在着各种社会因素，在媒介现实对人的社会化过程以及社会现实对媒介内容选择等一系列问题上起着重要的影响。这些因素包括个体经验、媒介惯例、组织部门和意识形态等等，它们共同构成动态的结构关系。而这一切的影响往往通过新闻监管、条例、谈话等一系列话语的形式得以实现。

社会心理学范式主要来源于以乔治·赫伯特·米德（George Herbert Mead）和赫伯特·布鲁默（Herbert Blumer）为代表的符号互动论，把研究重点放在受众维度，重视受众在理解解释媒介内容过程中自身日常生活经验，尤其是常识的作用，经常研究网络社区中的人际互动，以及身份建构、意义交流等相关问题。

这三种研究范式具有自身的独特性，但也有互相融合、走向综合研究的趋势。例如，传播学经典理论"框架理论"的提出者欧文·戈夫曼（Erving Goffman）②，早期倾向于研究"媒体框架"，着力发掘在新闻媒介表达现实世界的过程中各种社会结构因素的作用，具有宏观建构的研究色彩；后来他把关注点转向"受众框架"，重点研究人们在形成媒介印象的过程中怎样使用与事件有关的信息以及如何表达它们，强调了媒介活动参与者的主动性。

3. 媒体的性质与功能

一般来说，大众媒体的功能和作用主要有五项。

（1）报道新闻，传播信息。

人们接触新闻媒体的最直接、最根本的目的是获知信息。没有信息，新闻媒介就没有传播的内容，媒体也就没有存在的意义。

（2）进行宣传，引导舆论。

宣传，常被放在政治语境中使用，指政府或政治团体运用各种符号传播一定的观念以影响人们的思想和行动的社会行为。

1849年12月15日，马克思、恩格斯在《〈新莱茵报·政治经济评论〉出版启事》中指出："报纸最大的好处，就是它每日都能干预运动，能够成为运动的喉舌，能够反映丰富多彩的每日事件，能够使人民和人民的日刊发生不断的、生动活泼的联系。"

"喉舌论"，是马克思主义新闻观的重要组成部分，形象地体现了新闻媒体通过反映、影响、引导社会舆论所发挥的强大的宣传作用。

---

① 江根源. 媒介建构现实：符号学、社会学、社会心理学范式. 浙江工业大学学报（社会科学版），2014，13（3）：288-292.

② 1974年，著名社会学家欧文·戈夫曼出版《框架分析》一书，第一次将框架的概念应用于分析传播情境当中。

（3）监测环境，舆论监督。

普利策有句名言："倘若国家是一条航行在大海上的船，新闻记者就是船头上的瞭望者。他要在一望无际的海面上观察一切，审视海上的不测风云和暗礁险滩，及时发出警告。"这形象地揭示了新闻媒体监测环境、进行舆论监督的社会功能。

（4）传授知识，普及教育。

新闻事业被称作"生活的教科书"。新闻报道中包含十分丰富的科学文化知识，可以满足受众对知识的需要，有助于受众理解和接受媒体所发表的各种信息。

（5）文化娱乐，刊登广告。

媒体提供文化娱乐的功能，随着社会的发展和传播技术的不断进步，变得越来越明显，媒体提供的文化娱乐，被称为"大众文化"。如今，媒体要生存和发展，离不开广告提供的经济支持，因此，刊登广告是媒体的一项重要功能。

4.1.1.2　什么是危机管理中的媒体沟通?

所谓危机管理中的媒体沟通，就是在某个突发事件发生后，以政府为主体，以媒体（传统媒体与新媒体）为对象所进行的信息沟通活动。

危机管理中的媒体沟通是组织沟通的一种。在这一沟通过程中，政府是沟通的主体，媒体是沟通的客体。危机管理中的媒体沟通着眼于信息的交流，主要目的是通过信息的传递和交换，满足公众的知情权，实现政府对社会舆论的引导。为了达成这一目标，政府必须在充分了解媒体的基础上，选择合适的信息传播渠道和方法与媒体进行沟通。

4.1.2　危机管理中的媒体沟通的特点

由于突发事件本身具有的突发性、不确定性、紧急性等特点，危机管理中的媒体沟通也具有一些与常态沟通有所不同的特点，主要体现为沟通信息少、沟通对象多、沟通难度大，等等。

4.1.2.1　沟通信息少

突发事件令人感到震惊、困惑、恐慌甚至迷茫，老百姓恨不得马上获知所有与事件相关的信息，事实也证明，与事件相关的正确信息传播得越迅速、越及时，越有利于消除突发事件的未知因素和不确定性因素给人们造成的负面影响，越有利于社会和人心的稳定[①]。但是，政府管理的程序性以及突发事件发展趋势的不确定性，导致公众此时的知情需求并不能得到很好的满足。按照政府的工作流程，突发事件信息需要上报、统计、核实、签批、发布这样一个过程，不可能在第一时间就把所有的信息都传递出去，同时，由于突发事件处在不断的变化中，发展趋势并不明朗，很难在事件初期就掌握全面而清晰的信息，而政府发布信息的一个基本要求是准确性，所以，此时的信息发布在"及时"与"准确"之间面临很大的困境。因此，在突发事件发生之后，媒体和公众对信息需求量大与和政府可提供信息量少的矛盾十分突出。

---

① 朱力. 突发事件的概念、要素与类型. 南京社会科学，2007（12）.

4.1.2.2 沟通对象多

突发事件往往是媒体聚焦的焦点，来自国内外不同媒体的大量记者都会蜂拥而至进行采访，此时，政府需要进行沟通的记者数量激增，媒体类别也复杂多样。其中，前来采访的记者包括官方媒体记者、市场化媒体记者、境外媒体记者等，他们既可能来自传统媒体，如电视、广播、报纸、通讯社、杂志，等等，也可能来自新兴的互联网媒体。面对突发事件，不同媒体的传播特点、采访规律和报道视角各不相同，不同记者的预设立场、关注重点和采访诉求也都有差异，这些林林总总、形形色色的媒体及记者对突发事件表现出的全方位、立体式、集中化的关注，对危机管理中的媒体沟通形成了严峻的挑战。

在人类社会发展的历史中，媒体的形态一直在随着技术的发展而变化。对此，曾经出现过很多预言，比如，广播会取代报纸、电视会取代广播、网络会横扫一切，等等，但事实上，每一次的预言都没有成为现实。今天，报纸、广播、电视、互联网都还有其存在的价值和特定的传播空间。

从技术发展的视角，可以把媒体分为印刷类和电子类两大类，印刷类媒体主要包括报纸和杂志，电子类媒体包括电视、广播、互联网等。通常情况下，人们把报纸、杂志、广播、电视称为四大传统媒体，把互联网（包括移动媒体）称为新媒体。

报纸、杂志、广播、电视、新媒体具有不同的传播特点，各媒体之间可以优势互补，通过不同版面、不同栏目、不同节目形成声势和合力，创造有一定导向和力度的舆论氛围。

1. 报纸的特点

报纸主要具有以下特点：(1) 定时出版（日报或周报），图文并茂，编排灵活，新闻性强；(2) 善做深度报道，可信度、权威性较高；(3) 可以反复阅读，具有保存价值；(4) 发行区域和接受对象明确，针对性强；(5) 内容众口难调，印刷质量较粗糙，利用率较低。

2. 杂志的特点

杂志主要具有以下特点：(1) 传播对象明确，读者群体稳定，针对性、细分性更强；(2) 读者文化层次通常较高，对杂志有比较持久的兴趣，也更容易接受杂志所传播的内容；(3) 编辑精细，印刷精美，有效使用期较长，保存期久；(4) 周期较长（周刊、半月刊或月刊），传播面窄，灵活性较差。

3. 广播的特点

广播主要具有以下特点：(1) 传播迅速，时效性强，受众广泛；(2) 伴随性强，声情并茂，感染力强；(3) 制作简易，便捷灵活，成本低廉；(4) 选择性差，稍纵即逝，不易存查。

4. 电视的特点

电视主要具有以下特点：(1) 视听兼备，声图并茂，具有强烈的视觉冲击力和形象感染力；(2) 覆盖面广，公众接触度高，收视率高；(3) 信息传播及时，可信度、权威度高；(4) 制作成本较高，线性传播，选择性差，稍纵即逝，不易存查。

5. 新媒体的特点

新媒体被称为“第五媒体”，主要具有以下特点：(1) 海量性与共享性。新媒体，尤其是社交媒体的传播是裂变式传播，传播与更新速度快，信息海量，内容碎片，全球传播。(2) 交互性与互动性。消费者也是生产者，即时交互与共享。(3) 多媒体与超文本。传播信息包括文字、图片、音频、视频等多触觉通道。(4) 个性化与社群化。使用的目的性与选择的主动性更强，更具个性化，但同时，社交媒体的出现也使得新媒体的组织功能得以凸显。

在新媒体时代，突发事件舆论传播过去像烧“煤火炉”，现在像用“微波炉”，事先难以发现征候，其间看不见“明火”，过后找不着责任人。据统计，当前中国 80%的热点问题从网上爆发，几乎 100%的热点问题都有网络媒体参与。

4.1.2.3　沟通难度大

突发事件往往是突然发生的，具有高度的不确定性。面对突如其来的危机，无论是危机管理者、普通公众，还是前来采访的媒体记者，情绪都是起伏不定的，会产生极大的心理波动，兴奋、害怕、激愤、悲痛、失落等各种情绪充斥其间，而且，随着环境的变化和利益关系的调整，可能会出现情绪失控的局面，导致政府与媒体及公众之间的信任关系面临瓦解的情形。

在这种高度不确定的状态下，常规的管理理念和方法失去了应有的协调作用与管理效果，政府必须做出紧急决策，采取应急措施，并以积极的态度进行危机沟通，回应公众需求。但是，由于信息的极度缺乏和环境的混乱与不确定，应急指挥人员很难对事件的形成、发展和演变给出明确的判断，包括沟通的基调和口气也很难把握，常常会感到无所适从，导致出现反应迟缓、沟通不及时的情况，事件初期往往还可能做出错误的定性，因此，危机管理中的媒体沟通是不确定的，这种不确定性极大地影响着沟通的成效。

卡梅伦等学者提出的危机沟通理论认为，组织与公众的相互作用“受各种变量的组合的影响，这种组合可能随着形势的动态变化而改变”①，尤其是面临危机时，组织对公众的态度受到几十个关系变量的影响，包括法律因素、决策者的个人特质、内外部的信任水准等；在这种情况下，危机决策是变量“矩阵”间的相互作用的结果，而非一个或多个变量线性相关的结果。因此，在危机状态下，媒体沟通的难度之大，远非常态沟通所能相提并论。

4.1.3　危机管理中媒体沟通的重要性

曾担任国务院新闻办公室主任的赵启正曾指出：“突发事件的新闻处置做得不好，往往是对我们伤害最重的。”它可以轻而易举地把我们政府的形象毁到极点，把我们平时做的大量正面宣传一笔勾销②。因此，突发事件发生后，媒体沟通具有十分重要的意义，媒体沟通的成败，决定着政府危机沟通的成败。

4.1.3.1　媒体是人们认识事件、形成认知的重要渠道

突发事件发生后，正常的社会秩序被打乱，人们往往通过媒体来了解和掌握充满变化

① 牟卫民. 政府危机沟通途径的变迁. 学习时报，2011-05-09.
② 在第一时间抢占舆论制高点：国务院新闻办副主任王国庆谈新闻发言人制度. 中国网，2005-10-26.

的外部环境以决定个体在事件中的定位与行为。新闻媒体框架认为，新闻媒体倾向于以各种不同的方法构造议题，从而影响或改变人们对事物的认知或行为。也就是说，媒体在传达新闻信息的同时，也构建了某种意义框架的合理性，社会公众往往在媒体所构建的框架中完成对外界变化及自我定位的认同，或者说，他们对危机的认知和态度在某种程度上是由“媒体构建”的。

美国麻省理工学院政治学与语言学教授乔姆斯基曾说，我们今天看到的事实都是“媒介化事实”。媒体在我们的生活中起着传播信息的作用。随着信息技术的飞速发展，这种作用已经广泛渗透到人类生活的方方面面，它缩短了人与人之间的距离，使公众的认知得以同步，共识得以达成，从而凝聚人们的力量。作为公共舆论承载的大众媒体，是政府与公众的“传声筒”，建构起了政府与公众之间信息交流与传播的通道，在突发事件中可以发挥巨大的作用。

4.1.3.2 突发事件是媒体竞争的主要战场

突发事件往往是人们关注的热点、焦点，引发较大的震撼力和影响力。突发事件发生后，一方面，由于事件的突然性，人们都面临着信息缺失的问题，都强烈渴望通过媒体获知更多与突发事件相关的信息；另一方面，突发事件具有多重新闻价值，往往是媒体聚焦的焦点，来自国内外的大量媒体记者都会蜂拥而至进行采访。汶川大地震发生后，仅南方报业传媒集团就派出了 170 多名记者前往灾区，占广东省媒体派出记者总数的一半以上，智利矿难更是吸引了全球1 700 多名记者前往采访。突发事件对政府带来了压力与挑战，但对媒体却有着强烈的吸引力。

1. 突发事件往往都是新闻热点，追踪新闻热点是媒体的职业要求

突发事件具有多重新闻价值，如时效性（最新发生）、重要性（举国瞩目）、接近性（心理和地理上都容易引起关注）、故事性（容易产生故事）、反常性（容易刺激受众），等等，因此，突发事件往往都是新闻热点，追踪新闻热点是新闻媒体的职业要求。

以时效性为例，突发事件发生后，媒体虽然不掌握权威信息源，也不一定能保证在第一时间报道完全准确的消息，但它不能不在第一时间说话，所以，有的媒体就运用“据传”“据不愿透露姓名的人士说”“据权威人士透露”等说法，结尾只需加上一句话：“消息的准确程度尚待证实”。

在“卡特里娜”飓风事件中，美国媒体的报道就影响到了美国前总统乔治·W. 布什对救灾工作的决策。布什在自传《抉择时刻》中写道，“当我在电视里看到警察背着大彩电走出商场的画面时，我感到深深的震怒”“各种令人发指的暴行开始见诸报端，包括强奸和谋杀。处于混乱和沟通不畅中的政府根本就没法了解具体的情况”“如果我能重新做出抉择，我会在第一时间派出不具备执法权的第 82 空降师。我当时犹豫，是因为我在电视上看到了太多的恶性暴力行为，我担心没有执法权的战士们在面对犯罪分子的狙击或是各种暴力行为时无法还击。我们事后才知道，这些暴力行为被媒体过分渲染了，其原因是承担着巨大工作压力的记者们热衷于让 24 小时的滚动新闻充满爆炸性的故事”①。

不难想象，这样的消息难免有夸大事实的成分，甚至可能是虚假新闻，将公众舆论引

① 布什. 抉择时刻. 东西网，译. 北京：中信出版社，2011：298，299，308，309.

导至政府所不期待的方向。尤其是当媒体以公众利益代言人的身份出现，对政府在应急处置过程中信息发布、应急救援等行为进行监督和批评时，往往可能给出负面的评价，从而直接主导公众的认知和评价，影响到政府威信。因此，突发事件是新闻热点的特性，决定了政府必须对危机管理中的媒体沟通工作予以足够重视。

2. 突发事件最能吸引眼球，是媒体提高市场占有率的最好机遇

这是由媒体的市场环境决定的。近年来，媒体发展呈“几何”级增长态势，20 世纪 90 年代中国传媒界掀起的扩版增容热潮很能说明问题。电视台纷纷倡导“频道专业化”，过去的综合频道分解成了几个甚至十几个专业频道，电视栏目也纷纷向“受众细分化”“专业细分化”的方向发展。报纸则由过去的 4 个版或者 6 个版扩充到十几、二十，甚至上百个版。互联网的发展更是使得媒体的分支更细，雨后春笋般涌现出的形形色色的网站对信息的需求大大增长。当前阶段，我们所面临的媒体环境已经发生了重大变化，2 200 家电视台，1 900 多家报纸发行媒体，940 家广播电台，以及 9 000 多家杂志社①，2020 年 4 月 28 日，中国互联网络信息中心（CCNNIC）发布第 45 次《中国互联网络发展状况统计报告》，该报告称截至 2020 年 3 月，我国网民规模 9.04 亿，手机网民规模达 8.97 亿。媒体市场的竞争从“跑马圈地”进化到了“攻城略地”，从“井水不犯河水”的亚和平状态升级到了“你争我夺、斤斤计较”的对抗状态。

还是以“卡特里娜”飓风为例。从 2005 年 8 月 29 日“卡特里娜”飓风登陆美国起，美国电视屏幕上所有主要新闻频道几乎都是 24 小时滚动报道风灾。作为美国主流媒体的国家广播公司（NBC）、美国广播公司（ABC）和美国有线电视（CNN）、福克斯新闻，在 8 月 30 日到 9 月 17 日这段时间里，都投入了“重兵”报道风灾，从飓风登陆预报开始，到数十万居民大撤离，从无法逃离的贫民受困挨饿，到暴徒烧杀抢掠，从政府平暴到实施救援，从洪水滔天到渐渐退去，从亲人失散到异地重逢，从灾后居民生活复原服务到城市重建……有关风灾的图片和新闻也牢牢占据了各大主流报纸的突出位置。

“卡特里娜”飓风重树了美国媒体和记者在人们心目中的形象，也为各大媒体带来了新的市场空间。在这次风灾中，一方面是政府救灾不力，引起公众愤怒，另一方面是电视上记者们顶狂风冒暴雨，冒着生命危险在现场报道，与公众一起共赴时难。美国国民对于平时并不十分信任的新闻媒体却有了前所未有的支持和依赖。收视率调查显示，三大电视网让“卡特里娜”飓风紧紧抓住了观众的眼球，一改之前收视状况不佳的市场窘境。8 月 29 日至 9 月上旬，美国共有 2 900 万电视观众，超过之前的收视人数近千万。NBC、ABC 和哥伦比亚广播公司（CBS）晚间新闻节目的收视率都上升两成多。有线电视收视也随着这股热潮一飞冲天②。

不难看出，突发事件是媒体提高市场占有率的最好机遇。在对网民资源、读者资源、观众资源、收视资源、广告资源的“白热化”争夺过程中，突发事件，尤其是重大突发事件成为一个没有硝烟的媒体战场，成为各路媒体争相报道的聚焦点。各媒体都争先恐后，施展绝技，拼速度、拼深度、拼独家新闻、拼内幕消息，唯恐落在别人身后。

---

① 杨明洁，论新媒体时代突发事件报道的经验与思想，新闻研究导刊，2016（21）.

② 赵静. 国外媒体对突发事件的新闻操作：以卡特里娜飓风报道为例. 新闻前哨，2006（9）.

突发事件能够提高媒体的市场占有率这一特性，决定了危机管理中的媒体沟通工作具有十分重要的意义。

3. 突发事件打破了常规媒介生态环境，是提升媒体知名度的难得机会

“事件成就媒体”是传媒界早已公认的“法则”，很多国内外知名的新闻媒体和著名记者都是因突发事件而一举成名。1991 年的海湾战争中，CNN 斥巨资租用伊拉克军用设备进行全天候的战况直播，以迅速、及时、详尽的报道向全世界直播了多国部队在伊拉克进行的“沙漠风暴”行动，从众多国际一线媒体中脱颖而出，奠定了其在全球新闻领域中中流砥柱的地位。而半岛电视台的一鸣惊人要归功于“9·11”事件后布什政府悍然发动的阿富汗战争，在战火中，半岛电视台充分发挥本地优势，不时爆出令其他媒体嫉妒的独家战地新闻，成为世界传媒业的一匹黑马，创造了属于自己的“半岛神话”。如今，CNN、半岛电视台同英国广播公司世界频道（BBC World）一起，被誉为世界三大“24 小时新闻”频道①。

因突发事件报道声名鹊起的新闻记者也有很多，如被誉为广播和电视新闻业“开山宗师”的美国 CBS 著名记者爱德华·默罗，就是因为在第二次世界大战时期坚持在战火中现场播报战事而闻名。1940 年 8 月，第二次世界大战欧洲主战场炮火犹酣，《这里是伦敦》开始第一次现场直播——默罗站在伦敦一间民居屋顶上，迎着德军狂轰滥炸，以平静的语调开播，“你好，这里是伦敦……”战地现场播报奠定了默罗在美国乃至全世界杰出广播电视主持人和杰出战地记者的地位。1972 年，《华盛顿邮报》两名普通的年轻记者鲍伯·伍德沃德和卡尔·伯恩斯坦披露了“水门事件”丑闻，引起举世震惊，导致尼克松总统在 1974 年 8 月宣布辞职，两位记者因此一举成名。

在中国，很多记者也是因突发事件报道而被广泛认可的，如《中国青年报》记者刘畅因揭开山西繁峙矿难黑幕荣获第六届范长江新闻奖；《东方早报》记者简光洲因《甘肃十四名婴儿疑喝三鹿奶粉致肾病》掀开“毒奶粉”报道的序幕，荣获中国新闻奖一等奖；而被誉为“中国揭黑记者第一人”的王克勤近年来也先后推出多篇与突发事件相关的深度调查，尤以《山西疫苗乱象调查》最为知名。

2006 年 4 月 17 日，第 90 届美国普利策新闻奖在哥伦比亚大学揭晓，多家媒体因报道“卡特里娜”飓风获得殊荣。其中，《新奥尔良时代花絮报》和《比洛克西太阳先驱报》分享了普利策奖中分量最重的“公共服务奖”。《新奥尔良时代花絮报》的获奖理由是：“对卡特里娜飓风灾难进行史诗般、多层次的报道，使得报纸在服务一个水淹城市中发挥了非凡作用。”《比洛克西太阳先驱报》的获奖理由是：“勇敢、全面地报道了卡特里娜飓风，给受灾读者提供了一条重要的生命线。”《达拉斯晨报》摄影记者则因为“描述了（飓风中的）混乱和痛苦”而荣获“突发新闻照片奖”②。

“事件成就媒体”的“法则”决定了媒体一定会对突发事件予以高度重视，而这恰恰对政府的危机沟通工作提出了巨大挑战，也凸显了危机管理中的媒体沟通工作的重要性。

4.1.3.3 媒体是突发事件舆论引导的重要抓手

“舆”字的本义为车厢或轿，又可以解释为众、众人或众人的。如《左传·僖公二十

---

① 田川. 半岛电视台与 CNN 的异同. 新闻世界，2009（12）.

② “卡特里娜”飓风成就普利策奖. 南方日报，2006-04-19.

八年》有“听舆人之诵”,《晋书·王沈传》有“自古圣贤，乐闻诽谤之言，听舆人之论”，其中“舆人”均指众人。

舆论（public opinion），指的是公众的言论，或公众的意见，如《梁书·武帝纪》有“行能臧否，或素定怀抱，或得之舆论”。现代的舆论概念始于 1762 年，卢梭在他的《社会契约论》中首次把“公众”和“意见”两个词汇联系起来表示“舆论”。《不列颠百科全书》(国际中文版)① 中关于舆论的定义是：舆论是社会中相当数量的人对于一个特定话题所表达的个人观点、态度和信念的集合体。李良荣在《新闻学概论》里认为，舆论是在特定的时间和空间里，公众对特定的社会公共事务，公开表达的、基本一致的意见或态度②。

舆论，能把视角伸向各个领域，及时反映社会生活状况，捕捉各地各行业发生的重要事件和最新动向。卢梭在《社会契约论》一书中阐释了舆论的重要性：“在全世界一切民族中，决定人民爱憎取舍的绝不是天性而是舆论。”中国自古以来的很多俗语如“三人成虎”“唾沫星子淹死人”等，也都表达了舆论对人类社会生活的影响。

所谓舆论引导，就是运用舆论操纵人们的意识，引导人们的意向，从而控制人们的行为，使人们按照管理者制定的路线、方针、规章从事社会活动的传播行为。

媒体与舆论密切相关。媒体是舆论工具，因自身特性介入舆论产生和作用的各个环节，与舆论相生相灭，互为依托，能够反映舆论、代表舆论、组织舆论、引导舆论。

首先，媒体反映并代表舆论。舆论的形成离不开新闻媒体这个公开表达渠道，在舆论领域，媒体不仅作为载体和工具承载着舆论，而且会演化为“拟态公众”，扮演着公众论坛和公众代言人的角色，反映并代表社会舆论。

其次，媒体能够组织舆论。由于人们对公共事务重要信息的了解主要来自媒体，对于外界信息重要程度的判断主要依据媒体，所以，“议程设置”是媒体长期潜在地影响、作用舆论的一个重要手段，媒体设置的议题常常衍生为舆论的源头。

最后，媒体能够引导舆论。媒体引导舆论具体表现为报道、分析当前形势，研究改造社会、解决社会问题的各种途径，在公众中形成和新闻媒介立场相同的强大舆论，把公众的意见统一起来③。一方面，媒体可以通过持续不断的信息流构筑起信息环境，作用于人们的认识，影响公众意见的形成，起到引导舆论的效果；另一方面，媒体还可以通过直接或间接的意见表达立场、观点，使自己的观点、立场成为“主流意见”，影响并引导舆论。

近代著名报人梁启超在《论报馆之有益于国事》中指出，报纸“可以生一切、可以灭一切、可以吐一切、可以纳一切”，显示了媒体对于政治的重要性；而拿破仑“一张报纸，抵得上三千毛瑟枪”一句话，形象生动地阐明了大众传媒与政治之间密不可分的关系。

当今社会，舆论已成为影响政治走向、群众情绪、社会思潮乃至社会稳定的重要因素。舆论引导恰当，可以起到“制衡器”和“减压阀”的作用，平衡矛盾、消除冲突。反之，舆论引导出现问题，会导致思想混乱，公众不满，使政府形象与公信力大大受损。因

---

① 徐慰增，何得乐，阿去克，夏志厚. 不列颠百科全书（国际中文版）：14 卷. 北京：中国大百科全书出版社，2007：5-9.

② 李良荣. 新闻学概论. 上海：复旦大学出版社，2001：49.

③ 雷跃捷. 新闻理论. 北京：北京广播学院出版社，1997：243.

此，在突发事件发生后，一定要重视与媒体的沟通，重视通过媒体来进行舆论引导。

4.2 危机管理中的媒体沟通的不同环节

在突发事件事前、事中（含事发）和事后三个阶段，危机管理中的媒体沟通工作的侧重点不同：事前，应以组织准备和制度建设为重点；事中，应以积极沟通、引导舆论为主；事后，则应重视总结评估，在反思中学习与提高。

4.2.1 事前做好准备

对于危机管理中的媒体沟通工作来说，事前阶段实际上就是日常工作状态，工作重点以预防为主。这一阶段需要做好的工作主要有：起草和准备预案，建立健全舆情收集、研判机制，建立健全协调机制，建立和培养媒体关系，做好日常演练。

4.2.1.1 起草和准备预案

做好危机管理中的媒体沟通工作，第一步就是要在事先做好组织准备和制度建设，完善危机管理中与媒体沟通的组织体系，制定与危机管理中的媒体沟通相关的应急预案，做到未雨绸缪、有备无患。

制定预案应注意以下两点：一是要有针对性和可操作性。预案的制定一定要适应本地域、本单位、本部门的需要，杜绝照抄照搬现象的发生，具有现实操作性。二是要注意预案的完整性和规范性。危机管理中与媒体沟通的相关预案应是具体化、流程化的，一定要明确危机管理中的媒体沟通工作的原则、方法、组织、机构、程序、责任等一系列事项，通过具体的文件规范，做到突发事件发生后有人发布、及时发布、有效发布、统一发布。

4.2.1.2 建立健全舆情收集、研判机制

境内外舆情收集研判是突发事件新闻发布工作的雷达，健全的舆情收集、研判机制可以使政府准确地掌握当前媒体和公众最关注的问题以及他们对政府突发事件应对的满意度，并根据舆情状况调整政策、发布新闻、做好与媒体和公众的沟通，从而树立良好的执政形象。2011 年的英国伦敦骚乱事件之后，伦敦副市长珍妮·琼斯曾说：如果他们（警方）更重视网络的话，就会从中得到很多线索，一些暴力事件就有可能不会发生。

舆情收集、研判包括舆情收集整理和舆情分析判断两个部分。舆情收集主要通过检索网络、电子网络数据库、电视、广播和纸质出版物，跟踪、收集境内外新闻媒体对突发事件的相关报道，为舆情分析判断准备丰富的国内外舆情动态。舆情研判就是在资料收集的基础上，对舆情资料进行分析判断，主要目的在于通过科学的分析判断来了解媒体和公众的态度、把握社会舆论，总结媒体报道的规律和政府与媒体沟通的经验和教训，从而制定科学的新闻传播策略，提高危机管理中的媒体沟通工作的针对性和舆论引导的有效性。

4.2.1.3 建立健全协调机制

危机管理中的媒体沟通工作往往牵涉到多个政府部门和机构，如教育、供水、供电、

供气、供热、环保、医疗卫生、公共交通等与群众利益密切相关的公共企事业单位，只有靠各职能部门明确分工，各司其职，及时沟通，信息共享，密切配合与联动，才能做好这项工作。因此，必须建立健全突发事件新闻发布协调机制，成立负责突发事件新闻协调工作的专门机构，加强组织协调和归口管理，按照突发事件的性质分类，确定新闻发布的层级政府和组织机构，严格执行危机管理中的媒体沟通工作规程，使政府各部门和有关机构之间能够随时沟通，确保危机管理中的媒体沟通工作协调一致进行。

美国波士顿市根据不同的救灾职能，将整个救灾行动系统划分为 16 个子系统，每个系统都有相应的负责机构。其中就有公共信息子系统。该系统的负责单位是州紧急状态署，它负责建立和管理信息中心，并协调向媒体和公众通报所有相关的信息。

英国伦敦市的应急管理系统也涉及危机时的信息传播，市应急管理系统将事故发生后第一时间的发言权交给警署新闻办公室，由它与其他部门的新闻机构沟通后，再统一向社会发布。但对于恐怖活动的报道，必须经反恐部门同意，否则不能随意向外泄露。事故伤亡人员的数字，也要由警署发言人咨询各应急部门后发布，这些数据可以有规律地更新，但不能在同一时间出现多个不同的数据。

4.2.1.4　建立和培养媒体关系

建立和培养良好的媒体关系也是政府做好危机管理中的媒体沟通工作的重要基础。媒体不是朋友，也不是敌人，但这并不意味着政府与媒体之间就不能建立合作关系。在平时和媒体建立起良好的合作关系，突发事件发生后，即便有一些媒体恶意炒作，仍然会有大部分媒体站在公正的角度讲话。通过它们的传播，政府的信息、态度等能够对社会公众产生正面的影响，从而为政府应急处置创造一个良好的舆论环境。

4.2.1.5　做好日常演练

“冰冻三尺，非一日之寒。”因此，政府一定要加强日常的经常性演练，一是可以将预案中的各项规范落实到人、到岗位、到责任，落实到每一位政府官员的意识之中，使预案规定转化为一种工作习惯，从而在突发事件发生后能够有条不紊地开展危机管理中的媒体沟通工作；二是可以帮助各级干部熟悉危机管理中的媒体沟通工作的流程，掌握媒体沟通的基本策略以及与记者打交道的要领，在突发事件发生后能够游刃有余地与媒体进行沟通与交流，更好地做好危机管理中的媒体沟通工作。

4.2.2　事中积极沟通

事中（含事发）阶段，危机管理中的媒体沟通工作应重点做好以下几项工作：成立新闻中心、设立新闻发言人、构建立体传播格局。

4.2.2.1　成立新闻中心

突发事件发生后，应急指挥部要在第一时间在距离事件发生地不远的地方成立新闻中心，做好记者服务。

一是要受理记者的采访申请，核发临时采访证件。舟曲“8・8”特大山洪泥石流发生后，甘南州抢险指挥部宣传报道组紧急成立甘南舟曲“8・8”特大泥石流灾害抢险救灾指挥部宣传组新闻中心。从 8 月 8 日下午开始，积极协同外事部门紧急制作境外媒体记者临时采访证（蓝色）和境内媒体记者临时采访证（红色），抽调人员分别在舟曲县城东、西入口设立了两个记者接待点，在县城中心设立了一个记者接待点，安排专人对所有前来灾区采访报道的媒体记者进行登记管理，审查记者证件、发放临时采访证，截至 8 月 30 日，共审查发放红色临时采访证 360 多个，蓝色临时采访证 70 多个。

二是为前来采访的记者提供新闻服务。突发事件发生后，面对媒体，不说不行，乱说、瞎说更不行，因此，规范信息发布方式，定时、定期进行新闻发布，对于实现有效的舆论引导至关重要。此外，还可以通过微信群、QQ 群、短信、无线广播、邮箱、广场大屏幕等多种形式将新闻线索、安全提示、天气情况、临时通知等内容及时传递给记者，为记者提供更多的服务，也会使记者对政府信息获取形成依赖。

突发事件发生后，新闻发布会一般在事发地附近就近举行，如某市或某县范围内的突发事件，新闻发布会通常都在市政府或县政府所在地举行。但也有例外，如在伦敦地铁爆炸事件中，伦敦市市长当时正在新加坡访问，为了第一时间发布灾情，表明态度，他在收到新闻稿后马上就在当地举行了新闻发布会。

三是为记者提供后勤服务。突发事件尤其是大的自然灾害发生后，大量进入灾区的记者不仅与灾民一样，面临着一系列生活困难，还面临着电力中断、通信中断等一系列作业困难。因此，为记者提供必要的后勤保障服务，解决他们的后顾之忧，也是做好突发事件舆论引导工作不可或缺的重要工作。

突发事件发生后，一方面，公安、医疗、消防等相关部门要赶赴现场维持秩序，开展救援，进行初步调查；另一方面，大量的中外记者赶到现场进行采访与报道。在这种情况下，现场亟须被管理起来与记者亟须深入现场采访之间的矛盾就凸显了出来，公安、安全部门应依法对到事发地采访的记者实施现场管理，即通过设置警戒线等方式划定记者采访的地域范围。

英国法律规定，公共场所发生突发事件，为维护社会秩序，警方可以设置警戒线阻止无关人员进入。不听劝阻冲闯警戒区域的，由警方按治安管理相关条例具体做出处理。伦敦地铁爆炸案发生后，警方依法负责维持现场秩序，在现场设立了三道警戒线（记者可以在最外圈的警戒线以外进行采访），迅速对爆炸现场开展了现场勘验调查，不是参与救援等工作的人员不得进入，其中也包括记者。当现场局面得到控制、市政厅拟定了新闻稿后，才允许媒体派代表进入现场采访，由警察带领英国广播公司（BBC）的一位电视记者（进入警戒区域采访的记者由市政厅新闻办确定）进入现场中心区域（非核心区）摄像，其获得的图像资料由 BBC 与各个媒体共享，由 BBC 复制给需要的媒体，文字稿由市政厅新闻办统一发至各个媒体①。

《德意志联邦共和国基本法》的第一条就是“人的尊严”，当记者的采访侵犯到人的尊严时，会受到阻拦与限制。在科隆档案馆倒塌事件中出现的媒体记者为了获取独家新闻爬上高楼用长焦镜头拍摄从倒塌的档案馆中挖出来的遗体，以及买通救援人员并假扮救援者进入灾难现场等现象，一被发现马上就被制止了。

我国虽然没有对突发事件发生后记者的采访范围进行相关法律约束，但至少从以下几

---

① 张长春，王小明．英法在突发事件时如何管控新闻宣传．中国新闻传播学评论，2006-04-06.

个角度出发，警方应该禁止记者进入事故现场：

■ 救援工作还在进行，新闻采访、记者等可能影响救援工作。事故原因还没调查清楚，记者到现场有可能破坏现场，影响事故调查。

■ 刚刚发生事故，有继续发生事故和发生次生事故的危险，因此，从记者的安全考虑，记者不能靠近现场。

■ 突发事件发生后，事故现场往往惨不忍睹，从人道主义的角度出发，也不应该让记者到现场拍照和摄像。

禁止记者进入事故现场，并不是要限制媒体的采访自由，而是通过实施突发事件的现场管理，既能保证应急救援的顺利进行，又为新闻媒体采访提供便利。

4.2.2.2　设立新闻发言人

国内外的新闻发布实践表明，新闻发言人的出现完善了新闻发布制度。有了新闻发言人的参与，国内外新闻发布形式“正从刚性的、制度化的法律法规条款逐渐演变成由特定的新闻官员进行的柔性的、可交流的新闻发布会、记者招待会等形式”①。在新闻中心成立之后，要设立专门的新闻发言人来统筹危机管理中的媒体沟通工作。

突发事件发生后由谁来做新闻发言人？一般而言，负责事件处置的政府和部门是信息发布的第一责任人，要依照法律法规和有关规定，及时准确发布信息。如重大公共安全事件由公安、民政、人事和劳动社会保障、安监部门负责，重大公共卫生事件由卫生部门负责，重大水旱灾害事件由水利、农业、民政、气象部门负责，崩山滑坡等地质灾害由国土资源、气象、民政部门负责，地震灾害由地震、民政部门负责，气象灾害由气象、民政部门负责，重大动植物疫情由农业、畜牧部门负责，重大环境污染和生态破坏事件由环保部门负责，重大交通事故由公安、交通部门负责，民族、宗教及涉外事件分别由宗教、民政部门负责，其他突发事件由政府有关主管部门根据各自职能承担新闻发布工作的相关责任。其他各有关部门要主动配合新闻宣传部门的工作，及时提供事件有关信息；拟定新闻发布内容的初稿，并审核向新闻媒体提供的新闻稿；参与新闻发布并回答记者提问；视情况接受新闻媒体的采访。

突发事件发生后设立新闻发言人，旨在主动进行信息发布，引导社会舆论。危机管理中的新闻发言人，正如赵启正所说，“新闻发言人不是人，而是一项制度”，其主要职责并不一定是在媒体面前说话，更多的是一个组织者、协调者。因此，在突发事件发生后，新闻发言人应该做到“四个适合”：

在适合的时间把适合的人请到适合的地方说出适合的话。

在西方，对危机状态下的新闻发言人职责有十分具体规范的要求，比如，加拿大多伦多市的《媒体关系手册》明确要求，被委任的发言人必须符合10个方面的具体标准：(1)由部门主管和战略交流部部长授权；(2)完成城市媒体关系培训课程；(3)完全准备好接受媒体采访，包括接受适合的交流人员的咨询，审查主要信息和相关媒体关系的支持材料；(4)认识到他们自身对于媒体的沟通负完全责任；(5)认识到他们是代表多伦多市

---

① 徐琴媛．中外新闻发布制度比较．北京：中国传媒大学出版社，2005：225.

发言，不是代表具体的部门或计划领域发言；(6) 避免发表个人观点；(7) 确保所有的协议与答复在部门或法人机构层级得到遵守，包括完成媒体呼叫日志；(8) 成为信息的可靠来源；(9) 在得到问询之后的数小时内要提供答复；(10) 对有关或接近选区边界的媒体声明，必须通知两个议员①。

4.2.2.3 构建立体传播格局

所谓构建立体传播格局，是指在舆情研判的基础上，通过两微一端、新闻发布会、集体采访等多种渠道发布信息，以立体化传播的格局状态回应社会关切，获得新闻定义权，争取话语主导权，在“舆论场”上赢得主动。构建立体传播格局，可以通过多种传播途径来实现。

一是举行新闻发布会。新闻发布会是指党和政府新闻发布机构举行的向媒体介绍党和政府立场、观点、态度和有关方针、政策、措施等信息的新闻发布活动形式，权威性高。新闻发布会具有公开面广、互动性强等特点，常用广播、电视和网络直播，便于与诸多新闻媒体直接双向交流。

因此，突发事件发生后，应急指挥部新闻中心要定时定期举办新闻发布会。新闻发布会不是工作汇报，而要提供事实、观点和结论，尤其要在新闻发言人与记者面对面的你问我答中，回应社会关切，疏导社会情绪。

二是召开吹风会。与新闻发布会相比，吹风会的发布内容更多侧重政策解读和背景介绍。可以要求记者不做报道或不透露发布内容。吹风会可以分为可以报道、不可以报道两种形式，具有灵活性较高的特点，易于与媒体互动沟通。

三是组织记者集体采访或单独采访。新闻采访是另一个与记者面对面的途径，这种发布形式是指通过主动约见（或应邀约见）、安排多家（或独家）媒体采访来发布信息。

危机沟通中的新闻采访具有灵活机动、时效性好的特点，既可以体现主动性，有选择地接触媒体，交流互动更加充分，又能够提供眼见为实的直接的事实证明，有着强烈的情绪感染力。

遇到突发事件和重大敏感热点问题时，最好安排两家或两家以上的媒体同时采访。

四是以官方名义发布新闻公报、声明。这种发布形式是指新闻发布机构由党和政府授权，郑重宣布某项新闻事实，或者就某些事件或问题向社会表明本部门、本单位的立场、态度、观点等。以官方名义发布新闻公报、声明，采用书面和官方用语，具有正式、严肃的特点。

五是利用电话、传真和电子邮件答复记者问询。这种发布形式是指遇有热点新闻出现或媒体需要确证某些新闻信息时，新闻发布机构常常需要用电话、传真和电子邮件等形式来及时回复记者问询。利用电话、传真和电子邮件答复记者问询需要快速回应，具有及时、渐变、灵活的特点。

六是通过官方媒体发布新闻信息。官方媒体的说法主要是针对中国媒体的具体语境而言的，与市场化媒体相对应。一般来说，官方媒体以政府的“喉舌”形象存在。事实上，

① 曹劲松．北美政府新闻发布初探．传媒观察，2010（1）．

官方媒体是人们判断政府处理突发事件表现和能力的一个重要依据，因此，要通过官方媒体积极主动、准确及时地发布新闻，向人们提供更多的关于事件的丰富信息，使官方媒体成为公众获知信息的主渠道。同时，要认识到，官方媒体是政府的左膀右臂，因此要会给官方的党报、电台、电视台派任务，让他们成为政府危机管理的智囊，舆论引导的工具。

七是通过“两微一端”（政务微博、政务微信和 App 客户端）等新兴媒体平台发布新闻信息。这种发布形式是党和政府新闻机构利用“两微一端”等新兴社交媒体发布重要消息、文件、档案、报告和其他信息。

“以往政府机构、企业和其他组织都需要通过传统媒体来发布自己的信息，但今天，它们可以利用自己的网站和社会化媒体账号来进行无中介的信息传播，它们不仅可以把握与自己相关的信息传播的主动权，也可以使这些信息进入公共信息传播渠道。”① 在新媒体时代，“两微一端”成为各级政府进行新闻发布的“标配”，通过利用自己的“两微一端”来发布权威信息，抢占舆论高地，塑造政府开明形象，提升政府公信力，也成为突发事件新闻发布的重要形式。

“两微一端”是政府自主发布信息的平台，具有针对性强、扩散面广、影响力大的特点，是公布突发事件基本信息的快速通道，也是进行议程设置的最好渠道。突发事件发生后，要在“两微一端”形成即时发布、滚动发布的良好态势，以数字化、图表、音频、视频等方式呈现信息，便于媒体和公众主动搜索获取信息。同时，对于公众提出的问题要及时进行回复，与公众进行良性互动，政府各部门之间的“两微一端”也要形成信息互补、彼此互粉、合作共赢的局面。

4.2.3　事后总结反思

正如恩格斯所说的：没有哪一次巨大的历史灾难不是以历史的进步为补偿的。媒体对突发事件的报道与反思，往往成为推动社会文明进步的一股巨大力量。在突发事件的事后阶段，政府要善于从灾难和错误中发现问题，改进工作，学会利用媒体重建声誉、重塑形象。

事后阶段也被称为恢复重建期或痊愈期。在这一阶段，由于突发事件造成了社会结构与功能的失调，生产要恢复、经济要发展、政治要稳定、一切秩序亟待重新建立，社会心理也急需重建。这一阶段，媒体会重点关注两方面的内容，一是恢复重建过程中出台的政策、建设的过程、出现的问题等基本事实；二是从制度层面对整个突发事件进行反思，并希望通过反思推动制度的改革与创新。

因此，突发事件事后阶段与媒体沟通的重点包括：一是信息发布要着眼于社会秩序恢复过程中的政策安排、决策规划等基本事实，并对灾难本身和引发事件的深层次原因进行反思，尤其要反思原有制度设计中存在的问题，认真总结经验，努力探讨改革与创新的路径；二是要了解媒体在突发事件事后阶段关注的重点内容，并进行及时回应，力争在事后阶段使舆论平稳过渡到事件结束；三是要对本次危机管理中的媒体沟通情况进行评估，包括“两微一端”信息发布的舆情反应情况，新闻发布会的媒体报道情况和舆情反应情况，

---

① 彭兰．正在消失的传媒业边界．新闻与写作，2016（2）．

对整个事件的舆论引导情况及效果进行全面总结和评估，以此为依据对已有的突发事件新闻发布预案进行修订，为今后的政府新闻发布工作奠定良好基础。

4.3 危机管理中的媒体沟通理念

当今社会，媒体资源已成为执政资源的有机组成部分，媒体资源使用得当，工作往往会取得事半功倍的效果，因此，一定要提高危机管理中的媒体沟通的能力，借助和运用媒体，提高执政的效能与水平。危机管理中的媒体沟通，应该坚持以下几个原则。

4.3.1 树立正确的媒体观

从马克思担任《莱茵报》主编，到列宁创办《火星报》；从毛泽东主编《湘江评论》，到周恩来领导《新华日报》，利用媒体来教育群众、组织群众、鼓舞群众和指导工作，是马克思主义者的光荣传统和一贯的工作方法。但是，近年来，随着网络媒体的出现和媒体市场的开放，“防火防盗防记者”成了一些政府官员面对媒体时的一种消极心态。“防火防盗防记者”“媒体应对”这样的提法，都是极其不正确的媒体观念，直观生动地反映出了如今政府官员与媒体打交道的心理恐慌。正确的媒体观，是开展舆论引导、进行媒体沟通的重要思想基础，因此，一定要树立正确的媒体观。

4.3.1.1 正确认识媒体

正确认识媒体，首先要正确认识媒体的性质和功能，也就是说，首先要了解政府与媒体的关系是什么：是朋友，还是敌人？是隶属关系，还是监督关系？

对此，新闻学界已有的研究成果很多，最具代表性的观点是由美国伊利诺伊大学教授威尔伯·施拉姆、弗雷德·西伯特（Fred S. Siebert）和西奥多·彼得森（Theodore Peterson）在1956年出版的《报刊的四种理论》（*Four Theories of the Press*）[①]中提出来的。该书由美国教会全国委员会作为研究大众传播媒体的资料编辑出版后，曾得到美国领导集团的赏识和美国新闻学荣誉学会授予的奖章。该书所用“报刊”一词，是指一切大众传播媒体。书中认为，世界各国的新闻传播制度与其社会政治制度是一脉相承的，基本上可以分为四种，即集权主义理论、自由主义理论、社会责任理论、共产主义理论。

（1）集权主义理论，即人类传播史上第一种也是最古老的一种传播制度理论。理论来源于马基雅维利的《君主论》，认为“国家安全高于一切，为保卫国家安全、维护国家利益，就必须严格制约自由讨论和信息的传播”。集权主义理论认为，报刊是国家的公刊，必须对当权者负责；大众媒体统一步调，国家才能顺利地为公众的利益服务；在某些情况下（如在交战状态的国家里在军人统治下），集权原则甚至可以体现人民的意志。所以，对报刊应严加控制和审查，对违反有关规则的应加重处罚。这一理论如今在大多数国家已经被摈

---

① 施拉姆，等．报刊的四种理论．中国人民大学新闻系，译．北京：新华出版社，1980．

弃了。

（2）自由主义理论。兴起于资产阶级革命年代，本质上体现着自由资本主义时代的特征。以约翰·弥尔顿的《论出版自由》（*Areopagitica*）和约翰·斯图亚特·密尔的《论自由》（*On Liberty*）为代表。约翰·弥尔顿在书中提出了“观点的自由市场”理论，认为在观点的自由市场，让真理和谎言自由去竞争，最终真理一定会胜出。约翰·密尔在《论自由》中为个人与社会划定了权利界限，即只要不涉及他人的利益，个人（成人）就有完全的行动自由，只有当自己的言行危害他人的利益时，个人才应接受社会的强制性惩罚。1903 年，严复第一次把《论自由》介绍到中国来时，书名就叫《群己权界论》。

自由主义论反对对新闻活动实施限制，倡导让新闻媒体不受任何干预地报道任何事实，为社会公众提供尽可能广阔的选择空间和判断余地，从而使他们能够得出尽可能真切的结论。

（3）社会责任理论。这一理论是对自由主义理论的修正，以美国新闻自由委员会 1947 年发表的报告《自由与负责的报刊》和霍京的《新闻自由：原则的纲要》为代表。社会责任论主张传媒（报刊）对社会有着种种义务，要不负公众的信任；报刊要“供给真实的、概括的、明智的关于当天事件的记述，要能说明事件的意义”；它应当成为“一个交换评论和批评的论坛”；要能描绘出“社会各个成员集团的典型图画”；要负责介绍和阐明社会的目标和美德；要使人们“便于获得当天的消息”。作为真正的职业传播者，报刊还应当遵循公认的道德准则和职业标准，不会为金钱而去做某些事，切实关心公众利益和国家利益。

（4）共产主义理论。《报刊的四种理论》一书中所论述的苏联共产主义理论，为集权主义以及自由主义理论的集合体。由于当时处于美苏冷战时期，作者在这一理论的分析上带有明显的片面性、主观性和“冷战”色彩，因此一般为后人所遗弃。

《报刊的四种理论》揭示了新闻媒体与社会的关系，之后，虽然也有学者提出了“五种理论”①、“六种（5+1）理论”②、“七种理论”③ 等一些新的理论模式，但基本上都是对“四种理论”模式的部分修正或发挥，总体上没有摆脱“四种理论”的思想窠臼。

新闻媒体与社会之间的关系，或者说政府与新闻媒体之间的关系，一直是新闻学界研

---

① 1971 年，美国学者拉尔夫·洛温斯坦（Ralph Lowenstein）和约翰·梅里尔在其出版的《媒介、讯息与人》一书中对“四种理论”做了修正，提出了他们的“五种理论”，即权威主义理论、社会权威主义理论、自由主义理论、社会自由主义理论、社会集权主义理论。10 年后，美国学者威廉·哈希滕（William Hachten）在《世界新闻面面观》一书中也提出了“五种理论”，保留了集权主义和共产主义两种理论，将自由主义和社会责任理论合并为“西方理论”（western concept），增加了两种新的理论：革命（revolutionary）理论和发展（development）理论，看似对“四种理论”做出了较大改进，增加了关于第三世界的媒体理论，实际上，作者所持的立场、观点和方法与“四种理论”的作者是一致的。

② 1983 年，英国学者丹尼斯·麦奎尔（Denis McQuail）在他的首版《大众传播理论》中提出了类似的“六种（5+1）理论”，分别是：权威主义理论、自由报刊（新闻自由）理论、社会责任理论、苏联理论、发展理论、民主参与理论。

③ 1985 年，罗伯特·皮卡德（Robert Picard）在《报刊与民主的衰落》（*The Press and the Decline of Democracy*）一书中提出了一个带综合性质的模式。该模式保留并综合了“四种理论”及上述的几种理论，增加了“民主社会主义”（democracy socialist）理论，提出了“七种理论”，即权威主义理论、共产主义理论、革命理论、发展理论、民主社会主义理论、社会责任理论、自由主义理论。

究的重点内容，并已有了颇为丰硕的理论成果，但在具体的社会实践中，并不是某一种理论模式就可以涵盖某个国家全部的新闻管理过程，往往是多种理论模式组合叠加运用。

在技术迅猛发展带来的“媒体化社会”中，树立正确的媒体观，是做好危机管理中的媒体沟通的基础。一定要正确看待媒体的社会功能，不能把媒体和记者视为敌人，而是要以开放的心态对待媒体，将媒体作为密切政府与公众关系的重要纽带，支持记者对事实真相的探询和质疑，保护记者的采访权、编辑权、人身安全权等各项权利，寻求合作，谋求共赢。

4.3.1.2 深入了解媒体

随着互联网的发展，微博微信等新媒体，突破了传统媒体的“把关人”，实现了裂变式传播，形成了开放的公共话语空间，激发了人们前所未有的表达意识，也成为大量虚假信息和谣言的温床。对此，过去的“自上而下”的媒体管控方式远远不能适应这种新的媒体管理形势的需要，只有充分了解各种媒体的不同特点，努力把握新的媒体传播规律，才能更加合理地运用媒体，更加科学地管理媒体。

如今的媒体数量庞大，分类众多。从介质上可以分为平面媒体、广播媒体、电视媒体、网络媒体、移动媒体，从导向上可以分为主流媒体（党报党刊）和非主流媒体（市场化媒体和小报小刊），从归属上可以分为境内媒体和境外媒体，等等。

各类媒介都有自己特定的新闻周期，如杂志的新闻周期是每周、每月；报纸的新闻周期一般为5～24小时；广播电视的新闻周期是早、午、晚或者实时（直播）；网站的新闻周期最短，以“分钟”为频率进行更新。不同的媒体具有不同的特点，记者必须根据自己所在媒介的新闻周期特点采写新闻，以满足媒介出版或者播出的需要，因此，他们提出的信息诉求也是不一样的，如同为平面媒体，日报、周报和杂志的采访要求肯定不同，党报和社会生活类报纸的关注重点也存在差异。

对于危机管理中的媒体沟通工作来说，还应该更加细致地了解在一个突发事件的不同时期和阶段，媒体所关注的侧重点，根据媒体的关注重点、采访诉求与报道规律，有针对性地进行信息释放。

（1）事发阶段。事态非常不明朗，情况十分复杂，公众陷入猜测恐慌，社会泛滥各种传言，此时，媒体也急于搞清楚到底发生了什么，其关注的重点就是事件的真实情况是什么，并会抓住一切关键信息进行搜索和报道。所以，在突发事件处理早期，媒体沟通的重点应放在基本事实的发布上，力争以最快的速度通过政府信息上报的渠道以及职能部门之间的协调沟通机制弄清事件真相，并在第一时间向媒体客观、全面、公正地发布突发事件的基本情况，力求尽快消除谣言，稳定公众情绪，防止因政府失声而出现谣言四起、事态恶化的情形。

（2）事中阶段。事态继续发展、危机逐步扩散，影响和渗透到了社会生活的各个领域，是一个需控制危机恶化的阶段。与事发阶段相比，事中阶段早期通常还处在“黄金72小时”的生命救援期，抢险救援以及伤员救治等工作还在紧张进行，因此，媒体除了继续关注抢险救援、群众安置、医疗卫生、交通通信等应急响应相关信息之外，关注的重点有一些新的变化，如对政府应急处置工作中出现的问题进行曝光，对突发事件发生的原因进行追问，等等。此时，媒体关注重心的偏移，会给政府带来很大的舆论压力。因此，危机管理中的媒体沟通工作除了继续及时披露突发事件的基本事实信息，如政府采取的一系列应急举措及取得的效果，引导媒体进行报道，赢得舆论支持之外，还要对政府在应急处置过程中出现的困难、问题以及社会对突发事件的一些质疑进行解释，并根据媒体的反馈及时纠正错误的做法和信息。

（3）事后阶段。如前所述，事后阶段媒体关注的重点主要有两个方面：一是对恢复重建过程中的基本事实进行及时采访报道；二是对突发事件进行制度层面的反思，并通过媒体的反思推动制度的改革与创新。在突发事件的事后阶段，还有一种媒体关注值得引起重视，那就是“回访”。影响力较大的重大突发事件，其发生的半年、一年、两年、三年等时间节点，通常也都是媒体策划专题的好由头，会引起记者的持续关注与回访。

总之，深入了解媒体的特点及传播规律，在“知己知彼”的基础上展开危机管理中的媒体沟通工作，才可以真正做到“百战百胜”。

4.3.1.3 主动接受监督

舆论监督是一种广泛的社会监督和群众监督，它是公众运用新闻媒介，对偏离或违背社会正常运行规则的行为依法实施的新闻批评①。舆论监督有利于发扬社会主义民主，密切党和政府与人民群众间的联系；有利于防治腐败，克服官僚主义，改善和加强党的领导；有利于激发人民群众当家做主的热情，提高群众参政议政的能力；有利于正确处理人民内部矛盾，有效进行人民内部的自我教育；有利于弘扬正气，倡导先进，为社会主义现代化建设创造良好的社会舆论环境。

从“扒粪运动”到“水门事件”，媒体的监督对于美国社会从“镀金时代”向“进步主义运动”的转型起了至关重要的作用，即使位高如总统，尼克松也只能在丑闻曝光后引咎辞职。今天，无论是媒体的监督意识，还是群众的权利意识都在不断增长，形形色色的“网落官”，正是传统媒体和网民合力行使监督权力的结果。

因此，在危机管理中的媒体沟通过程中，一定要有主动接受监督的意识和心理准备，通过舆论监督及时发现问题和不足，深入了解社情民意，增强工作的前瞻性和预见性。要正确面对和坦然接受舆论监督，适应在“聚光灯”“显微镜”“放大镜”下生活：对于媒体的质疑与批评要保持理性克制，避免恶意推测，避免恶意攻击；对于不实报道，要摆事实，讲道理，正面纠正错误；说错话、办错事，要真诚道歉，勇于承担责任。

4.3.2 树立“公共产品”理念

美国联邦政府第一任首席信息官昆德拉曾经说过：“政府数据作为一项公共资源，应该像天气预报、体育赛事和股票信息一样实时公开。通过把信息的力量放到民众的手中，可以增加公民对公共事务的参与、对政府的监督。”② 在危机管理中的媒体沟通过程中，一定要树立政府信息是“公共产品”的理念，也就是说，政府信息是现代政府必须为社会提供的公共产品，满足公众知情权，是现代政府的一项公共责任。

---

① 雷跃捷. 新闻理论. 北京：北京广播学院出版社，1997：250.

② 涂子沛. 大数据. 桂林：广西师范大学出版社，2012.

专栏

切尔诺贝利事件中的信息发布

1986年4月26日当地时间1点24分，苏联乌克兰共和国切尔诺贝利核能发电厂发生严重泄漏及爆炸事故。事故导致31人当场死亡，灾难发生后，苏联的媒体并没有及时加以报道，4月28日，塔斯社发了一则短消息，说核电站发生了火灾。直到5月6日，苏联党报《真理报》才刊登了第一份有关这一事故的较详细报道，但也没有说明这是一次核泄漏事故，并有意识隐瞒了死亡人数，说事故当场死亡2人，当地居民通过国外媒体才得知发生了核泄漏事故。

为了掩盖核泄漏的真相，苏联政府仍于5月1日在离切尔诺贝利140公里的基辅市举行了传统的“五一”国际劳动节大游行。在核爆炸发生后的一个月内，苏联报纸上刊登的消息都是好消息，大量的篇幅用于事故处理中的正面消息，如5月8日塔斯社发的题为《核反应堆的大火是怎样扑灭的》的消息是这样报道的：“我们的驾驶员”飞行“最高的水平”，“百分之百命中”，“勇敢的苏联飞行员在难以置信的艰苦条件下向喷发着炽热的火口投掷东西”等。

切尔诺贝利核灾难是有史以来最严重的核事故，核泄漏不是普通的自然灾难，公众对此缺乏了解，这就需要媒体对事故进行科学、理论的深度分析，帮助人们认识灾难的实质，把握灾难的发展趋势，了解应该采取的预防措施，避免受到更大的伤害。然而，灾难发生后，因为要驱除人们对于“核”的恐惧以至国家的核事业能够继续发展，苏联媒体对灾难报道有意识的弱化，长时间隐瞒核泄漏的真相及其危害，只是原封引用高层的话，事故是人为错误造成的。

时至今日，官方关于事故起因的说法并不统一，人们对事故真正的起因依然存在质疑，特别是由于对核泄漏的可能后果估计不足，导致政府的错误决策，导致附近人民在毫无防范的情况下被长时间辐射，上万人由于放射性物质远期影响而致命或重病，至今仍有被放射线影响而导致畸形胎儿的出生。特别是由于政府的错误决策，数十万军队在没有足够防护措施的情况下过早进入核辐射地区进行救灾，使这些军队中许多士兵受到严重的辐射。苏联媒体关于切尔诺贝利核灾难的报道制造了新的政治风险和经济风险，不仅引起当地居民的不满，而且严重影响了苏联的国际形象①。

时隔多年，戈尔巴乔夫在自传中回忆起了切尔诺贝利事件并反思道：“平心而论，在最初的几天里，我们并不清楚这场灾难所造成的影响究竟是国内范围的还是国际范围的。这种情况不明的状况导致谣言四起和惊慌蔓延。当时和现在，人们一直在批评乌克兰、白俄罗斯和中央政府所采取的行动。……如果未能及时采取一些行动的话，那也更可能是由于信息和效率的缺乏。对紧急情况未能做好反应准备的不仅仅是政治家，还有科学家和专家。”②

① 林山，白洋，黄舒暖，黄敏瑜．突发性灾难中媒体传播社会信息的方法和责任．国务院新闻办公室网，2009-11-03.

② 戈尔巴乔夫．孤独相伴：戈尔巴乔夫回忆录．潘兴明，译．南京：译林出版社，2015：325-326.

突发事件发生后，人们往往陷入“危机迷情”，即在环境、沟通和利益等多重变量的作用下，危机利益相关者在心理和行为上出现集体无理性的混乱状态。在这种情况下，树立政府信息是“公共产品”的理念，通过新闻发言人及时公布来自官方的各种权威信息，抢占舆论主导权，不仅能够有效阻击各种谣言与不确定消息，消除公众对未知事件的恐慌与担忧，而且能够加强政府与公众之间的沟通与互动，满足公众的知情权，提高公众对政府的认同度，增强政府公信力。

哈佛大学教授 G. W. 奥尔波特曾给出过一个谣言产生的公式：

$$R=i\times a$$

式中，

R：谣言强度

i：事件的重要性

a：环境不稳定程度

这个公式告诉我们，大环境越不稳定，事件越重要，谣言就越强。那么，如何才能有效地降低谣言产生的副作用呢？有学者在奥尔波特的公式中加入一个新的参数 t（transparency：透明度）：

$$R=i\times a\times 1/t$$

也就是说，政府信息公开的透明度越高，谣言的强度就越小；信息公开程度越高的社会，谣言生存的空间就越小。可见，政府信息的公开与透明是防止谣言产生和扩散的有力武器。因此，树立政府信息是“公共产品”的理念，主动发布信息，保持信息公开透明的状态，对于突发事件的应急处置和舆论引导来说具有非同寻常的意义。

4.3.3　树立及时透明理念

英国危机管理专家罗杰斯特曾提出著名的危机沟通“三T”原则，即主动沟通（tell your own tale）、充分沟通（tell it all）和及时沟通（tell it fast）。突发事件发生后，人们往往陷入“危机迷情”，即在环境、沟通和利益等多重变量的作用下，危机利益相关者在心理和行为上集体无理性的混乱状态。因此，为了抢占舆论主导权，政府必须在第一时间发布权威信息。通过新闻发言人及时公布来自官方的各种权威信息，可以有效地阻击各种谣言与不确定消息，维护社会稳定，消除民众对未知事件的恐慌与担忧，树立政府的权威和公信力。

对突发事件的不同阶段进行观察会发现，舆情信息在突发事件不同阶段具有不同的特点，这就要求政府在进行危机传播时对舆情信息进行更加精细化的研判，并有针对性地进行信息发布。

事发阶段，以猜疑类信息为主。由于事件刚刚发生，相关情况还不明朗，通常会出现大量夸大而失真的猜疑类信息。此时，要重点对信息的真实性、敏感度和发酵性进行研判，力争在第一时间发布事件基本信息，还原事实真相，并不断发布后续信息，通过权威信息发布避免谣言四起，人心惶惶。

事中阶段，以质疑类信息为主。在这一阶段，政府的应急工作已经有序展开，此时，互联网上出现的舆情通常以质疑类信息为主，从各个方面对政府的救灾工作，包括信息发布、抢险救援以及事件原因等进行质疑。这一阶段，要重点对信息的真实性、指向性和发酵性进行研判，并针对社会对政府应急工作方方面面的质疑和监督，实事求是地面对，认认真真地回应，及时澄清那些似是而非的传言，对于确实存在的问题，一定要承认，并给出解决方案，承诺尽快落实。

事后阶段，以批判类信息为主。到了事后阶段，危机情境得到了很大程度的缓和，尖锐的矛盾也得以部分化解，事件基本上已经尘埃落定，造成事件发生的原因也已经基本水落石出，此时的舆情信息就以批判类的信息为主，对政府管理中存在的问题进行批评。在恢复重建阶段，要重点对信息进行指向性研判和跟踪性研判，针对来自社会各方面的批判信息，一定要对舆论和民意表现出诚恳和谦卑，认真进行反思，以此为戒，不断改进工作，同时，要逐步减少信息释放的数量，降低信息发布的频度，逐渐使舆情回到正常的状态上来。

总之，在突发事件处置过程中，一定要直面社会关切，化被动为主动，努力做到“政善治，事善能”，唯其如此，才能真正满足公众的知情权，政府公信力也才能真正得到提升。

4.4 危机管理中的媒体沟通方法

美国总统肯尼迪曾说，中国有两个奇妙的汉字，“危”和“机”，它们组成了一个词，但却有两个完全不一样的意思：危险和机会。也就是说，在危机发生之后，如果处置得好，危机就是机会，而如果处置不好，那它就是危险。危机管理中的媒体沟通工作亦是如此，做好了，是塑造政府形象的一次良好机会；做不好，则可能会危及政府的公信力。因此，在突发事件发生后，要从策略上对媒体沟通和舆论引导工作进行总体把握。

4.4.1 议程设置法

议程设置，是大众传播媒介影响社会的重要方式，是危机管理中与媒体进行沟通的一个重要策略，其观点主要来自政治学。李普曼的《公共舆论》最早提出该思想，其被认为是传播学领域的奠基之作。

“议程设置理论”作为一种理论假说，最早见于美国传播学家 M. E. 麦克姆斯和唐纳德·肖于 1972 年在《舆论季刊》上发表的一篇论文，题目是《大众传播的议程设置功能》。这篇论文是他们在 1968 年美国总统选举期间就传播媒介的选举报道对选民的影响所做的一项调查研究的总结。1968 年，麦克姆斯和肖对总统大选进行了调查，看媒介议程对公众议程有多大的影响。1972 年提出了议程设置理论，该理论认为大众传播往往不能决定人们对某一事件或意见的具体看法，但可以通过提供给信息和安排相关的议题来有效地左右人们关注哪些事实和意见及他们谈论的先后顺序。大众传播可能无法影响人们怎么想，却可以影响人们去想什么。

议程设置理论告诉我们，顺应新闻规律，运用传播技巧，通过新闻发布机制的建立和完善，调动媒体的兴奋点，使媒体自觉自愿地围绕政府发布的新闻事件和议题来进行报道和追踪，是舆论引导能力的题中应有之意。

所谓议程设置，就是根据重要性对各种议题进行排序，从而决定是否传播以及如何传播。对于突发事件舆论引导而言，议程可以分为三大类：传媒议程、公众议程和政府议程，这三大类议程如何影响危机管理中政府与媒体和公众沟通的内容，我们可以通过三圈理论来进行分析，如图 4-1 所示。

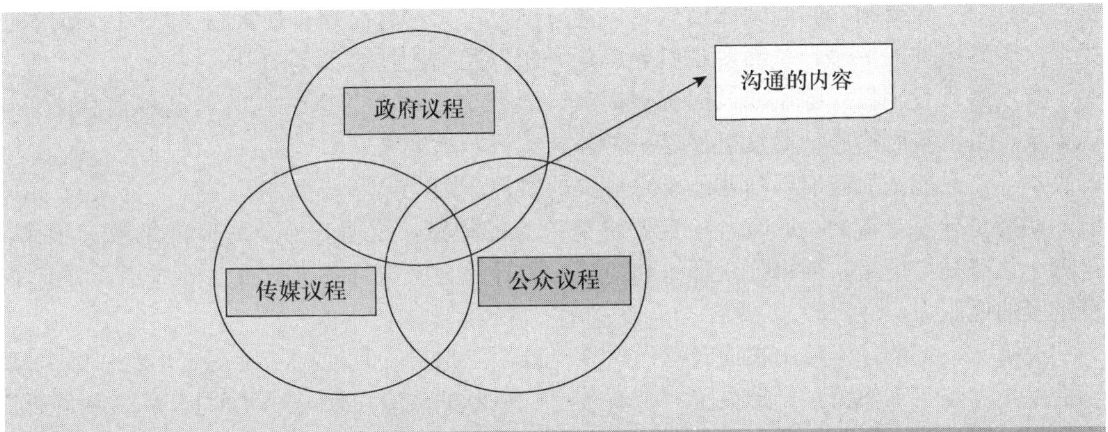

图 4-1　议程设置的三圈理论

由此可见，危机管理中媒体沟通的关键，在于是否将“政府需要、媒体关注和公众关心”这三者结合起来。也就是说，在突发事件发生后，政府可以通过有选择、有策略的信息发布来进行议程设置，而这三个“圈”重叠的部分，就是突发事件发生后政府进行危机沟通时最佳的内容选择。

突发事件并不可怕，可怕的是舆论引导不当酿成了新的公共信任危机。因此，在突发事件中，政府一定要通过掌握议程设置权，发布政府已经做了什么、是怎么做的、正在做什么和将要做什么等正面信息，引导记者采访政府的态度，树立一个负责任、有能力的政府形象。

4.4.2　信息对冲法

“制造同意并非一种新技巧。它已经十分古老了。据说它已经随着民主政治的出现而消亡了。事实上，它是在技术上获得了极大的改善，因为它现在以分析为基础，而不是以粗糙的经验为基础。……在目前控制局势的这一代人中间，说服已经变成了一种自觉的艺术和世俗政府的一个常规功能。”① 突发事件新闻发布是一项政治传播活动，天然地携带

① 李普曼．公众舆论．阎克文，江红，译．上海：上海人民出版社，2006：182.

着政治说服的目的，信息对冲，正是危机传播中进行政治说服的一个基本思维方式，也是舆论引导的一种主要能力，因此，在遇到重大突发事件时，政府必须通过权威性的事实、观点或者评论，积极引导公众舆论、心理和行为，从而达到政治说服的效果。

进行信息对冲，首先要进行事实信息的对冲。突发事件总是伴随着谣言，这是客观规律，但能不能战胜谣言，却体现了一个执政党舆论引导能力的高低。国务院总理李克强曾在国务院常务会议上告诫各部门官员："凡在重大事件中主动及时公开信息，积极回应社会关切，就会赢得民众的理解；但如果遮遮掩掩，不及时发布权威信息，就会引发舆论批评，甚至谣言满天飞。"①

现代社会，公开是最好的稳压器，亦是政府公信力的重要来源。因此，在突发事件发生后，政府一定要第一时间发布信息、表达态度，占领信息高地，最大程度削减不知情的民众对突发事件的惊恐，从而实现引导舆论方向以及维护社会稳定的目的。

突发事件发生后，除了要及时提供时间、地点、人物等与事件相关的基本信息之外，还要重点讲清政府措施。突发事件是一种公共危机，是个人、家庭或私人部门靠一己之力解决不了，只能依靠政府部门才能予以解决的事件。因此，突发事件发生后，公众对于政府的期待是异乎寻常的。此时，一定要讲清政府的举措，说明政府及时开展了救灾工作，这对于化解社会情绪，赢得公众理解和信任，引导社会舆论具有十分重要的作用，具有不可辩驳的说服力。

关于非典疫情，王岐山在面对采访时重点谈了三点：一是通过陆续制定出台一系列政策措施，理顺了工作关系，形成了一个有效率、果断的政府；二是以"两提高""两降低"为目标，以救治为中心，开展工作；三是坚决果断地对密切接触者实施隔离，切断传染源，确保广大市民的健康。

在千头万绪的工作中强调这三点，是有指向性的：首先，一个强有力的政府在突发事件中能够成为公众的主心骨和定心丸；其次，提高收治率，提高治愈率，降低病死率，降低医护人员感染率，可以使人们减轻对医院的惧怕心理；最后，"坚决隔离"打消了人们不敢出门的顾虑，使公众回到正常生活状态。这三点从宏观的政策层面、中观的医学层面和微观的生活层面都给公众带来信心，这样的政府措施，谁又会不信服呢？

进行信息对冲，其次要进行观点信息的对冲。这与约翰·弥尔顿所说的"观点的自由市场"有异曲同工之处。约翰·弥尔顿认为，在观点的自由市场上，让真理和谎言自由去竞争，最终真理会胜出。

美国总统里根根据自己多年接受记者采访的经验总结出一个著名的公式："Q＝A＋1"，"Q"（question）指的是"记者的提问"，"A"（answer）指的是"回应，解答"，"＋"指的是"桥梁"，"1"指的 是"观点"。这个公式说明，当记者提出一个问题时，需要在回应记者提问的同时，加一个桥梁，巧妙地将自己的观点表达出来。也就是说，接受记者采访，不是为了回答记者的问题，而是为了表明自己的观点②。因此，一定要创新理念、内

---

① 朱珉迕．怎样当好"第一新闻发言人"．解放日报，2016-02-19.

② 王彩平．转变思维方式提供政府话语新供给．光明日报，2015-12-31.

容、体裁、形式、方法、手段、业态、体制、机制①，以各种各样的方式提供观点性内容，通过提供观点掌握事件的解释权，从而化被动为主动，牢牢把握话语权，实现引导社会舆论的最终效果。

事实上，今天的舆论场并不是铁板一块的，“舆论场之争中，谁的议程设定能力强，哪个问题就会被突出，随之，民意可能随时倾斜，舆论可能随时逆转，《中国青年报》评论员曹林将之称为舆论‘摇摆率’”②。2014 年 2 月，广东东莞扫黄之后，网上舆论出现“一边倒”的态势，诸如“东莞挺住”“东莞不哭”，认为色情产业是“市场需要”“有益无害”，甚至主张到了讨论“中国搞合法红灯区”的时候了。《人民日报》抓住这个话题，连发四篇文章。说起“市场需求”，黄赌毒哪一个市场需求不大？要是有“市场需求”就可以合法化，毒品交易也要合法化吗？评论提醒说，卖淫嫖娼在大部分西方国家也属违法，“公权力介入”是世界各国的通行做法。这些评论合情合理，评得精到、驳得机智，在关键时刻逆转了舆论态势。

在泥沙俱下、鱼龙混杂的突发事件舆论场上，面对舆情的质疑，也许政府提供的信息或观点在某些情形下并不能完全说服公众，但是，面对两种不同的观点，公众往往会出现无从判定的情况，觉得舆情的质疑批评有理，但政府的说法也有几分道理。在这种情况下，舆论压力已经大为减轻，为从根本上解决问题赢得了时间。

4.4.3　寓管理于服务法

突发事件发生后，需要对赶往事件现场采访的庞大的记者队伍进行科学合理的管理，此时，要树立“服务引导”的管理观念，通过以服务促管理，寓管理于服务，变被动为主动，对媒体的新闻报道起到间接引导作用。

从西方政府与媒体关系的发展来看，经历了从媒体管控（media control）到媒体管理（media management），到媒体合作（media cooperation），再到将媒体视为客户（client）的过程。

管理与被管理是一对客观的矛盾。突发事件发生后，由于情况不明朗，新闻资源变得愈发稀缺，但媒体对信息的要求则远远甚于平时，愈发迫切和全面。此时，若仅从管控的角度来处理危机管理过程中政府与媒体的关系，让记者被动接受政府的安排、被迫服从政府的决定，这样的管理方式与媒体的职业特点和工作规律是相抵触的，肯定会成为矛盾的触发点。

因此，在危机管理中的媒体沟通中，一定要更新管理观念，转变工作方法，对待蜂拥而至的记者，不能采取居高临下的管理方式，而是要寓管理于服务之中，通过提供新闻线索、组织新闻发布会、组织记者现场采访等各种形式，为前来采访的记者提供更多的采访便利和新闻服务，满足他们的发稿需要，让记者感受到政府的诚意。这样一来，危机管理中的媒体沟通工作就会好做得多，也才真正实现了对媒体的“善待”“善管”和“善用”。

---

① 习近平关于新闻舆论的 16 条新论. 中国网信网，2016-02-21.

② 任昌辉. 微博舆论场博弈的内涵分析. 人民网，2014-12-08.

专栏

汶川地震中的媒体服务

汶川地震后一天，中央有关部门就及时下发了《关于加强境外记者在汶川地震灾区采访管理和服务工作的意见》，坚持“开放、有序”和“依法管理，文明执法，寓管理于服务之中”的工作原则，综合管理境外媒体并提供相关服务，主要包括：

（1）采访服务，实行持证采访，入川的境外记者统一在新闻中心进行登记并办理采访手续领取证件，一为能够掌握外媒来川的情况，同时也等于为他们到一线采访发放了通行证。新闻中心建立相应数据库，实现对记者的统一管理和服务。

（2）信息服务，包括通过手机短信、电子邮件给在灾区采访的外国记者发送有关抗震救灾的即时信息。

（3）技术服务，积极帮助协调解决视频信号传输困难的问题等。

（4）生活服务，新闻中心精心制作了中英对照的《境外记者在四川灾区采访报道相关提示》，涉及人身安全问题、法律侵权问题、新闻伦理道德问题、事实的核实问题等，同时也向记者提供当地风俗习惯以及紧急时刻的避险指南等温馨提示。

寓管理于服务之中，得到了国际社会的普遍赞许，外国媒体形容为“前所未有的新闻开放，令人惊讶的秩序井然”（《泰晤士报》北京分社社长马珍语）①。

专栏

舟曲泥石流事件中的媒体服务

舟曲泥石流灾害发生后，抢险救灾指挥部通过为360名国内外记者提供食宿、提供办公地点、提供志愿者服务等各种后勤保障服务，保证了抗灾救援期间记者采访写作发稿等各项工作的顺利开展。

首先，在抢险救灾初期电力中断、通信中断的情况下，宣传报道组同舟曲县党和政府部门联系协调，将舟曲县委县政府统办楼9楼作为新闻发布会的现场，腾出统办楼二楼的14间办公室作为媒体的工作室；同时，保障记者工作的电力通信需求和必要的工作设备，先后从周边县市紧急调来9个3G无线网卡，提供5台办公电脑和用于充电的外接电源等，为记者撰稿、上网提供了方便。

其次，针对灾区受灾严重、记者住宿困难的实际，在舟曲县城西北的锁儿头村联系了150多个民宅作为记者食宿点，在统办楼楼顶搭建10顶帐篷。8月13日，在极其困难情况下，省委宣传部协调了200套气垫床用于解决记者的住宿问题。

再次，针对国内外记者采访报道中遇到的语言障碍、不熟悉交通路段、不熟悉当地风俗习惯等问题，招募志愿者组成服务小组提供服务，并选派11名志愿者为外国记者服务，不仅解决了记者采访中地域、语言等障碍和困难，还保证了每一位记者的人身安全。

---

① 吕齐夏，王晨岑．“5·12”公共危机中对境外媒体管理的转变．对外传播，2009（5）．

最后，为记者提供采访便利，协调公安、交通等部门为记者现场采访提供方便，在灾区条件非常有限的情况下，还尽量为记者提供摆渡车，对国外及港澳台地区记者做到了有序开放、有效管理、服务到位。

本章小结

1. 突发事件发生后，媒体在传达新闻信息的同时，也构建了某种意义框架的合理性，社会公众往往在媒体所构建的框架中完成对外界变化及自我定位的认同，或者说，他们对危机的认知和态度在某种程度上是由媒体构建的，因此，危机管理中的媒体沟通具有十分重要的意义。

由于突发事件本身具有的突发性、不确定性、紧急性等特点，危机管理中的媒体沟通也具有一些与常态沟通有所不同的特点，主要体现为沟通信息少、沟通对象多、沟通难度大，等等。

2. 在突发事件事前、事中（含事发）和事后三个阶段，危机管理中的媒体沟通工作的侧重点不同：事前，应以组织准备和制度建设为重点；事中，应以积极沟通、引导舆论为主；事后，则应重视总结评估，在反思中学习与提高。

3. 当今社会，媒体资源已成为执政资源的有机组成部分，媒体资源使用得当，工作往往会取得事半功倍的效果，因此，一定要提高危机管理中的媒体沟通的能力，借助和运用媒体，提高执政的效能与水平。危机管理中的媒体沟通，应该树立正确的媒体观、树立“公共产品”理念、树立及时透明理念。

4. 突发事件发生后，要从策略上对媒体沟通和舆论引导工作进行总体把握，危机管理中的媒体沟通策略主要有议程设置法、信息对冲法、寓管理于服务法。

关键术语

危机管理	媒体沟通	报纸	杂志	广播	电视	新媒体
事前	事中	事后	媒介观	公共产品	公开透明	议程设置
信息对冲	寓管理于服务					

复习思考题

1. 什么是危机管理中的媒体沟通？
2. 为什么危机管理中的媒体沟通十分重要？
3. 请描述危机管理中媒体沟通工作的流程，并写出每个阶段沟通的重点。
4. 突发事件发生后，应该如何进行记者管理？
5. 危机管理中媒体沟通的基本理念是什么？
6. 危机管理中媒体沟通的方法有哪些？

阅读案例

“掷出窗外”与“扒粪运动”

1906年的某一个早晨，美国第26任总统西奥多·罗斯福在白宫吃早餐，他一边吃，一边看一本叫作《屠场》（*The Jungle*，1906）的小说，看着看着，突然大叫一声，跳起来，把口中尚未嚼完的食物吐出来，又把盘中剩下的一截香肠用力抛到了窗户外面。

为什么会这样呢？

《屠场》一书，是以揭露真相为己任的新闻记者厄普顿·辛克莱（Upton Sinclair）根据其在芝加哥达哈姆家族的联合畜产品加工厂里的所见所闻写成的纪实小说，1906年2月出版，迅速在图书市场走红，很快被翻译成17种文字，直接导致美国出口到欧洲的肉类骤减了50%。书中写道：“食品仓库里垃圾遍地，污水横流。坏了的猪肉被搓上苏打粉去除酸臭味，毒死的老鼠被一同铲进香肠搅拌机……”*

就是这副耸人听闻的骨架，让老罗斯福彻底崩溃，他再也吃不下早饭了，但他还是无法相信辛克莱所描述的这一切。会不会是作者过度夸张的描述呢？鉴于此书引起的巨大影响力，老罗斯福邀请辛克莱来到白宫，在讨论中，辛克莱说服了总统派人调查此事的真伪。之后，劳动部部长查尔斯·尼尔和社会工作者雷诺兹根据调查情况写出了一份关于肉类加工业的调查报告，老罗斯福总统看到了更加触目惊心的事实，《屠场》中的描述，不过是冰山一角。

老罗斯福最终决定将此报告公之于世，从而推动美国国会通过了《纯净食品与药品管理法》与《肉类检查法》，并创建了美国食品药品监督管理局（U. S. Food and Drug Administration，FDA）的前身，要求对所有肉制品都要进行严格检验，美国食品药品从此慢慢安全起来，公众也逐渐恢复了信心。

“掷出窗外”的故事发生在美国的镀金时代。所谓“镀金时代”，指的是从南北战争结束到20世纪初的那一段美国历史。当时的美国，工业极速发展，社会财富急剧增长，但同时，商业投机风气猖獗，政治腐败严重，贫富差别急剧扩大，社会道德整体败坏，不少人以不正当手段发财致富，假冒伪劣产品充斥于市场之中，各种社会矛盾突然尖锐起来。有历史学家认为，这个表面上蓬勃发展的“黄金时代”，不过是一个“镀金时代”罢了。

1883年，美国一家报纸刊登了一幅政治漫画——“工厂的保护者”，形象地揭示了“镀金时代”美国社会的一个侧面。在这幅漫画里，一艘船的上面坐着几位大腹便便的工厂主和企业主，而在船的下面，在水中苦苦撑起这艘船的，则是一群衣衫褴褛的劳工。在这幅漫画中，社会剥削的意味呼之欲出。

在这样一个历史时期，1903年1月，《麦克卢尔》杂志1月号同时刊载了林肯·斯蒂芬斯的《明尼阿波利斯之羞》、埃达·塔贝尔的《美孚石油公司史：1872年石油战》和雷·贝克的《工作的权利》3篇文章，分别从政界、企业界和劳工界三大领域对美国社会进行无情揭露，掀起了长达10年的“扒粪运动”。

这场运动中的揭发者是 12 位男记者和 1 位女记者，他们撰写了 600 多篇黑幕揭发文章和 90 多本著作，占黑幕揭发文章总数的 1/3。厄普顿·辛克莱是其中最负盛名的“扒粪”者之一，1906 年以后的 30 年间，辛克莱继续创作揭露社会黑暗面的长篇小说，其中比较重要的有描写科罗拉多州煤矿工人罢工事件的《煤炭大王》(1917)，抨击垄断资本家并被改编成电影《黑金企业》的《石油》(1927)，揭露政治腐败和警察暴行的《波士顿》(1928) 等。

“扒粪运动”历时十余年之久，一些著名作家也参与其中，如弗兰克·诺里斯写的《章鱼》《深渊》，对一些大公司的种种恶行做了生动、逼真的揭露。罗斯福总统把从事揭露新闻写作的记者们挖苦为“扒粪男子”，把他们比喻为著名的宗教小说班扬的《天路历程》中的“扒粪者”，手拿粪耙，目不旁视，只知道朝下看，看不到任何美好的事物，满目都是地上的秽物。但他没想到的是，“扒粪”这一带有谩骂之意的词反而在那个特殊的历史时期得到了公众的“首肯”，成为一种受人赞许的尊称，记者们于是自称“黑幕揭发者”(muckraker，直译为“扒粪的人”)，“扒粪运动”之名由此得来。

“扒粪运动”不仅没有动摇美国社会的基础，反而促使社会猛醒，促其自我调节、改革，各种立法如潮水般涌来，涉及社会生活的方方面面。除了前面提到的《纯净食品和药物管理法》《肉类检查法》之外，《反托拉斯法》等法律也相继被制定。此外，“扒粪运动”还促使底层百姓、中产阶级乃至一些大资本家形成了改革共识，针对社会问题，全社会自上而下的改革措施陆续出台，在妇女选举权、创制权、复决权、罢免权、选民直接投票的预选、减少任官人数、比例代表制、住房、教育、劳工、社会保险和社会福利等方面，都做了重大改革。总之，“扒粪运动”推动了美国的“进步主义”运动，完善了社会制度建设，令“镀金时代”的美国社会转型安全“着陆”。

“扒粪运动”显示出了大众传媒是“监督权力的镜鉴”的强大力量，正如美国著名报人普利策所言：倘若一个国家是一条航行在大海上的船，新闻记者就是船头的瞭望者，他要在一望无际的海面上观察一切，审视海上的不测风云和浅滩暗礁，及时发出警告。

2015 年 9 月 3 日，3 岁的叙利亚小难民艾兰·库尔迪的遗体趴在海滩上的照片占据了欧洲各大报纸的头版，英国《每日邮报》惊呼：“人间惨剧的一个小遇难者!”意大利《共和国报》评论：“一张令世界沉默的照片。”这幅难民危机爆发以来最揪心的画面，引起了全世界的广泛震惊和反思，成为欧洲难民危机的转折点。德国宣布接受叙利亚难民不设上限；一直强硬的英国首相也改口说可以再接受几千人，并且承诺在未来 5 年内接受 2 万人；一直没表态的美国总统奥巴马也顶住共和党的压力宣布接受 1 万人。在德国的小镇，居民腾出后院准备安置难民；在奥地利，民众自发前往车站、边境迎接难民，提供援助；英国民众也在网上发起迎接难民的签名活动。

这张照片被认为可以列入历史上最具震撼力的照片之一。事实上，具有同样传播力的新闻案例还有很多，比如，1993 年，美国记者拍摄了一个因为饥饿濒临死亡的苏丹儿童，在她的身后有一只秃鹫虎视眈眈，这张照片引起了全球对苏丹大饥荒和苏丹内乱的关注；1972 年，越战期间，一张为躲避美军燃烧弹而裸奔的越南女孩的照片，激起了美国国内的反战浪潮，促使了越战的提前结束；1991年，谢海龙拍摄的安徽金寨渴望读书的一双“大眼睛”，成就了中国历史上最大规模的一次助学公益行动。

这种激荡人心的力量，就是媒体的力量，就是传播的力量。一张照片，一段新闻，可以提前结束一场战争，可以推动全社会对某个现象的共同关注，可以让各国的政治家乃至意见相左的民众暂时放下分歧，放下政治、经济、文化、宗教、法律、道德、安全、就业等方面的担忧和顾虑，迈出积极应对某个棘手问题的第一步。

时至今日，无论技术发展提供了怎样的媒体面貌，无论信息传播的载体是传统的广播、电视、报纸、杂志，还是新兴的互联网和手机移动媒体，从本质上来看，媒体依然是实现意见交流与沟通的社会纽带。传播，是一种基本的社会力量；信息，是一种基本的公共资源，这样的认知已经深入人心。1989年5月，习近平同志则在一篇名为《把握好新闻工作的基点》的文章中，写下这样一段话：“新闻学作为一门科学，与政治的关系很密切。但不是说新闻可以等同于政治，不是说为了政治需要可以不要它的真实性，所以既要强调新闻工作的党性，又不可忽视新闻工作自身的规律性。”因此，对于政府来说，一方面，要通过提供信息这一公共产品来满足公众的知情权，另一方面，还要正确面对舆论监督，允许并且欢迎媒体行使自己的舆论监督权，学会在媒体和公众监督下工作。

* 陈北元. 美国“食毒时代”如何由礼而治. 南方周末，2008-09-28.

案例思考题

你是如何认识媒体及其作用的？

第5章

危机管理中的网络舆论引导

在互联网时代，危机管理中不可回避的环节是对于网络舆论的引导。在危机沟通诸多内容和环节中，网络舆论引导是新媒体时期公共机构不可逾越的重点。

本章主要厘清网络舆论引导的概念及其与相关概念的关系，汇总网络舆论引导的规范性依据，阐述网络舆论引导需与时俱进的一般观念，提出网络舆论引导可供遵循的借鉴性原则。

重点问题

- 网络舆论引导的含义
- 网络舆论引导的法律依据
- 网络舆论引导的理念
- 网络舆论引导的原则

5.1 网络舆论引导概述

网络舆论是随着互联网发展并具备了汇聚社会舆论的功能之后产生的概念。网络舆论是社会舆论或公共舆论在互联网平台的呈现，因此，厘清网络舆论引导这一概念，需要首先了解与之相关的概念的定义。

5.1.1 网络舆论的内涵及特征

对舆论的研究由来已久，舆论学本身也已成为一个专门学科。在李普曼的《公共舆论》中，舆论被界定为“他人脑海中的图像——关于自身，关于别人，关于他们的需求、意图和人际关系的图像”①。换言之，李普曼认为舆论的概念界定应该从客体角度去考虑，是一种公共事务中客体对主体的认知。之后的学者大多接受了李普曼从客体角度界定舆论的方法。即便如此，迄今为止关于舆论的概念仍然有很多，学界从传播学、社会学、社会心理学等多个角度做了不同的界定，在此不再赘述。

在本书中，对于舆论的界定同样接受了李普曼的客体视角。此外，本书对于舆论的关注不是一种广义的范畴，而是限定于公共舆论，即与公权力及其运转产生关系的舆论。由此，本书认为，公共舆论是民众对于某个公共议题的意见表达。

相应地，网络舆论在本书中同样限定于其公共属性，指的是民众对于某一个公共议题通过互联网媒介进行的意见表达。当然，随着互联网信息技术的发展，可资民众表达意见的互联网媒介已经日趋多元化。

由于互联网信息技术深刻变革了信息传播的模式，网络舆论较之于传统公共舆论产生了一些明显的特征。尚明生等认为其主要表现为五个方面：一是直接性。由于互联网的匿名特点，多数网民会自然地表达自己的真实观点，反映自己的真实情绪，因此网络舆论相对比较客观地反映了现实社会不同群体的价值观念和情绪心态。二是突发性。网民个体意见可以迅速地汇聚起来形成公共意见，各种渠道的意见也可以迅速互动，网上与网下相互影响，迅速形成强大意见声势。三是丰富性。网络舆论的主题极为宽泛，话题的确定往往是自发、随意的，任何人都拥有选择主题、话题和内容的自由。因而，网络舆论的内容包罗万象，各种文化类型、思想意识、价值观念、生活准则、道德规范都可以找到立足之地。四是互动性。在对某一个问题或事件发表意见、进行评论的过程中，常常有许多网民参与讨论，网民之间经常形成互动场面，相互探讨、争论、交汇、碰撞，甚至出现意见交锋。五是偏差性。由于受各种因素影响，一些网上发言缺乏理性，较为感性化和情绪化，甚至有些人把互联网作为发泄情绪的场所。有时候，网民间的情绪还会相互感染，使得网络舆论与其原有意见产生一定程度的偏离②。李未柠等则归纳了以微博为媒介的网络舆论六大特征：传播速度快聚合广、谣言滋生混淆真相、情绪宣泄放大不满、恶搞增添娱乐色彩、人肉为质疑增线索、话语权更去中心化③。

归纳当前的研究，网络舆论的特征可用即时性、无界性、裂变式、互动性、碎片化、易偏性等来概括。

一是即时性。即时性是网络舆论区别于传统公共舆论的首要区别。在传统媒体时期，社会舆论要转变为公共舆论，需要经历传统媒体的发行周期，通常都需要一定的时间。在互联网媒体出现后，特别是微博、微信、手机移动客户端等新兴网络传播媒介出现以来，每个公民个体都可以随时随地通过网络表达意见，完全不受时间和空间的束缚。对于网络舆论即时性的唯一约束，已经转变为了对电量和网络信号等条件。这也是为何网络出现了“修订”马斯洛的需求层次理论的调侃——民众的最低心理需求转变为了对手机电量和网络信号的需求。

---

① 李普曼. 公共舆论. 阎克文，江红，译. 上海：上海人民出版社，2002：23.
② 尚明生，等. 舆情信息分析与处理技术. 北京：科学出版社，2015：4-5.
③ 李未柠，窦含章. 微时代危管理. 北京：中共中央党校出版社，2011：1-6.

二是无界性。在空间特征上，传统媒体时期的公共舆论在很大程度上表现为区域性舆论，网络舆论则完全打破了空间上的限制，显示出没有国界、地区限制的特征。在任何一个地点发生的突发事件，只要其具有足够的敏感性或争议性，都可能成为一个全国性乃至全球性的热议话题。

三是裂变式。这是新媒体出现，特别是微博出现以后的网络舆论特征。由于是一个完全开放性的网络媒体平台，每个微博用户都可以关注另外一个微博用户，可以随意转发任何微博用户的信息。在一个公共议题中，信息传播会随着一个传播者及其微博粉丝的几乎无穷尽地转发而迅速传遍网络。随着新媒体技术的多元化和媒体融合的出现，网络舆论的裂变式传播不单表现为单类别媒体内的链式传播，还表现为不同类别网络媒体的交织性传播。

四是互动性。在传统媒体时期，舆论信息的传播基本上是单向式的，即媒体发布信息，受众被动地接收。网络舆论信息的传播则不同，由于公民个体同样拥有了通过互联网平台发布信息的权限，在突发事件的讨论中，任何公民个体都可以通过不同的网络平台对事件进行评论，还可以与事件的责任主体或监管主体进行互动，例如与公共机构的政务微博账号、微信公众号、手机客户端进行交流互动等。

五是碎片化。碎片化是新媒体出现后的网络舆论特征之一。在新媒体出现之前，无论是传统媒体，还是网络新闻、网络社区等承载的舆论，都可以很快从中找寻公共讨论的聚焦性议题以及引导意见的主要媒体。但在新媒体时期，意见表达随着新传播媒介的出现而变得难以聚焦，在呈现多元化的同时，更表现为碎片化的特点，不同媒体在关注时同样也由于关注角度、受众群体的不同而取向各异。

六是易偏性。网络舆论的易偏性主要表现为两个方面：其一，话题或焦点的去中心化，即随着事件的发展而越来越偏离事件本身，而逐渐关注与事件先关的衍生、次生信息；其二，不实信息或谣言频发并冲淡事件本身的议题。

5.1.2 网络舆论的功能

一般来说，网络舆论具有信息、认识、教育、导向、沟通、监督与制约等多重功能①。然而，近年来的一系列网络热点事件确实对公共权力带来了极大压力和挑战，甚至个别部门在此中深陷“公信力危机”，更极端时可能还出现了网络舆论影响司法公正的现象。这使得网络舆论的监督与制约功能在公共部门工作人员的观念中得到了强化。

尽管网络舆论的监督与制约功能较之于其他监督方式作用更为突出，但不能因噎废食，无视或否定网络舆论的正面和积极意义。实际上，从历史发展的眼光来看，网络舆论“发酵”的社会意义在某种程度上远远大于其所带来的压力，归纳起来，大体可以表现为五个方面。

1. 倒逼真相

经过40多年的改革开放，我们的政府和社会开放的程度越来越高，特别是2008年

---

① 栗鑫. 网络舆论功能的社会心理学分析. 青年记者，2009（9）：47-48；王天意. 网络舆论的功能及社会效应. 海南广播电视大学学报，2006（3）：72.

《政府信息公开条例》实施以后，政府信息公开的态度更加积极，方式更加多元化，内容更加具体和细致。与此形势不相称的是，我们依然能够看到各种本应公开而没有公开，甚至刻意隐瞒的现象时有发生。例如，在 2012 年 12 月至 2013 年 1 月间，山西省就连续发生了两起安全生产事故瞒报事件，一起为南吕梁山隧道爆炸事故，另一起为长治市苯胺泄漏事故，经媒体曝光后对政府形象造成了极大损害。网络舆论“发酵”的倒逼真相意义，在于使事实在网络这一聚光灯下得以逐步呈现，使试图隐瞒的做法变得日益困难，使试图隐瞒者变得有所顾忌。

2. 意见传达

为了最大程度了解社情民意，党和政府探索建立了形式多样的民意表达机制，包括司法、行政、信访、媒体、内参等。然而，再完善的机制也总会遭遇阻碍民众表达诉求的行为，如截访等，致使民意不能畅通地传达到有关部门。网络舆论“发酵”是一种最直接表达意见的方式，通过对热点事件的讨论，民众可以在相对宽松的环境下畅所欲言，就某个问题表达出各种不同的观点，从而汇集出各种精彩的建议和意见。为了适应形势的发展，各级政府及其部门目前都已经建立起了一套比较庞大的政务微博体系，以便通过网络及时了解民情并适时地进行沟通。据有关报告，截至 2012 年底，我国政务微博账号数量已经超过 17 万个，较 2011 年底增长近 2.5 倍。从政府的角度来看，政务微博的一个基本功能是舆情监测，即搜集网络上的相关舆论信息。而从民众的角度来看，政务微博的网络舆论监测功能实际上也是民众的一种意见传达的直接渠道。当民众需要就某个事件或问题发表意见，并希望有关部门了解时，在其通过微博发表意见的同时，通常都会“@”一下有关部门的政务微博。此时，其意见就自然地为该政务微博的管理人员所了解。当然，由于政务微博每天要接收海量信息，管理人员不可能将所有民众的意见和建议都向上反映。但是，如果某个事件或问题经过网络舆论的“发酵”，则必然会被相关部门所重视。目前，一些政务微博管理得好的地区和部门，基本都能够做到至少每天有一期网络舆论报告，甚至在重大网络舆论事件时每天有几期网络舆论专报，为民意的有效传达提供了十分有效的渠道。

3. 权力监督

经过多年的发展，我国政府在立法和司法等法治化建设工作方面取得了长足进展，各级政府及部门依法行政的能力也得以较大提升，公共权力的使用越来越法治化和规范化。但是，滥用公共权力、暴力执法、权力腐败等现象仍并不少见。2013 年 5 月 31 日，陕西延安城管“跳起踩踩”商户的暴力执法事件引发公愤。在现代国家，媒体对于权力的监督发挥着重要作用。作为媒体的一种，网络较之于传统媒体的传播力量更为强大，对权力监督也更有成效。“不雅视频事件”从网络曝光到涉事官员被免职，仅用了 63 小时，突破了以往的反腐效率。此后的“房叔”“房姐”等事件，有关部门的处置和回应更为快速。这些都表明网络舆论的“发酵”对于权力监督的作用大为加强。与此同时，我们需要反思的是，如果没有微博等自媒体，已经被依法处置的贪腐者会“落马”吗？网络反腐不能成为惩治腐败的“本”，而应强化司法机关的作用。此外，在网络积极功能显现的背景下，如何将网络的权力监督功能纳入法治化进程，如网络实名举报是否受理、如何受理、如何与现行机制衔接等诸多问题，都是值得深入研究的。

4. 社会减压

我国处于经济高速发展期和社会转型期，快速发展过程中不可避免出现的一些问题，也一定程度形成和激化了社会矛盾，甚至在有些时候还演变成诸如群体性事件、“厦门公交纵火案”之类的社会冲突。为缓解民众情绪，政府努力探索了多种措施，如领导干部接访、重大项目投资社会风险评估等。实际上，在自媒体时代，网络既是一个压力源，给公共机构带来了巨大舆论压力，同时也是一个减压阀，可以一定程度缓解社会消极情绪。当社会公众遇到困难或挫折时，他们很容易将相关问题发布到网上。然而，这并不意味着他们对政府或社会充满仇视，而更多的是一种情绪宣泄或者是寻求网友帮助。有些时候，网民将某个问题或事件诉诸网络之后，自己都不再关心了，反倒是一些部门的过激处置方式激化了矛盾。网络舆论“发酵”的另一层社会减压意义体现在：当某个问题或事件经过网络“发酵”后，势必引起有关部门的重视，引以为戒，加大管理力度，形成防范机制，从而减少类似问题或事件的发生，促成社会减压机制的建立。

5. 推动改革

2003 年被称为“网络舆论元年”，原因是当年 3 月的“孙志刚事件”经过网络的助推，促使“收容遣送”制度被废除。多年后，网络舆论的“发酵”推动改革的功能更加明显。2011 年的“甘肃校车事件”很快推动了《校车安全条例》在次年的颁布。而 2012 年的两个事件也推动了一项制度的变革。一件是湖南的“唐慧事件”。唐慧因不满法院对其女儿被迫卖淫案的判决而采取堵门的方式上访，被永州市公安局处以劳动教养 1 年 6 个月，经其律师曝光于网络后引发舆论一片哗然。另一件是重庆的“任建宇案”。大学生村官任建宇因转发了几条微博内容，而被处罚劳动教养 2 年，后经起诉后判决撤销。舆论对两个事件所关注的一个共同点是：劳动教养的“自由裁量权”太大，可以决定某个人 6 个月至 4 年的劳教。因此，网络上发起了要求“废除劳教”的行动。2013 年 1 月，在全国政法工作会议上，中央政法委宣布年内停止劳教制度，并宣布推进劳教制度改革是 2013 年的政法工作会议的重点之一。可以预见，网络舆论“发酵”将继续推动我国向更加法治、文明、规范的方向前进。

正是由于网络舆论的上述积极功能，2003 年以来，网络社会与中国现实社会的互动日益深入，这突出表现为网络舆论对于社会的深层干预与影响。网络舆论在促进信息公开、加强对政府工作的监督、促进公民的社会参与以及推动中国社会的民主进程等方面都产生了一定的作用①。

5.1.3 危机管理中的网络舆论引导

舆论引导是危机沟通中的重要阶段，网络舆论引导也已成为应急管理或危机管理中一项不可或缺的工作。现实突发事件导致网络舆论的产生，网络舆论一经形成则反过来又对突发事件产生影响。在突发事件中，网络舆论就是一把“双刃剑”，如果运用得当则能发挥积极作用，从而有利于突发事件所产生的负面影响的化解；反之，则不仅不利于现实突

① 彭兰. 关于中国网络舆论发展中几组关系的思考. 国际新闻界，2009 (12)：75.

发事件的解决，甚至会引发次生问题。而伴随互联网的快速发展，网络舆论场逐渐强大，网络舆论对突发事件的影响和冲击还将不断增强①。

在本书中，危机管理中的网络舆论引导指的是突发事件涉及的公权力主体在事件处置过程中，在网络空间回应公众或媒体对事件本身的关切的工作，旨在平息社会情绪、化解公共危机和维护自身公信力。这一界定包含了网络舆论引导四个层次的含义。

第一，网络舆论引导的范围针对的是公共事件。网络上媒体都会关注很多议题，但并非所有议题都涉及公权力，例如某个明星离婚、吸毒等，都是公众高度关注的内容，却非本书网络舆论引导所指涉的范围。只有与突发事件有关的议题才构成本书所指网络舆论引导的范畴。

第二，网络舆论引导的主体是突发事件涉及的公共机构。在一个突发事件中，网络舆论涉及的主体可能存在多个，包括政府、媒体、公众等。在本书中，网络舆论引导的主体特指的是突发事件所涉及的公权力主体，即公共机构。当然，在一起突发事件中，可能存在多个公共机构、多个责任主体或监管主体，都构成了该事件中网络舆论引导的主体。

第三，网络舆论引导的内容是回应来自网络媒介的意见和关切。由于媒介融合的趋势越来越强，网上网下的意见叠加和汇总在一起，很多时候难以准确区分哪些意见来自网下，哪些意见来自网络。即便如此，可以确定的现实是，网络已经越来越将网下和网上的意见汇聚到一起。因此，无论是回应网络上的意见和关切，还是通过网络平台回应公众关切，都构成了网络舆论引导的主要内容。

第四，网络舆论引导的目的是平息社会情绪、化解公共危机和维护自身公信力。网络舆论引导的首要目的是平息突发事件中的社会情绪，为突发事件的处置提供意见汇聚和反馈的保障。同时，从化解公共危机的角度而言，网络舆论引导本身就是危机管理的内容，后者又构成了网络舆论引导的目的之一。此外，无论是平息社会情绪，还是化解公共危机，公共机构的最终目的都是维护自身公信力，因而公共机构也成为网络舆论引导的核心目的。

5.1.4 网络舆论引导研究现状②

中外学界对网络舆论突发事件的探讨主要集中在突发事件网络舆论的形成机理、网络舆论的基本特征、网络舆论引导的必要性及意义、网络舆情引导存在的问题、网络舆论引导的实现方法及策略等方面。

5.1.4.1 突发事件网络舆论的形成机理

诺尔-诺伊曼提出了沉默的螺旋理论，发现网络舆论形成中意见一方的沉默会造成另一方意见势力的增强，如此循环往复形成的舆论从客观上推动了社会一体化进程，保障了观念和行为达到足够一致的水平③。凯斯·桑斯坦通过对 60 个政治网站的随机研究发现，

---

① 唐庆鹏. 论突发事件的网络舆论引导：理性审视、现实困境及政策趋向. 电子政务，2015（2）：49.

② 彭劭莉. 突发事件网络舆情引导研究综述. 电子政务，2013（3）：38-43.

③ Noelle-Neulnannn E. The spiral of silence：public opinion-our social skin. Chicago：The University Chicago Press，1993：101-102.

舆论在网络上聚集后发生群内同质化、群际异质化，易造成群体意见极化倾向①。高岩认为，突发事件发生后，针对所发生的事件，“网络舆论制造者”经过网络媒体报道反映或评价后，一旦引起网络受众的关注与讨论，便会产生网络舆论热点，其思想认识和观点态度等在网络的信息交流中通过模仿、暗示、顺从等逐渐趋于一致，形成网络舆论②。邢彦辉等认为，当网络舆论尚未形成时，需要经过一个信息酝酿期，之后受到信源、受众、环境三方面的影响，舆情表现出不同的特征，并且在形成过程中经过组装、映射、创造、重构和传播，最后在网络空间中聚焦，达成群体共识，形成同质性的关系网络③。

5.1.4.2 突发事件网络舆论的特征

北京大学青年研究中心认为，突发事件网络舆论呈现两大主要特点：其一是持续周期长，后续关联影响大；其二是易以非理性或失真的状态向社会媒体传播④。李伟东从高校突发事件网络舆论的角度出发，认为在学校突发事件情境下，网络舆论会呈现出无序和先入为主的特点⑤。王贤等深入研究了汶川地震时期的网络舆论，认为其特征表现为民意表达的渠道不畅和民众知情权的不充分两个方面⑥。唐喜亮认为，突发事件网络舆论的特征主要体现在几个方面：一是网络舆论来源的广泛性，二是网络舆论主体的匿名性，三是网络舆论传播的个性化与群体性并存，四是网络舆论的突发性，五是网络舆论产生巨大的群体压力⑦。陈宇认为，突发性公共事件中网络舆论呈现出舆论突发性与传播快速性、主体多元性与主题集中性、聚焦持续性与过程交互性、信息偏差性和结果放大性等一系列特征⑧。

5.1.4.3 突发事件网络舆论引导的必要性及意义

帕特里夏·莫伊等认为，突发事件的网络舆论直接影响传统媒体的初期报道，突发事件网络舆情的引导失当可能使事件由地方性事件转变为全国性事件⑨。有学者以东印尼的摩鹿加（Moluccan）冲突为研究个案得出结论：网络自身不可能解决冲突双方的矛盾，双方带着不同目的性的舆论言语反而会使双方的矛盾鸿沟扩大⑩。秦均华认为，突发事件已经严重影响到了社会稳定和经济发展，基于对解决突发事件自身发展隐藏的危机和社会主义和谐社会建设层面的考虑，对突发事件网络舆论理性、正确的引导是各级政府的必然选择⑪。曾润喜等认为，突发事件都具有一定的危害性，充分运用网络舆论的有利因素，切

---

① 桑斯坦．网络共和国：网络社会中的民主问题．黄维明，译．上海：上海人民出版社，2003：50-51.

② 高岩．涉警突发事件网络舆情引导．中国人民公安大学学报（社会科学版），2010（4）：47-51.

③ 邢彦辉，丁咪．群体性事件网络谣言形成、传播及控制．中国记者，2010（9）：62-63.

④ 北京大学青年研究中心．高校突发事件的网络舆论引导模式研究初探．北京教育，2011（7）：29-32.

⑤ 李伟东．学生危机事件情境下的高校网络舆论引导．思想教育研究，2011（7）：49-52.

⑥ 王贤，薛小荣．突发公共事件中的网络舆情危机与政府治理：以汶川地震时期的网络舆情为分析．信息与电脑，2009（11）：78-80.

⑦ 唐喜亮．我国突发公共事件的网络舆情研究．成都：电子科技大学出版社，2008.

⑧ 陈宇．论突发性公共事件中网络舆情的有效监管．福州党校学报，2010（1）：27-30.

⑨ Zhou Y，Moy P. Parsing framing processes：the interplay between online public opinion and media overage. Journal of communication，2007，57（1）：79-98.

⑩ Brauchler B. Public sphere and identity politics in the moluccan cyberspace. The electronic journal of communication，2004，14（3）.

⑪ 秦均华．我国突发事件网络舆论引导策略浅析．文化纵横网，2012-05-15.

实提高应对突发事件的引导能力，是新形势下对高校管理和发展的一项重要考验[①]。王灵芝认为，突发事件的网络舆论会出现重复传播、重复影响的情况，会再次令事件引发新的关注，使本来已经平息的事态死灰复燃，给有效解决高校突发事件造成了很大阻碍，所以引导突发事件网络舆论是完全根除“舆情危机”的唯一途径[②]。

5.1.4.4 突发事件网络舆论引导存在的问题

蔡晓平等认为，目前突发事件网络舆论引导存在方式单一、引导观念落后，制度缺乏、引导效率较低，认识不足、引导深度不够，队伍薄弱、引导力度偏小等问题[③]。彭铁元认为，一些地方政府以安全为理由，在网络舆情引导中滥用网络监管技术的倾向也值得警惕[④]。曾润喜等认为，由于目前绝大部分高校现有的网络舆论管理与控制体系采用传统的自上而下的垂直管理方式，所以网络舆论引导应急准备不足、响应速度较慢，另外还存在处置方式被动、硬性指令过多等问题[⑤]。金太军等认为，当前中国一些地方政府存在着对突发事件网络舆论引导不当的问题，突出表现在三个方面：一是拖延应对，突发事件发生后往往采取“瞒、压、拖”的“鸵鸟政策”，主动放弃了舆论引导权；二是虚情应对，突发事件发生后不敢公布事件真相，或者公布时语焉不详、信息发布不慎重；三是缺位应对，表现为政府缺位以及应对机制不健全等[⑥]。

5.1.4.5 突发事件网络舆论引导的实现方法及策略

1. 重视对舆论的汇集、分析与监控

蔡晓平等认为，应以引导需求为导向，有选择地汇集舆论信息，以是否急需引导作为导向，选择性地汇集舆论信息；以引导方式为重点，分门别类分析舆论，以便对不同种类的舆论进行引导，采取不同的策略和方式[⑦]。阿布都瓦依提·尼亚孜认为，要设立专门机构，对网上舆论和信息进行“全天候”的收集、整理和分析，积极开展网上新闻跟帖、音视频跟踪调查，及时掌握网上舆论动向；要特别重视对电子公告板和各类网络论坛的监控，密切关注损害国家安全、破坏民族团结和可能诱发社会动乱的信息源[⑧]。

2. 增强舆论引导能力，积极营造网上主流舆论

秦健认为，应鼓励党政领导干部、各部门新闻发言人、宣传文化管理部门的干部、理论工作者等开办博客等，主动围绕突发公共事件阐释党和国家的方针政策，有针对性地引导网上舆论[⑨]。唐喜亮认为，在突发公共事件中，公众最信赖的仍然是主流媒体的声音。从突发公共事件的发生直至结束，甚至是事件发生前的征兆预警，媒体始终扮演着重要角色，发挥着不可替代的作用，因此，应加强政府官方网站建设，发挥主流媒体作用，营造网上主流舆论[⑩]。

---

①⑤ 曾润喜，王国华，徐晓林. 高校网络舆情的控制与引导. 情报理论与实践，2009（11）：79-82.

② 王灵芝. 高校学生网络舆情分析及引导机制研究. 长沙：中南大学出版社，2010.

③⑦ 蔡晓平，李海云. 高校网络舆情诊断及引导研究：以广东省高校为例. 高教探索，2011（6）：27-30.

④ 彭铁元. 网络风暴催生舆论引导新格局. 军大舆情网，2012-04-15.

⑥ 金太军，苑丰. 积极引导网络舆情，有效应对突发事件. 中国社会科学报，2011（12）.

⑧ 尼亚孜. 浅析维吾尔文网站网络舆情引导和控制. 新闻世界，2010（7）：204-205.

⑨ 秦健. 群体性事件网络舆论的引导和控制. 当代世界与社会主义，2011（4）：151-152.

⑩ 唐喜亮. 我国突发公共事件的网络舆情研究. 成都：电子科技大学出版社，2008.

3. 抓住网络受众心理，把握突发事件的规模、程度

高岩认为，应探究网络受众从哪个视角和层面上看待涉警突发事件、如何评价涉警突发事件以及评价些什么等问题，并且应有牢牢抓住网络受众眼球的表达技巧和使网络受众心悦诚服的谋略设计。作者运用首因效应、月晕效应等分析网络受众心理，认为公安机关在网络舆论传播引导过程中，需要依据网络舆论传播的受众、事件、时间等具体情况而确定网络舆论传播主体的选择和组成等①。曾润喜等认为，应密切跟踪信息或倡议的转载、传播、扩散，努力把握和控制各个网络媒体的受众范围、层次、规模等，以了解和把握可能引发的突发事件的规模、程度等信息，为有效控制和治理突发事件提供决策依据和信息②。

4. 构建舆论引导模式和机制，实现系统化引导

冯洁认为，构建网络舆论引导的内部、外部机制是实现系统化引导突发事件网络舆论的有效途径，内部机制的构建包括发挥网络“公民新闻”的活跃因素，提高“网络空间”的舆论自净能力，充分发挥网络空间“意见领袖”的引导作用等；外部机制的构建包括传统媒体借助自身优势引导网络舆论，制定文明上网专项法规等内容③。北京大学青年研究中心提出了在突发事件网络舆论处置过程中实现舆论转化的“一个目标、两线预警、三次干预、四类引导、五项转化”的“12345”网络舆论引导模式，其中“一个目标”是指通过建设和维护健康有序的网络舆论环境，来确保校园环境的和谐稳定与青年群体的健康成长；“两线预警”包括内部预警和外部预警；“三次干预”包括引导舆论于始发、化解矛盾于未然、澄清误解于已然三个方面；“四类引导”包括与学生直接利益直接相关的社会事件引导、与学生直接利益非直接相关的社会事件引导、与学生直接利益非直接相关的校园事件引导、与学生直接利益相关的校园事件引导；“五项转化”包括文献历史资料归档整理、青年思想动态研究、舆情传播规律研究、学校管理事务改革提高、高校主流网络阵地建设发展④。

5. 加强引导法律规制，实现制度保障

郑保章认为，制定严格的网络准入制度是引导网络舆论最好的办法之一。在公共上网场所实行实名制，通过用户的IP地址可以查到相关责任人员的情况下，一旦发现不恰当的言论，可以及时责任到人，从而实现对网络媒体公共舆论的控制和引导，对非法接入互联网的用户予以禁止接入的处罚⑤。郭志伟认为，建立公开透明、及时有效的信息发布制度是引导高校网络舆论最好的办法之一。新闻发言人制度的主体通过定期发布一些权威的、经过审定的信息来引导学生，从而引导舆情，协调学校管理者和学生沟通之间的矛盾⑥。

6. 加强引导技术防范，实现技术保障

郑保章认为，从技术层面上进行信息过滤是对舆论实施有效引导的一个十分重要的手

① 高岩. 涉警突发事件网络舆情引导. 中国人民公安大学学报（社会科学版），2010（4）：47-51.

② 曾润喜，王国华，徐晓林. 高校网络舆情的控制与引导. 情报理论与实践，2009（11）：79-82.

③ 冯洁. 建构和谐有序的网络舆论机制：试论“网络公审”之舆情现状及引导对策. 杭州：浙江大学，2007.

④ 北京大学青年研究中心. 高校突发事件的网络舆论引导模式研究初探. 北京教育，2011（7）：29-32.

⑤ 郑保章. 大连网络媒体舆情疏导研究. 大连：大连理工大学出版社，2011.

⑥ 郭志伟. 高校网络舆情的现状与引导. 长沙：中南大学，2010.

段。首先，推行使用带有信息过滤和分级功能的浏览器；其次，可以使用专用的信息过滤软件。对于广域网来讲，只要在入口网关将不允许访问的信息进行封锁过滤，就可以有效地防止信息进入广域网[①]郭志伟认为，应从技术上防范有害舆论的传播，引导网络舆论。高等学校应根据有关法律法规的规定，并结合本校实际，采取舆论信息需求要点通报、重要舆论信息限时报送、舆论定期分析、网上有害信息报送、舆控人员虚拟身份管理、上网人员实名登记、在校学生虚拟身份管理、重点论坛管理等一系列制度防范有害舆论的传播[②]

5.2 网络舆论引导的法律依据

作为危机管理中的重要内容，网络舆论引导固然需要注重策略和技巧，但以公共机构为主体的网络舆论引导在任何时候都需要遵循相关的法律、政策和规定。要有效引导网络舆论，更好地发挥网络舆论的积极作用，最大限度地消解其负面影响，构建和谐健康向上的网络文化，必须要有完备的法律机制做保障[⑤]。

在这一点上，国外的主要做法有：从顶层设计上部署国家网络安全战略指导发展，通过专门立法制定多层次专门性规范相互配合，签订国际公约联合惩治网络犯罪，加强国际合作等[⑥]。

近年来，中国在网络舆论引导方面的法治化建设也取得了较大突破，出台了一系列法律法规和政策，逐步提升网络舆论引导的法治化水平。现阶段，在网络舆论引导方面涉及的法律规定主要包括三类：网络信息传播、突发事件管理和公众知晓权保障。

5.2.1 网络信息传播类法律

截至2016年底，有关部门正式颁布并实施的涉及网络舆论管理的网络信息传播类方面的规定主要有10部（见表5－1），从政策上规范网络行为。

表5－1 网络信息传播类法规

实施时间	颁布机构	规定名称	规定主旨
2000.12.28	全国人民代表大会常务委员会	关于维护互联网安全的决定	促进我国互联网的健康发展，维护国家安全和社会公共利益，保护个人、法人和其他组织的合法权益

① 郑保章．大连网络媒体舆情疏导研究．大连：大连理工大学出版社，2011.

② 郭志伟．高校网络舆情的现状与引导．长沙：中南大学，2010.

⑤ 刘青．试论网络舆论引导的法律保障机制．行政与法，2012（6）：33.

⑥ 陈媛，吐尔逊．论网络舆情法律规制的国外经验及其启示．情报理论与实践，2016（2）：44-47.

续前表

实施时间	颁布机构	规定名称	规定主旨
2005.09.25	国务院新闻办公室、信息产业部	互联网新闻信息服务管理规定	规范互联网新闻信息服务，满足公众对互联网新闻信息的需求，维护国家安全和公共利益，保护互联网新闻信息服务单位的合法权益，促进互联网新闻信息服务健康、有序发展
2013.09.10	最高人民法院、最高人民检察院	关于办理利用信息网络实施诽谤等刑事案件适用法律若干问题的解释	保护公民、法人和其他组织的合法权益，维护社会秩序
2014.08.07	国家互联网信息办公室	即时通信工具公众信息服务发展管理暂行规定	进一步推动即时通信工具公众信息服务健康有序发展，保护公民、法人和其他组织的合法权益，维护国家安全和公共利益
2015.03.01	国家互联网信息办公室	互联网用户账号名称管理规定	加强对互联网用户账号名称的管理，保护公民、法人和其他组织的合法权益
2015.06.01	国家互联网信息办公室	互联网新闻信息服务单位约谈工作规定	进一步推进依法治网，促进互联网新闻信息服务单位依法办网、文明办网，规范互联网新闻信息服务，保护公民、法人和其他组织的合法权益，营造清朗网络空间
2016.08.01	国家互联网信息办公室	互联网信息搜索服务管理规定	规范互联网信息搜索服务，促进互联网信息搜索行业健康有序发展，保护公民、法人和其他组织的合法权益，维护国家安全和公共利益
2016.08.01	国家互联网信息办公室	移动互联网应用程序信息服务管理规定	加强对移动互联网应用程序（App）信息服务的管理，保护公民、法人和其他组织的合法权益，维护国家安全和公共利益
2016.12.01	国家互联网信息办公室	互联网直播服务管理规定	加强对互联网直播服务的管理，保护公民、法人和其他组织的合法权益，维护国家安全和公共利益
2017.06.01	全国人民代表大会常务委员会	网络安全法	保障网络安全，维护网络空间主权和国家安全、社会公共利益，保护公民、法人和其他组织的合法权益，促进经济社会信息化健康发展
2020.03.01	国家互联网信息办公室	网络信息内容生态治理规定	建立健全网络信息治理体系，加强和创新互联网内容建设，落实互联网企业信息管理主体责任，全国提高网络治理能力，营造清朗的网络空间

资料来源：国家互联网信息办公室网。

仔细分析管理部门所颁布的网络信息传播管理规定，其管理的逻辑脉络清晰可见。

其一，规范网络行为主体。2015 年 2 月 4 日，《互联网用户账号名称管理规定》颁布并于 3 月 1 日开始实施。该规定明确界定了互联网用户账号包括“机构或个人在博客、微博客、即时通信工具、论坛、贴吧、跟帖评论等互联网信息服务中注册或使用的账号名称”。同时，该规定明确了互联网用户账号使用中的一些禁止性行为，包括：违反宪法或法律法规规定的；危害国家安全，泄露国家秘密，颠覆国家政权，破坏国家统一的；损害国家荣誉和利益的，损害公共利益的；煽动民族仇恨、民族歧视，破坏民族团结的；破坏国家宗教政策，宣扬邪教和封建迷信的；散布谣言，扰乱社会秩序，破坏社会稳定的；散布淫秽、色情、赌博、暴力、凶杀、恐怖或者教唆犯罪的；侮辱或者诽谤他人，侵害他人合法权益的；含有法律、行政法规禁止的其他内容的①。这些规定在确立了网络行为主体的行为规范的同时，也为管理部门在发现违反规范的行为采取措施提供了政策依据。

其二，规范网络信息平台。2014 年 8 月 7 日颁布并实施的《即时通信工具公众信息服务发展管理暂行规定》和 2005 年 9 月 25 日颁布并实施的《互联网新闻信息服务管理规定》是规范网络信息平台的两份重要文件。前者界定了即时通信工具——“基于互联网面向终端使用者提供即时信息交流服务的应用”，并要求“即时通信工具服务提供者应当取得法律法规规定的相关资质。即时通信工具服务提供者从事公众信息服务活动，应当取得互联网新闻信息服务资质”。“即时通信工具服务提供者应当落实安全管理责任，建立健全各项制度，配备与服务规模相适应的专业人员，保护用户信息及公民个人隐私，自觉接受社会监督，及时处理公众举报的违法和不良信息。”② 后者则是界定互联网新闻信息服务单位，包括：新闻单位设立的登载超出本单位已刊登播发的新闻信息、提供时政类电子公告服务、向公众发送时政类通信信息的互联网新闻信息服务单位；非新闻单位设立的转载新闻信息、提供时政类电子公告服务、向公众发送时政类通信信息的互联网新闻信息服务单位；新闻单位设立的登载本单位已刊登播发的新闻信息的互联网新闻信息服务单位。该规定还要求互联网新闻信息服务单位要有健全的互联网新闻信息服务管理规章制度；有 5 名以上在新闻单位从事新闻工作 3 年以上的专职新闻编辑人员；有必要的场所、设备和资金，资金来源应当合法③。2016 年，国家互联网信息办公室又连续出台了《互联网信息搜索服务管理规定》《移动互联网应用程序信息服务管理规定》《互联网直播服务管理规定》，分别规范网络信息搜索平台、手机移动客户端、网络直播平台等的运营。

其三，规范网络信息内容。《互联网新闻信息服务管理规定》，明确了作为网络信息重要内容之一的新闻信息的内涵：“新闻信息，是指时政类新闻信息，包括有关政治、经济、军事、外交等社会公共事务的报道、评论，以及有关社会突发事件的报道、评论。”④ 在禁止性内容上，该规定所确定的范围与《互联网用户账号名称管理规定》禁止的内容大体

---

① 国家互联网信息办公室．互联网用户账号名称管理规定．中国国家互联网信息办公室网，2015-02-04．

② 国家互联网信息办公室．即时通信工具公众信息服务发展管理暂行规定．中国国家互联网信息办公室网，2015-08-07．

③④ 国务院新闻办公室，信息产业部．互联网新闻信息服务管理规定．中国国家互联网信息办公室网，2005-09-25．

相同。更加强化的是，《互联网新闻信息服务管理规定》专门用第五章明确了从事互联网新闻信息服务需要承担的法律责任，根据情节轻重，包括责令改正、责令停止违法活动、罚款、停止互联网信息服务、责令互联网接入服务者停止接入服务、对负有责任的主管人员和其他直接责任人员依法给予行政处分、构成犯罪的依法追究刑事责任等。在内容方面，《即时通信工具公众信息服务发展管理暂行规定》对可以发布时政类新闻的即时通信工具进行了区分："新闻单位、新闻网站开设的公众账号可以发布、转载时政类新闻，取得互联网新闻信息服务资质的非新闻单位开设的公众账号可以转载时政类新闻。其他公众账号未经批准不得发布、转载时政类新闻。"① 《网络安全法》则要求："网络运营者应当加强对其用户发布的信息的管理，发现法律、行政法规禁止发布或者传输的信息的，应当立即停止传输该信息，采取消除等处置措施，防止信息扩散，保存有关记录，并向有关主管部门报告"。

其四，建立违规制约机制。2015年4月28日颁布并于6月1日实施的《互联网新闻信息服务单位约谈工作规定》建立了互联网新闻信息服务单位约谈制度，界定约谈"是指国家互联网信息办公室、地方互联网信息办公室在互联网新闻信息服务单位发生严重违法违规情形时，约见其相关负责人，进行警示谈话、指出问题、责令整改纠正的行政行为"。该文件规定，互联网新闻信息服务单位有下列情形之一的，国家互联网信息办公室、地方互联网信息办公室可对其主要负责人、总编辑等进行约谈：未及时处理公民、法人和其他组织关于互联网新闻信息服务的投诉、举报情节严重的；通过采编、发布、转载、删除新闻信息等谋取不正当利益的；违反互联网用户账号名称注册、使用、管理相关规定情节严重的；未及时处置违法信息情节严重的；未及时落实监管措施情节严重的；内容管理和网络安全制度不健全、不落实的；网站日常考核中问题突出的；年检中问题突出的；其他违反相关法律法规规定需要约谈的情形②。约谈制度建立后，国家互联网信息办公室约谈了多家违反《互联网新闻信息服务单位约谈工作规定》的重要网络媒体的负责人。

5.2.2 突发事件管理类法律

网络舆论引导是突发事件应对的一项重要工作内容。在突发事件应对中引导网络舆论，除了需要遵守互联网信息传播的相关规定之外，还需要遵守突发事件管理的相关规定。当前，涉及突发事件管理的规定主要有三大类：一是2007年11月1日开始实施的《突发事件应对法》，是突发事件管理的综合法；二是突发事件行业管理法规，如《食品安全法》《安全生产法》等，主要对突发事件进行分类管理；三是应急预案，目前种类和数量皆比较繁多。

作为突发事件管理的综合法，《突发事件应对法》并没有针对网络舆论引导提出专门规定，而是从信息发布的角度进行了约束。"履行统一领导职责或者组织处置突发事件的人民政府，应当按照有关规定统一、准确、及时发布有关突发事件事态发展和应急处置工

① 国家互联网信息办公室. 即时通信工具公众信息服务发展管理暂行规定. 中国国家互联网信息办公室网，2015-08-07.

② 国家互联网信息办公室. 互联网新闻信息服务单位约谈工作规定. 中国国家互联网信息办公室网，2015-04-28.

作的信息。”“任何单位和个人不得编造、传播有关突发事件事态发展或者应急处置工作的虚假信息。”公布虚假信息，造成后果的，根据情节对直接负责的主管人员和其他直接责任人员依法给予处分。“编造并传播有关突发事件事态发展或者应急处置工作的虚假信息，或者明知是有关突发事件事态发展或者应急处置工作的虚假信息而进行传播的，责令改正，给予警告；造成严重后果的，依法暂停其业务活动或者吊销其执业许可证；负有直接责任的人员是国家工作人员的，还应当对其依法给予处分；构成违反治安管理行为的，由公安机关依法给予处罚。”

按照上述规定，突发事件网络舆论引导需要在口径、内容和时效上进行管理，并且管控虚假信息。

2016 年出台的《网络安全法》则规定：“因维护国家安全和社会公共秩序，处置重大突发社会安全事件的需要，经国务院决定或者批准，可以在特定区域对网络通信采取限制等临时措施。”

5.2.3 公众知晓权保障法律

《政府信息公开条例》是我国保障公众知晓权的重要法规依据，规定了政府应该公开信息的范围、方法和程序、信息公开保障机制等。其中，通过互联网渠道公开是其方法之一。例如，需重点公开如下信息：突发事件的应急预案、预警信息及应对情况，环境保护、公共卫生、安全生产、食品药品、产品质量的监督检查情况，抢险救灾、优抚、救济、社会捐助等款物的管理、使用和分配情况，等等。

《政府信息公开条例》虽已出台，但“与人民群众的期待相比，与建设法治政府的要求相比，仍存在公开理念不到位、制度规范不完善、工作力度不够强、公开实效不理想等问题”①。“与互联网对政府治理的要求相比，与人民群众的期待相比，一些地方和部门仍存在工作理念不适应、工作机制不完善、舆情回应不到位、回应效果不理想等问题。”②为了遏制回避社会关切势头的蔓延，2016 年，中共中央进一步出台了约束性规定，要求加强对政务信息的公开和政务舆情的回应。

2016 年 2 月，中共中央办公厅、国务院办公厅印发了《关于全面推进政务公开工作的意见》，要求“建立健全政务舆情收集、研判、处置和回应机制，加强重大政务舆情回应督办工作，开展效果评估。对涉及本地区本部门的重要政务舆情、媒体关切、突发事件等热点问题，要按程序及时发布权威信息，讲清事实真相、政策措施以及处置结果等，认真回应关切。依法依规明确回应主体，落实责任，确保在应对重大突发事件及社会热点事件时不失声、不缺位”。“遇有重大突发事件、重要社会关切等，主要负责人要带头接受媒体采访，表明立场态度，发出权威声音，当好‘第一新闻发言人’。”

2016 年 8 月，国务院办公厅又发布《关于在政务公开工作中进一步做好政务舆情回应的通知》，进一步规范、细化、量化和约束政务舆情回应要求。“各级政府及其部门要高度

① 关于全面推进政务公开工作的意见．新华网，2016-02-18.

② 国务院办公厅关于在政务公开工作中进一步做好政务舆情回应的通知．中国政府网，2016-08-12.

重视政务舆情回应工作，切实增强舆情意识，建立健全政务舆情的监测、研判、回应机制，落实回应责任，避免反应迟缓、被动应对现象。”“对涉及特别重大、重大突发事件的政务舆情，要快速反应、及时发声，最迟应在 24 小时内举行新闻发布会，对其他政务舆情应在 48 小时内予以回应，并根据工作进展情况，持续发布权威信息。”“要建立政务舆情回应通报批评和约谈制度，定期对舆情回应工作情况进行通报，对工作消极、不作为且整改不到位的单位和个人进行约谈；对不按照规定公开政务，侵犯群众知情权且情节较重的，会同监察机关依法依规严肃追究责任。”

2016 年 11 月，《国务院办公厅印发〈关于全面推进政务公开工作的意见〉实施细则的通知》进一步细化了政务舆情回应的责任主体：“按照属地管理、分级负责、谁主管谁负责的原则，做好政务舆情的回应工作，涉事责任部门是第一责任主体。对涉及国务院重大政策、重要工作部署的政务舆情，国务院相关部门是回应主体；涉及地方的政务舆情，属地涉事责任部门是回应主体；涉及多个地方的政务舆情，上级政府主管部门是回应主体。政府办公厅（室）会同宣传部门做好组织协调工作。”

5.3 网络舆论引导的理念

网络舆论本身的属性是中性的，但对于网络舆论的认识角度决定了网络舆论引导的方向。将网络舆论视为“洪水猛兽”的观念决定了网络舆论引导将走向网络舆论管制的方向。反之，如将网络舆论视为社会情绪的正常表达，则网络舆论引导将走向法治化、科学化方向。

随着新媒体的发展，“人人都是记者”“人人都有麦克风”。媒体格局发生了深刻变革，传统的管制观念是已然无法适应新形势下的网络舆论引导任务。

适应新媒体，需要提倡新理念。在新形势下，网络舆论引导应当树立舆情风险防范、紧跟媒体发展和系统舆论引导等理念。

5.3.1 舆情风险防范理念①

新媒体时期的来临伴随着舆情风险高发期的到来。“信息传播主体趋于泛化，人人都是潜在的信息源，而且自媒体具有即时性、交互性、主动性和跨地域性等传播特性，信息通道更加开放，时空界限被彻底打破。因而，现实生活中郁结的负面情绪，很容易在虚拟化、匿名化的网络空间得到释放，往往一个很小的事件经由网络传播，就能引起网民强烈的情感共振，进而使矛盾不断升级，事态旋即爆炸性扩大，造成危机舆情事件。”②

---

① 张磊．舆情管理也要树立风险观念．学习时报，2016-05-02.

② 蒋明敏．自媒体时代网络舆论风险的特点、成因及其治理．西南民族大学学报，2015 (3)：173.

网络舆论的预防胜于引导，需要树立舆情风险预防的理念，从管风险的角度去引导网络舆论。如2016年上半年发生的“问题疫苗”事件和常州外国语学校被污染事件，从网络舆论引导的角度观察，两个原本可以避免发酵的事件，皆因为相关主体的处理不当而演化成了重大网络舆论事件。“问题疫苗”事件，实际上是2015年已经查处的案件，却因为相关主体想要传播所谓的“正能量”，未想到在传播过程中“旧闻”变成了“新闻”。而常州外国语学校被污染事件，更是可以避免发生的，因为该学校的不少家长早在2016年1月份就已经反映了学生集体出现身体异常的问题，当时网络上甚至已经出现了群体性上访的视频，而管理部门却视而不见、置之不理，最终经中央电视台报道后才草率地、主体错位地、顾此失彼地回应。

归根结底，“问题疫苗”事件和常州外国语学校被污染事件所引发的巨大网络舆论效应，皆因当事主体缺乏网络舆论引导上的风险观念。在问题演化为网络舆论事件之前，“问题疫苗”事件的主要网络舆论风险是涉案的庞某于缓刑期间重操旧业，且违法“生意”越做越大；常州外国语学校被污染事件的主要网络舆论风险是中学生群体性身体异常，且家长多次反映情况未果。如果相关管理主体能树立网络舆论风险的观念，在事件刚出现苗头的时候就科学处置，积极回应公众关切，则不至于演化为网络舆论事件。因此，突发事件网络舆论引导要树立风险观念，建立相应的网络舆论风险评估、监测、信息共享、研判等机制。

第一，通过社会风险评估以减少舆论载体的出现。实际上，所有的网络舆论都是有载体的。网络舆论的载体就是突发事件，脱离了载体的“舆论”就是谣言。谣言再有迷惑性也相对容易破解，而实际事件承载的网络舆论应对则不是那么简单。因此，要避免网络舆论事件的发生，关键是要避免或者减少突发事件的发生。减少突发事件转化为网络舆论事件，重要的是要做好社会风险评估。各地区、各部门可以评估本地区、本部门所辖范围内哪些政策、哪些决策是可能存在社会风险的，是容易引发群体不同意见的。不同风险领域和不同问题可以进行分类和评级，例如，哪些是高风险且得不偿失可以不做的，哪些是可以通过风险沟通化解的，哪些是暂时无法化解又不得不做而需要进行风险监测的。突发事件难以杜绝，但通过社会风险评估，可以了解哪些问题或决策在特定时期是容易引发社会关注的，从而在工作过程中尽量依法平衡各方利益，减少社会负面影响，将社会关注减少到最小程度。

第二，开展网络舆论风险评估以构建风险源清单。网络舆论风险评估与社会风险评估不同但又存在交集。社会风险评估是评价社会对公共政策的理解和接受程度。经过社会风险评估，有些高风险的政策或决策可以不实施。网络舆论风险评估则主要包括两大类：其一是对公共部门日常工作范围内可能存在舆论风险的、难以避免的问题进行评估，例如治安问题、窗口服务人员的态度问题等。这一类别的舆论风险评估可以采取历史事件梳理法，通过梳理以往某一个公共主体所出现的网络舆论信息，进行归类和分析，归纳出常见的网络舆论风险源。其二是经社会风险评估确定存在一定风险又不得不开展的工作。通过开展网络舆论风险评估，可以构建起风险监测的指标体系，从而最大限度实现网络舆论风险的精准监测。

第三，拓宽适应全媒体发展的舆论风险监测渠道。随着新媒体技术和平台的发展，传统媒体、门户网站、网络论坛、“两微一端”等在不同事件中的舆论作用各有优势，需要构建适应全媒体发展的舆论风险监测体系和渠道。现阶段常见的监测渠道有：一是通过网络舆论监测系统监测。现在网络舆论监测技术已经相对成熟，基于网络舆论风险监测指标体系，设定网络舆论风险监测的范围，可实现系统的自动监测和推送。二是通过自我网络平台监测。公共机构的自我网络平台包括所在单位的网站、官方微博、官方微信公众号等。一旦开通了这些平台，在涉及相关公共机构的网络舆论风险信息时，往往会有网民出于解决问题的目的通过这些平台周知该机构，这是重要的有效网络舆论监测渠道。三是通过第三方监测平台监测。现在不少舆情管理咨询机构推出了舆情监测服务，2015年中共中央办公厅、国务院办公厅印发的《关于加强中国特色新型智库建设的意见》也鼓励公共机构通过政府购买的形式购买咨询服务。通过第三方监测平台，可在一定程度上降低网络舆论风险监测的成本。

第四，建立信息共享与所涉问题的解决反馈机制。对于一个公共机构，特别是一级政府，出于节约资源的考虑，不需要所有的下属机构或部门都开展网络舆论风险监测活动，而只需要由一个部门（如宣传部门）负责此项工作。对于其他没有网络舆论监测渠道的部门而言，如何发现风险、信息的共享对于解决这一问题至关重要。有必要通过制度建设，建立网络舆论信息共享机制，在发现涉及某个部门的负面舆论信息时，通过信息共享机制和渠道将信息及时传递给涉事主体。在渠道方面，当前的新媒体手段已经实现了提供几乎无成本的平台。例如，可以建立一个信息共享的微信群，在发现风险信息时，可及时通过微信群与多主体共享，也可以与群内单个成员一对一共享。网络舆论信息的快速、及时、充分共享，有助于事件层面的有效处置和网络舆论引导层面的共同应对。除此之外，由于舆情的化解有赖于其所承载的事件的化解或者问题的解决，因此，还需要建立网络舆论所反映问题的解决反馈机制。负责网络舆论监测的部门监测到信息后，及时转发给舆论所反映问题的管理部门。管理部门则需要在一定时间内响应，包括第一时间关注、加紧核实、依法处置、处置通报等。信息公开是有效化解网络舆论风险的最好方式，通过问题解决反馈机制，可提高网络舆论监测部门和事件管理部门协同引导舆论的能力。

第五，建立负面信息风险的有效分析与研判机制。网络舆论引导上“快”是必要的，但不能一味地强调快，特别是一味地强调快速回应。很多时候，舆情的恶化都是由于“快”的问题。例如，常州外国语学校被污染事件经央视曝光后，当地新闻办就长篇大论地对央视报道的内容进行了“快速”回应。但其回应内容避重就轻、抓不住重点，不但没有得到公众和媒体的理解，很多网友认为常州“捂盖子”，甚至给公众留下了当地政府与央视“互掐”的印象，而政府与媒体的“互掐”本身就是舆论关注的重要焦点，使得网络舆论越演越烈，当地政府陷入更加被动局面。因此，快速回应的前提和基础是科学的研判，需要建立网络舆论信息的风险分析与研判机制。网络舆论信息分析与研判，应当由事件管理部门和舆论引导部门共同完成，前者主要对网络舆论所反映内容的真实性、依法处置的程序和可能结论、回应内容的素材准备等进行研判，后者则主要研判舆论环境、舆论焦点、口径制定、回应可能的结果等。此外，十分有必要借助第三方力量，特别是网络舆论引导方面的专家共同研判，因为一方面，即便是当地从事网络舆论引导工作的、具有较高舆论素养的人员，也可能由于种种因素而“只见树木不见森林”，或者无法做到中立地分析问题；另一方面，第三方舆论引导专家由于长期跟踪和研究网络舆论，更能从整体上"把脉"某一网络舆论信息的基本走势，并客观中立地、基于网络舆论环境和事件本身分析。

5.3.2 紧跟媒体发展理念

网络信息技术的发展日新月异，其对网络舆论的影响也随之快速变化。因而，需要树立适应网络信息技术与网络舆论发展变化速度的理念。在发展中去观察媒体的变化。现阶段，新媒体的出现以及不同群体对于各类媒体的认同与使用各异，媒体对于突发事件的介入、报道和影响程度也发生了悄然变化，出现了新的格局①。

第一，主流官方媒体遭遇"冰火两重天"。主流官方媒体作为一些权威信息的发布渠道，仍然对突发事件网络舆论的影响具有重要作用。然而，主流官方媒体的作用正在呈现出"冰火两重天"的状态。一方面，主流官方传统媒体，特别是其新闻类栏目，受众越来越少。越来越多的公众通过网络、新媒体等渠道直接获取信息。主流官方传统媒体无论是从传播的速度上，还是报道和评论的深度上，都无法与网络媒体、新媒体相比。在突发事件的参与过程中，主流官方媒体由于带有预设的立场，也在一定程度上削弱了公众对其认同能力。另一方面，官方主流的网络媒体影响越来越大、公信力也相对很好。在国家对媒体融合的提倡和鼓励下，主流官方媒体通过"两位一端"的建设和维护，对其自身的传播力、影响力和公信力都大为提升。例如，@人民日报、@央视新闻这两个中央媒体的官方微博账号粉丝量均突破了一亿。特别是@人民日报，其相对中立化、人文化、高站位的评论，为其赢得了较高的公信力。这种"冰火两重天"的现状所产生的网络舆论意义是主流官方媒体越来越愿意介入和参与突发事件，特别是突发事件的报道和讨论。从近两年的情况来看，不少事件都是由主流官方媒体，特别是一些主流中央媒体的介入，才演化为重大突发事件。

第二，重要客户端成扩散加速器。随着智能手机的广泛普及，手机客户端近年来受到热捧，成为公众获取信息的重要平台。在网络舆论的聚成过程中，一些重要的手机客户端已然成为信息传播和扩散的加速器。一些新闻报道或者事件爆料信息，经由重要客户端通过标题的加工、精练，甚至标签化之后对客户进行推送，很快形成扩散趋势，加大了突发事件的传播速度。现阶段，在新闻类客户端中，今日头条和腾讯新闻成为两个具有影响力的代表。今日头条通过大数据计算，对客户的兴趣领域进行分析，基于客户兴趣度向客户推送其可能感兴趣的新闻和报道，实现了目标受众的相对精准化。腾讯新闻的影响力则主要体现在其平台优势上。腾讯公司旗下的QQ和微信汇聚了数以亿计的客户，其中有相当部分也天然地成为其腾讯新闻客户端的使用者。腾讯新闻在向其客户端客户推送信息的同时，每天还通过微信进行推送，在对于热点事件报道上的传播力度十分强大。

第三，市场化媒体深入助推热度。虽然主流官方媒体及其网络媒体和重要客户端在突发事件的传播上发挥了重要作用，但网络舆论的聚成离不开对事件深度信息的挖掘，市场

① 张磊．媒体参与公共事件的新变化．学习时报，2016-08-22.

化媒体在此方面进行了填充。与主流官方媒体一样，市场化媒体同样受到了新媒体的巨大冲击。与此同时，市场化媒体还不具备主流官方媒体的信息来源资源和重要客户端的受众资源，更是在夹缝中求生存，深入挖掘和深度报道就成为其不得不选择的路径。例如，在 2015 年的天津港危险品爆炸事故中，天津瑞海公司背景等诸多深度信息的挖掘，就是出自一些市场化媒体之手。还有一些市场化媒体日益借助新兴技术，如无人机、虚拟现实等，深度拍摄和报道突发事件。现阶段，澎湃新闻、《新京报》、财新传媒等成为深入参与和报道突发事件的市场化媒体的重要代表。在很多突发事件，特别是重特大突发事件中，这些市场化媒体几乎都不缺位。不同的是，各家市场化媒体参与过程各有特色。其中，澎湃新闻以新闻调查为特长，《新京报》的视频梳理和无人机报道是新的增长点，财新传媒则有信息源渠道的优势并以专题跟踪报道见长。

第四，问答平台成为新的策源地。以知乎为代表的网络问答社区在 2016 年以来的重大网络舆论事件中扮演了重要角色，多起事件最终演化为重大网络舆论事件之前，都在网络问答平台进行了较为充分的能量汇聚。例如，在江苏常州外国语学校污染事件中，在 4 月 17 日中央电视台报道之前，知乎内就已经对污染问题进行了丰富的梳理。而在魏则西事件中，关于百度与魏则西死亡的关系问题，最初主要是在知乎中讨论。网络问答平台在一定程度上替代了以前的网络论坛、网络社区的功能。值得注意的是，与一般的网络论坛、网络社区不同的是，问答平台的两个特征，决定了其在未来一个时期内，将继续充当网络舆论策源地的角色。其一，互动的相对专业性提升了公众的认同度。问答平台的定位是专业的问答互动社区，问题回答者大多具备较高的专业素养，公众对其的认同和接受度都相对较高。其二，用户的阶层同质性提升了情感的共鸣性。目前问答平台的用户主要以中产阶级为主，对突发事件的关注和价值取向都较为相近，很容易在互动讨论中形成相对一致的意见。

第五，微博仍系公共讨论主阵地。经过 2013 年以来有关部门开展的网络治理，微博进入了一个低迷时期，不少人离开微博平台，转移到其他新媒体平台。特别是在微信热火朝天的发展中，微博的网络舆论作用功能稍微减弱。与此同时，微信的舆情功能迅速增长。然而，即便在微博陷入最低谷的 2014 年，微博仍然是网络舆论聚成的最重要平台。随着新媒体形势的发展与变化，2016 年以来，微博的网络舆论功能呈现出复苏的趋势，对网络舆论的汇聚功能在增强。诸如“北京和颐酒店女生遇袭事件”“海口秀英区暴力拆违事件”“深圳警察执法不规范事件”等均是通过微博强力传播。与此现象相反的是，微信的用户量虽然在持续增长，但其网络舆论功能却表现为减弱的趋势。微信网络舆论功能的减弱，与其自身的平台特点有直接关系。微信是人际传播在网络上的呈现，熟悉的群体、相对封闭的平台，决定了微信使用者难以充分地表达其真实意见，而更多地选择附和或者沉默。更为极端的是，微信的上述特点很容易使其沦为谣言的集散中心，渐渐地，这也进一步弱化了其网络舆论的功能。除此之外，微信朋友的同质化与同地化，也很容易给管理者带来错觉。一起发生在本辖区内的、区外公众关注较小的突发事件，在管理者的同质化和同地化的朋友中“刷屏”，给管理者造成了出现网络舆论事件的假象，进而误判和采取不当的措施，从而可能激化社会情绪。微博则不同，作为一个全网性的、完全公开的的平台，用户无须考虑熟人的感受，更愿意表达真实意见，尽管这种意见表达更多表现的是批评性的，但其仍然是迄今公共讨论的最大平台和阵地，也应继续成为网络舆论观察的重要对象。

5.3.3 系统舆论引导理念①

突发事件应对是一项系统性工作，需要组织化地应对。作为突发事件应对的“两个轮子”之一，网络舆论引导同样需要系统性工作，需要提高系统性引导能力。因此，需要从被动的应对向主动防范、做好风险防范转变；从阶段性回应向全面管理去转变，既要管理处置，更要管理预防，还要管理后面的善后；从舆论应对向双管齐下转变，既要引导舆论，更要管理事件。

1. 组织化引导舆论，确立最高指挥部沟通媒体机制

从历次重大突发事件的媒体沟通来看，当前的机制更加侧重新闻发言人的个人能力，而忽视了媒体沟通的组织化机制建设。在“7·23”甬温线动车事故中，发言人王勇平第一时间从外地赶往事发地，一下飞机就召开发布会。在几乎没掌握事件信息的情况下，试图通过个人能力“瞒天过海”，造成了惨痛教训。在“8·12”天津港危险品仓库爆炸事件中，新闻发言人的频繁更换，对问题回应不断使用“不知道”“要进一步了解”等，成为公众不耐烦的重要原因。

网络舆论引导是突发事件应对中与事件处置同等重要的工作，构成了应急指挥部的重要工作内容。我国各类突发事件应急预案都规定了指挥部需要的舆论引导功能，通过其下设的新闻宣传组或舆论引导组完成。由于当前应急指挥体系的缺乏规范化和应急预案的缺乏操作性，我国现阶段的突发事件媒体沟通人员基本都是临时决定的，通常是由宣传部门牵头负责。然而，对事件处置过程的不了解，对信息的缺乏，以及授权的有限性，导致了突发事件新闻发言人成为一个“高危”岗位，突发事件新闻发布工作成为领导干部普遍望而却步的工作。

如果说事件处置决定突发事件的救援结果，那么网络舆论引导则决定突发事件的社会影响。基于此，国外基本都把网络舆论引导上升到突发事件应对的重要地位。在德国，应急指挥部分为技术救援指挥部和行政组织指挥部两个层次，前者由消防指挥官担任总指挥，后者由行政长官担任总指挥。在行政组织指挥部成立前，技术救援指挥部设立标准的媒体沟通组，处理媒体关系。在行政组织指挥部成立后，媒体沟通职能自然转移到行政组织指挥部，由行政长官最终负责，技术救援指挥部不再从事任何媒体沟通工作。在法国和美国，行政指挥组织的最高指挥长（市长、省长、内政部长等）负责事件的媒体沟通工作。

我国应提高突发事件网络舆论引导的组织化，通过制度优化构建规范的应急指挥体系，发挥应急指挥部的组织化舆论引导功能。应急指挥部一般都会设立新闻宣传或舆论引导工作组，但作为应急指挥与协调机构，应急指挥部是作为一个整体在运作的，不能把舆论引导仅视为舆论引导组的任务。在需要召开新闻发布会时，出席发布会的人应当是指挥

① 张磊，龚维斌. 提高突发事件舆情管理的系统性. 学习时报，2015-12-03.

部的核心成员。新闻发布会的主要功能是满足公众对事件信息知晓的需求，因此只有对处置过程有全面了解的指挥部成员才能有效回应媒体和社会关切。

更为重要的是，作为具有政治意义的事务，网络舆论引导需要上升为最高指挥官的最大关切和重要工作内容。在重大突发事件应对中，会存在不同层级的应急指挥部，要通过制度规范确立最高级别的应急指挥部负责网络舆论引导任务。而作为最高指挥部的总指挥，理所当然要肩负网络舆论引导的最终责任。

2. 团队化研判舆情，促进第三方专家提供咨询机制

网络舆论引导是一项专业性工作，需要发挥应急指挥部的整体功能进行团队化作业。实际上，每一次指挥部会议都是对事件处置和舆情发展的一次研判。与此同时，还要发挥专家在专业领域的作用。在技术性领域，发挥专家的作用已经得到了较好的实践。但是，对于鼓励和推动专家参与突发事件网络舆论引导的咨询工作，现实中还有待加强。

在网络舆论引导方面，第三方舆情研究机构或专家至少可介入的领域包括：一是网络舆论监测，通过专业系统与团队，确立动态的监测关键词库和监测范围，构建完善的监测体系。二是焦点梳理，通过网络舆论监测，收集网络舆论信息，通过热度分析、类别归纳、综合分析等，分析网络舆论焦点，并按照重要性与紧迫性指标进行综合排序，梳理出指挥部在不同阶段最需要管理的网络舆论焦点。三是网络舆论研判，根据网络舆论发展的不同阶段，结合事件处置进展和内外部网络舆论环境，研究网络舆论形势，分析网络舆论发展总体趋势与热点走向。四是管理咨询，根据研判情况，收集网络舆论引导决策咨询建议，为指挥部制定网络舆论引导和整体应对方案提高参考。五是专题报告，即在事件发展进入终止阶段后，从网络舆论引导角度全面梳理和总结事件应对过程，形成专题研究报告，为指挥部总结经验、积累知识和提升能力提供基础。

促进第三方机构和专家提供突发事件网络舆论引导咨询建议，需要在常态下建立第三方参与机制，包括专家储备库建设、专家响应机制、信息共享机制等。

3. 多渠道引导舆论，建立多媒体有序发布信息机制

新闻发布会是网络舆论引导的重要方式，但网络舆论引导并不等于新闻发布会。突发事件应对中是否要召开新闻发布会，需要根据网络舆论研判而定。在一些事件应对中，应对主体为了开发布会而开发布会，不考虑公众对信息的真实需要，在发布会中提供的信息增量不足、与媒体互动不够、焦点问题回应准备不充分等，导致不但无法平息网络舆论，还有可能刺激网络舆论变得更热。

除了新闻发布会，主动引导网络舆论的方式还包括媒体通气会、安排记者采访、新闻访谈、提供新闻稿、官网网站发布通报、发布官方微博或微信等。在新媒体时代，网络舆论信息的更新速度和新媒体网络舆论聚成的快速效应，决定了应对主体如果主要依靠新闻发布会或传统媒体等方式，将会处于被动状态，可能被网络舆论始终牵着走。要充分发挥官方新媒体等多种渠道的作用，建立网络舆论快速反应机制，掌握网络舆论引导的有利时机和主动权。

网络舆论快速反应机制的建立，有赖于对现有舆论引导预案进行优化，使其变得具有操作性，其中一个关键问题是建立网络舆论回应的分级机制，赋予网络舆论引导团队在一定问题和影响范围内发布回应信息的自主性。当然，并非所有问题都需要回应，在

哪个阶段回应、如何回应、回应什么等，都需要研判。这对于网络舆论引导团队而言是一项重大挑战，最好借助第三方管理机构和专家的支持进行，特别是在网络舆论引导团队建设之初。

5.4 网络舆论引导的原则

信息瞬息万变的网络空间中，突发事件以其突发性、紧迫性、高度不确定性和重大影响力吸引着广大网民的注意力①。突发事件一旦爆发就会迅速吸收公众的视线，不论其性质如何都会成为媒介和公众的关注重点，也会成为舆论焦点②。在突发事件应对中引导网络舆论已经成为线下的事件处置之后第二天的重要处置“战线”。

由于每一个突发事件都有其特殊情况，其所承载的网络舆论也表现各异，需要有针对性地去分析、研判和处置，但是有一些引导和沟通的原则是可以遵循的。

5.4.1 及时监测

要做好网络舆论的风险监测和预警。根据相关应急预案，对突发事件的前、中、后阶段都需要进行监测。这是应急管理的信息供给基础，在各突发事件处置中基本都能充分应用。然而，将突发事件信息视为网络舆论风险信息，从网络舆论风险预防的角度进行监测，在当前的事件应对中还很少应用。

突发事件信息同时也是网络舆论风险信息。并非所有突发事件都会演变为网络舆论事件，具体情况取决于事件应对主体对事件的处置和对网络舆论信息的处置。因此，应当在接收到突发事件信息的同时，启动事件全过程的网络舆论监测。这是网络舆论引导的信息基础，所有的网络舆论研判和网络舆论引导方案都有赖于所掌握的网络舆论信息。

通过全过程网络舆论监测，事件应对主体需要将收集的网络舆论信息与获取的突发事件信息进行对比，判断公众对事件信息的掌握程度，筛选掉谣言，评估公众情绪与价值判断，研究舆论关注点，为网络舆论引导方案准备和事件整体应对方案提供支撑。在这一环节，内部信息管理与沟通机制显得尤为重要。

《突发事件应对法》对信息报告的时限进行了严格规定，各类预案也都规定了信息报告机制。信息报告一般由政府综合部门负责，即各级政府办公厅（室），通常由应急办落实。然而，在实践中，信息收集与管理工作却是常见的缺失环节。一方面，政府应急办在现阶段的定位导致其很多时候疲于服务领导，无暇关注事件处置。另一方面，分类管理体制以及统计标准在部门间的差异决定了信息报送时的条块“扯皮”现象频发。

有必要通过制度建设，加强应急指挥部在信息统计、管理与沟通方面的职能，弱化常

① 胡月. 突发事件中网络舆论场内的媒体特征差异：以“东方之星”翻沉事件为例. 新闻传播，2015（18）：4.
② 李可贝. 从公共突发事件的网络表达看网络舆论引导. 新闻世界，2013（9）：150.

态下的行业报告程序。在指挥部规范性优化过程中，应当设立信息管理组，其职能包括信息统计、管理与沟通等。在网络舆论沟通上，所有对外发布的信息都需由信息管理组审核并报总指挥同意发布。这样可以保障对外信息口径的统一性、发布的有序性和政治的正确性，包括总指挥在内的所有指挥部成员，特别是将出席新闻发布会的指挥部成员也都能对所发布过的信息实时掌握，不至于因信息不对称而出现失误。

监测渠道有两种，第一种是监测系统，监测系统有一个优点，它能够通过关键词的设定，自动地去筛选和推送出来我们所关心的一些关键词，然后人为地再去判断一下。但是它的开发和维护需要大量资金投入，特别是监测微博、信息量巨大的数据库时。

比较廉价的监测渠道是政务微博，几乎不需要后期经费投入，只要开通了政务微博，就能便捷地获取信息。

在监测内容上，突发事件的四大类舆论“易燃点”各有不同。

第一，自然灾害。自然灾害是常见的突发事件，舆论风险和“易燃点”取决于灾害救援主体的灾害应对能力。从以往案例来看，自然灾害的舆论风险和需要重点监测的内容包括六个方面：一是灾情重大。公众对于自然灾害都存在一定的心理接受度，但如果灾情重大，就会提高公众对灾害的关注程度，特别是关注人员安全和经济损失情况。二是救援不力。在自然灾害中，除了关注灾情之外，网民常常会转发救援过程中的一些“正能量”。但如果出现救援不力的情况，网民很快就会从“正能量”传播转化为对救援不力的谴责。这种谴责性传播的力度往往会大大超越正能量传播的力度。三是预警缺位。预警及预警信息发布是突发事件应对的重要环节，却也是应对环节的一个重大难点。相对于其他突发事件，公众对于自然灾害应对中的预警措施有一定预期，特别是对于暴雨、台风、暴雪等常见的、预报技术相对成熟的灾种，公众的预期会大大提高。如若出现灾害预警缺位并导致较大灾情的情况，公众对于灾害预警问题就会较大关注和讨论，2012 年的“7・21”北京暴雨和 2014 年 7 月的“威马逊”台风就出现了此类舆情。四是安置欠妥。善后安置直接关系灾民切身利益，也自然构成公众关注灾害救援的重要内容之一。一旦出现安置欠妥，包括克扣救灾物资、救灾食品过期或发霉等情况，自然会受到公众关注和谴责。五是政府邀功。灾害救援本身是政府提供公共服务的内容之一，属于政府应履行的职能。尽管民众对于政府有效的救援都充满了感激之情，但政府不能就此自我邀功，否则也容易成为舆论诟病对象。六是基础设施问题。近几年，由于城市建设过程中排水等基础设施的不科学，城市内涝、“小灾大害”屡现，也使得城市基础设施问题成为城市自然灾害中一个常见的重要网络舆论焦点。

第二，事故灾难。相对于自然灾害，事故灾难中的“事故”特性给此类突发事件带来了独特的网络舆论风险源。一是重大伤亡。对于事故灾难，公众首要关注的是事故的伤亡情况。如果出现了重大伤亡，媒体和公众都会强烈关注，将会成为重大舆论焦点。二是事故原因。虽然一些自然灾害可以预测，但更多情况下属于不可抗力，事故灾难则不同，存在人为因素，因而对于事故发生的原因，不可避免地成为媒体和公众的另一个重要关注点。除了事故发生的直接原因之外，媒体和公众还会进行深入追问是否存在体制机制原因，类似事件以后还有无发生的可能性等。三是救援力度。安全生产事故救援是事故发生之后的补救措施，施救过程以及救援力度也是公众关注的重要内容，是公众衡量事故责任主体对于生命安全重视程度的重要指标。四是涉嫌瞒报。突发事件瞒报是问责的首要内容，也是网络舆论的重大风险源。一旦安全生产事故中存在瞒报或者遮掩的嫌疑，迅即会成为媒体深度挖掘的对象和公众高度关注的焦点。五是存在腐败。这属于安全生产事故的衍生问题，也是舆论对事故灾难关注的衍生焦点，容易刺激灾难受害者及其家属和公众情绪的重要因素，成为媒体高度关注和挖掘的内容。例如，2015 年“8·12”天津港危险品爆炸事故中，肇事者瑞海公司的背景、是否存在官商勾结、安评是否符合法规等问题，都成为舆论关注的重要内容。六是回应不当。回应社会关切是突发事件网络舆论引导的重要内容，但回应不当也容易成为安全生产事故处置和舆论引导过程中的舆论风险源。例如，2011 年“7·23”动车事故中关于“至于你信不信，我反正信了”，“8·12”天津港危险品爆炸事故中第六场新闻发布会对于救援总指挥是谁“不了解”的回应，都成了重大的舆论“发酵”点。

第三，公共卫生事件。公共卫生事件的与公众利益关系度高、灾害波及范围广、应急响应专业性强、事件应对往往跨辖权等特点决定了其舆论传播和舆论关注点的特殊性。一是危险源头。舆论首先关注公共卫生事件的危险源头来自哪里，如疫情最早发生地、疫情如何传播、疫情产生的原因等。例如，2003 年非典防治中，重症急性呼吸综合征（SARS）发生的原因成为舆论关注的重要内容。二是灾情范围。公共卫生事件的波及范围、传播路径是公众从自身及家人健康安全考虑角度出发必然关注的，既构成事件管理部门信息公开的重要内容，也是舆论关注的重要焦点和易发生次生舆论事件的风险点。例如，2011 年“3·11”日本大地震所致中国的“抢盐”风波，就是公众对于灾害波及范围担心和不实信息传播共同作用所衍生的次生公共卫生话题和次生网络舆论事件。三是如何防治。由于公共卫生事件可能危及每一个公民个体的生命安全，如何辨别、预防和治疗事件的公共卫生危险源成为公众十分关心的内容，构成了公共卫生事件舆论传播过程中一个重要内容，例如，2012 年 4 月的“问题胶囊”事件中，关于如何识别“毒胶囊”的多种方法成为舆论传播和公众关注的重要话题。非典中的全国范围的抢购板蓝根风波则是信息不对称所致的衍生舆论话题。四是政府作为。对公共卫生事件的应对是政府的职责所在，在此过程中政府的作为情况显然是媒体和公众的聚焦对象，特别是对于疫情等信息是否存在瞒报缓报现象，都是媒体和公众关注的重点。例如，非典发生之初存在的瞒报导致疫情的全国性蔓延，成为公众关注的重要内容之一。五是专家言论。“由于突发公共卫生事件往往涉及专业知识，且其处置多由专业人员进行，民众对于事件背景、演变、处置和未来预期多只能通过社会传媒获取，而网络传播在其中起到重要的作用，这就需要专业部门和专业人员通过社会媒介及时透明的进行消息的发布，从而使人们消除疑虑，避免通过猜测或受到错误引导而引发恐慌和社会秩序的混乱。”① 然而，一些专家可能在自己的专业领域很权威，但在公开发声的过程中不太注意公众的情绪，经常出现刺激公众情绪的言论，也成为另外一种舆论的风险点。六是舆论“掐架”。跨辖权管理是公共卫生事件的一个常见特性，如不同省份需要共同应对一

① 刘鹏程，等．H7N9 事件网络舆情分析及其对突发公共卫生事件应对的启示．中国卫生事业管理，2014 (10)：785.

起疫情。由于舆论联动机制的不健全，常常出现不同管辖主体只从自身利益出发，没有宏观和大局观念，在信息发布时互相“扯皮”、互相推诿的现象，甚至不同地区之间在舆论上“掐架”，成为公众“看热闹”的对象和舆论的重大风险。

第四，社会安全事件。与其他类别突发事件不同，社会安全事件的“社会”属性决定了事件影响的层面更加深入，公众更为关注事件深层次、系统性的原因，因而所有社会安全事件都会成为舆论高度关注的对象，且较之于其他事件所探讨的议题更为深入。以群体性事件为例，“群体性事件中网络舆情是民众心理的折射，群体心理所具有的特征成为群体性事件中的非理性网络舆情的加速器，群体心态使群体性事件中网络舆情的发展呈现复杂多变之势”①。在某一个社会安全事件中，一般情况下，舆论主要关注点具体可分为五个方面：一是现场人员参与情况。例如，在一起群体性事件中，现场聚集人员的规模越大，越容易提高公众的关注度。二是现场冲突画面。与其他突发事件处置不同，社会安全事件的处置很大程度上涉及对参与事件人员的管理，过程当中或多或少会出现一些现场冲突的情况。而冲突场面的图片和视频一旦传播于网络就非常容易引发媒体和公众的关注，从而形成舆论热点。此外，暴力恐怖事件中的暴力画面也是公众关注和舆论传播的敏感内容之一。三是涉嫌滥用警力。警察是处置社会安全事件的中坚力量，公安部门对于警力的调用有着严格的规定。如果在事件处置中存在滥用警力之嫌，就很容易引起媒体和公众的质疑，这种质疑背后是对公权力使用的合法性依据的追问。四是媒体态度对比。媒体虽然都高度关注社会安全事件，但相对而言，主流官方媒体由于种种原因通常情况下很少主动报道社会安全事件或者报道的都是官方已经披露的信息，而市场化媒体和境外媒体则在采访报道方面更为活跃。因而，媒体关于社会安全事件的态度常常成为网络舆论关注的焦点。五是领导干部的个人舆情。为了扩大事态，社会安全事件中的一些参与主体希望挖掘各种“倒逼”渠道，包括所谓的“人肉搜索”，也使得相关领导干部的负面信息成为社会安全事件网络舆论常见的一个关注点。

5.4.2　科学研判

迄今不少研究者强调网络舆论引导的速度问题，例如所谓的“黄金时间”。网络舆论引导“快”是必要的，但不能一味地强调快，特别是强调快速回应。在“人人都是记者”的时代，一味强调网络舆论回应上的“快”已经没有意义。很多时候，网络舆情的恶化都是由于“快”的问题。

因此，快速回应的前提和基础是科学研判，需要建立网络舆论信息的风险分析与研判机制。“网络舆论响应要有速度”，“响应”不等于“回应”。响应首先要做的是信息监测，然后进行网络舆论分析与研判，在此基础上再决定何时回应、在哪回应、如何回应等问题。这也是要求“建立健全政务舆情的监测、研判、回应机制”的原因所在。“监测—研判—回应”是一个循环性、系统性过程，是科学性网络舆论引导的机制。应当在“监测—研判—回应”的循环性过程中强调速度，尽量减少不同环节所花费的时间，提高循环的

① 邱中慧. 群体性事件中网络舆情的社会心理基础分析. 中共贵州省委党校学报，2011（3）：84-85.

速度。

一般而言，网络舆论研判存在四种方式。第一，预测性研判。根据一定时期网络舆论发生的特点和规律，有针对性地进行监控，如在重大政治事件、重大节日以及相关事件爆发初期，进行及时的监控与跟踪，从而有效避免网络舆论重大事件的发生发展，从源头上进行规范是网络舆论事件少发生的有效手段。第二，提示性研判。通过网络舆论以日通报、周研判、月分析和重大警情专题研判等形式，加强网络舆论信息的层级研判。同时，网络管理部门可联系相关部门加强对机关团体、企事业单位、学校、重点建设工程等部门的网上舆论信息进行监控，有针对性地展开监控，从而注重和加强研判实效。第三，动态性研判。根据网络规律和特点，对网络上的重大事件进行动态性地实时跟踪，及时研究和判断，及时准确地把握网络舆论事件的动态性发展，使得该事件得以圆满处置，从而做到对网络舆论事件的监控有的放矢。第四，反思性研判。根据网络舆论研判进行总结，在网络舆论事件发生之后或在发展过程中的某个阶段，网络管理部门组织人员召开评析会，交流网络舆论研判决策的成败，这样既可收到事半功倍的效果，又能提升网络舆论队伍整体素质①。

在突发事件应对中，网络舆论形势研判应遵循“定性—分析—定位”的系统性过程。

首先，定性。定性包括三个方面的内容：一是事件的性质是什么。不同性质的事件管理主体不同，公众先入为主的认知不同，媒体参与的动力也不同。二是事件和舆论参与的重要主体有哪些人。涉事主体与舆论参与的重要主体的相互作用在舆论形成之初就发挥着举足轻重的作用，只有分析与核实不同主体及其身份特点，才能有效判断舆论发展的动力和演化程度。三是事件的责任主体。事件责任主体指的是造成突发事件的第一责任者，并不等完全同于事件的处置主体。事件责任主体及其公信力将决定舆论的发展方向。

其次，分析。在定性环节，三个方面的内容都是相对容易做出定论的。在分析环节，则需要对网络舆论信息进行更深层次地挖掘，甚至借助先进的技术手段对网络舆论信息进行深入解析，如大数据技术。“在舆情研判工作中，需要处理的是由人类社会这个开放复杂的巨系统所产生的超大规模数据。但是，面对极大量的数据，传统的因果分析往往难以奏效。因为整个系统中各个组成部分之间相互有影响，甚至可能互为因果，因果关系隐藏在整个系统之中。而与传统的逻辑推理研究有所不同，大数据研究主要侧重于对数量巨大的数据做统计性的搜索、比较、聚类和分类等分析归纳，更多的是关注数据之间的相关性或称关联性，大数据研究的目的即为寻找数据集合里隐藏的相关关系。”② 在分析内容上，至少有三个方面是需要重点关注。一是网络舆论本身。这是网络舆论信息研判和引导的起点，需要科学精准研判，包括参与的主要媒体有哪些，网络传播的平台有哪些，网络转发和评论量多大等。二是网络舆论的主要焦点有哪些。舆论的焦点随时都可能发生变化，需要做出准确分析。例如，2014 年的“3・21”青岛平度市纵火案中，网络舆论的焦点就从 3 月 21 日预热期的“护地被烧死”“事件真相追问”，到 3 月 22—23 日的高温期“半夜抢

① 程亮. 网络舆情研判机制的内容与流程. 中国记者，2010（2）：82.

② 杜洪涛，等. 互联网数据在舆情研判中的效用研究. 中国软科学，2016（4）：41.

尸”“火灾改纵火嫌疑”“记者采访受阻”“征地补偿额度”“死者出殡”，到 3 月 24—30 日波动期的“伪造签名卖地”“青岛市工作组进驻”“扣记者证”“案件告破”“村民车胎被扎”，再到 3 月 31 日至 4 月 14 日减缓期的“申请公开红线图”“村民上访被截”“访民被打破头”“嫌疑人被批捕”等，网络舆论焦点不断发生变化。三是内外部舆论环境分析。舆论环境是舆论引导决策的重要依据，包括内部和外部环境。内部环境是指除了当前正在“发酵”的事件之外，涉事主体是否还有其他事件为网络所关注。外部环境是指事件发生之时整体的网络舆论环境，需要对自身事件在整个网络舆论环境中所占的分量做出比较分析。

最后，定位。定位是基于定性和分析所做的进行网络舆论引导决策的基础性依据，包括三个方面的核心要素。一是确定网络舆论引导的主体。主体是个人还是组织，是部委还是地方政府，是企业还是政府？不同主体网络舆论引导的目标、导向和方法都不同，需要根据定性和分析的结果做出明确的判断。二是确定网络舆论引导的渠道。需要进行线上的公开引导，还是只需要进行线下的沟通引导？不同事件、不同舆论发展阶段或不同舆论焦点，都需要基于分析而加以明确定位。盲目地进行网络舆论引导反而可能把事情搞砸。三是确定网络舆论沟通的对象。沟通的对象是当事人、利益相关方，还是媒体或公众？也要进行明确定位。针对不同沟通对象，所采取的引导方法和引导渠道都不相同。

5.4.3　细化诉求

新媒体信息呈现出碎片化特点。“碎片化语境最明显的特点就是多种文化和价值观的融入，多元利益和意见的产生。不论是传统媒体还是新媒体，其传统的议程设置主体地位都在逐步失去，信息的传播对象已经不再是只会被动倾听的‘受众’，受众可以通过网络表达意见，影响舆论，直接参与到社会公共事务的决策管理中来。在当前的信息环境中，听到的是来自不同方向、不同社会阶层的声音，媒体所扮演的角色也逐渐由议程设置者向意见的平衡者转化。”①

基于上述原因，网络舆论引导应当坚持“从哪里来，回哪里去”的原则，即针对不同类别行为体进行具体的沟通。在突发事件中会出现不同的行为体，其利益诉求是不一样的，这决定了行为体的行为方式不同，相应地，在沟通的方式方法和内容上也应该是有针对性的。从当事人到普通公众，参与网络舆论的行为体可以分为五个层次。

第一，事件直接影响者。事件直接影响者可谓突发事件中的受害方，其诉求较为明确，即合法权益得到保障，比如灾害救助、合理安置、征地补偿等。由于涉及切身利益，这个群体的行为方式是存在任何可能的。针对事件直接影响者的利益问题，在沟通上也应当是以利益为内容。管理者应当尽量依法保障其合法权益，这是避免常见突发事件演化成为网络舆论事件的首要方式。当然前提是依法处置，不能为了平息一时的局部性情绪而违法承诺不受法律保护的补偿，这样非但不能平息网络舆论，反而容易刺激公众情绪，因为违法承诺本身就是舆论的风险点之一。此外，没有法律依据的补偿还有可能造成“盲从效

① 刘政序．“碎片化”语境下的网络舆论引导策略探析．今传媒，2013（4）：38．

应”，即“激励”更多民众提出不合法、不合理的诉求。

第二，利益相关方。这一类行为体不属于事件当事人或者受害者，但是跟事件当事人存在某种联系，比如亲戚、朋友、同学、老乡等关系。相对于事件直接影响者，利益相关方在事件的舆论发展中所扮演的角色往往存在分化现象，这取决于个体的理性程度。一方面，理性的利益相关方有利于事件平稳解决。利益相关方通过事件当事者获得了一定程度的详细事件信息，对事件的发生发展有一定程度的了解，理性的利益相关方相对而言就能够较为理性地进行分析，帮助事件直接影响者提出合法合理的诉求。对于管理者而言，理性的利益相关方应当是积极争取的对象，通过其搭建起管理者和事件影响者之间的桥梁，进行充分而理性的沟通。另一方面，对于非理性的利益相关方来说，其诉求往往表现为情绪宣泄，因为他们认为其亲戚、朋友、同学、老乡等遭到不公正的待遇，要去表达情绪。所以，在行为方式上，非理性利益相关方会扩大事态，在网络舆论上则可能会出现编造谣言的行为。针对非理性的利益相关方，管理者需要加强与其沟通。一旦这一群体出现了造谣的情况，可以采取合法方式制止。更严重的话还可以依法采取一些强制性措施，但是这些措施的使用应当保持最大限度的克制，因为一旦采用，那么矛盾就会激化。从舆论上来讲，在信息不对称的情况下，公众分不清楚事件背后谁对谁错，通常首先站在弱势的一方，认为受害者会是弱势。所以，为了避免舆论恶化，尽量不要采取手段，除非迫不得已。

第三，维权人士。维权人士是基于社会正义而为事件受害者声援的群体。除了社会组织外，记者、律师的维权行为通常都是个人行为，而非代表其所服务的组织。在诉求上，维权人士希望维护过程的正义性，即事件的过程要遵循基本的正义原则。换句话说，维权人士不一定会站在当事人那一方，而是站在过程正义的一方。在行为方式上，维权人士可能会实地声援，也可能寻求网络声援。例如，在 2009 年的邓玉娇事件中，不少维权人士前往事发的湖北巴东县声援邓玉娇。对于维权人士的沟通，管理者需要做的是依法处置突发事件。必要情况下，可以邀请对事件处置感兴趣的维权人士观摩事件的处置，通过维权人士的网络信息渠道发布管理者的依法处置过程，建立起政府公信力。

第四，大众传媒。包括大众网络传媒在内的大众传媒的诉求是保障公众知晓权，行为方式是采访报道，让更多受众获悉信息、了解真相。对管理者而言，需要做的自然是加强媒体沟通，方式方法之前章节已专门论述，在此不做赘述。

第五，围观者。对于绝大多数公众而言，在网络舆论中其实都是围观者。他们的诉求是希望社会和谐，不希望今天发生在别人身上的事情明天发生在自己身上。因而，在行为方式上，广大网民所选择的方式是转发评论，让更多人知道事件，倒逼管理者更透明地回应事件，以期减少类似事件在日后的发生。对于管理者而言，需要做的是尽量扩充各种网络沟通渠道，借助媒体和新兴互联网信息平台进行沟通。

5.4.4 把握尺度

应当说，自新媒体出现并迅速发展以来，各级政府对政务舆情都有所重视，都希望第一时间回应社会关切，却又不知从何做起、怎么把握好尺度，因而时常出现舆情回应不到位、回应效果不理想等问题。在媒体参与突发事件的格局已经发生变化的新形势下，提高政务舆情回应的实效性，需要把握好“四度”。

首先，面对批评要有气度。很多时候，在突发事件应对初期，公众对一些政务工作都表现得不满意，进而通过网络等渠道进行批评性情绪宣泄。这种情绪宣泄并非刻板的、长期性的、不可调和的对立，有时候是改进工作的建设性意见。面对这种批评性声音，涉事管理机构应当胸怀气度，对网络舆论所反映的问题进行自我检查，有则改之、无则加勉，把政务舆情当作对自身工作程序优化与工作作风改进的一种鞭策。如若没有气度，一些批评性意见往往容易转化为群体性不满情绪，甚至可能演化为网络舆论事件。2016 年 6 月 1 日，甘肃陇南成县卫生计生局的官方微博发布了一条纪念中国计划生育协会成立 36 周年的政务活动信息，网友在评论时表达了一些不同的声音，未想到该官方微博竟然与网友打起了“口水仗”。这种“口水仗”不但得不到公众的理解，也将自身推入了公共舆论的深渊。实际上，从长远来看，网络舆论是一种很好的社会减压阀。社会情绪需要有出口，公众将一些情绪在网上进行宣泄，有利于减缓社会矛盾的尖锐性，从而有助于社会的平稳发展。因此，怀有对批评意见的气度，是政务舆情回应的首要法则。

其次，回应过程要讲刻度。网络舆论回应的刻度，指的是在不同阶段应当如何回应、回应什么，强调有节有序地回应。在这一问题上，@政务微博观察曾经提出的“四确认五发布”是个可供参考的做法。如果出现了负面舆论，首先要做的是表明立场和态度，第一次发布就是要表示高度关注。同时，要启动调查机制，进行第一次确认——事件的存在性，即网络及舆论所反映的问题是否存在。第二次发布就是对事件存在性的发布，确认舆论所反映的问题到底是子虚乌有，还是一个基本的事实。接着进行第二次确认——事件的真实性。舆论所反映的问题虽然是存在的，但所描述的内容是否都是真实的，是否有“水分”？如果有，要及时矫正或澄清；如果没有，说明舆论反映的问题都是真实的。因此，第三次发布即为对事件真实性的回应，进一步查明的情况如何，相关的支撑性数据在这一阶段需要跟进。然后进行第三次确认——事件的逻辑性。对舆论所反映的情况是如何发生的、怎样发展的、怎么演变的等进行确认，其内在逻辑是什么，以及对事件发生原因及过程的调查是第三次确认的主要工作。相应地，第四次发布就是对调查结果的发布以及相关主体的处置措施等的发布。最后进行第四次确认——事件的关联性，即对与事件相关的衍生信息的确认。第五次发布也是对衍生信息进行回应的发布。需要指出的是，“四确认五发布”并不意味着每个事件的发布最多五次，而是强调过程的有序性。当然，并非所有事件的舆论回应都要完全按照“四确认五发布”的步骤，而应基于研判，根据网络舆论发展情况以及回应的需要而定。

再次，回应内容要有温度。网络舆论回应不是就事论事的、非是即否的、“你问我答”式的回复，而是需要在事实的基础上充分描述管理边界、厘清职能责任、表达人文关怀。因此，在回应内容上，需要遵循网络舆论回应的一般规律按照公众关切问题的重要程度进行顺序，并保持应有的基本人文关怀温度。没有温度的回应非但不能平息网络舆论，还可能刺激公众情绪，恶化网络舆论走势。例如，在 2016 年江苏高考“减招”风波中，江苏省教育厅新闻发言人回应道：“江苏省教育厅作为东部的发达省份，也该为全国做贡献了，不能是江苏省教育具备了这样的能力，国家要求你做贡献，你不去做，这肯定是不行的。”这样的回应内容看似符合事实、充满道理，但在当地公众，特别是高考学生家长看来却是冷冰冰的、没有温度的。在事件和网络舆论已经激化的情况下，回应主体应该站在当事人的立场上设身处地地感受其情绪，尽管有时候这些情绪的纾解在短期内是无法实现或者处置主体能力所不及的。因此，所做的回应也应当能体现感同身受的情感共鸣，如此方能表现出回应内容上的温度。

最后，正能量传播要讲信度。政务舆情的有效回应本身就是一种正能量的传递。除此之外，一些机构或媒体还善于在网络舆论回应的过程中传播正能量的人物或事件。需要注意的是，正能量的传播应当讲究信度。信度的内涵包括三个层面：第一，内容上遵循客观性。正能量传播的人物或事件必须是客观存在的，不能为了传播而臆造一些所谓的“正能量”。媒体对于在 2016 年 8 月 18 日海南临高水灾中牺牲的战士欧阳文健的报道就做得比较好，通过视频客观呈现了其牺牲前的乐观主义精神。第二，渲染上体现时代性。对于正能量传播中的情绪渲染，需要紧跟时代，体现时代特征。逆时代特征的渲染只会产生负面效果。例如，在 2016 年 7 月初的南方洪灾中，个别媒体为了渲染抗洪战士艰苦奋斗的精神，大肆放大战士们徒手救灾、干啃馒头等画面，反倒引发了公众对于军队后勤保障是否到位问题的追问。第三，底线上维护公信力。正能量传播是为了提升而非损害政府公信力，需要在传播细节上树立维护公信力的底线思维。在 2016 年的几次抗洪救灾中，个别地区为了传播领导深入一线视察灾情的正能量信息，拍摄了领导乘坐小舟的画面，而小舟四周却是数人护推着。这样的画面不但不能树立起正能量的形象，反而导致了官僚主义印象的产生，较大程度损害了政府的公信力。

5.4.5 畅通渠道

2019 年 1 月 25 日，中共中央政治局在人民日报社就全媒体时代和媒体融合发展举行第十二次集体学习，习近平同志在讲话中强调，全媒体不断发展，出现了全程媒体、全息媒体、全员媒体、全效媒体，信息无处不在、无所不及，无人不用，导致舆论生态、媒体格局、传播方式发生深刻变化，新闻舆论工作面临新的挑战。“全媒体”反映的理念是媒体融合的趋势及其所产生的公共传播特征的剧变。一是传播的集大成性。将传播技术、内容、渠道、营销方式等进行全方位整合，从而形成一个不同的媒介载体形式、内容形式，以及技术平台相互融合的技术、内容、渠道、营销方式等的集成体。二是对人民信息感知的全面实现，不断实现和满足人们感知信息的各种途径和方式。三是对内容产生和传播的全民整合，按照受众对信息的需求决定信息内容的生产和传播。四是对受众市场的超级细分，针对受众的不同类型选择最合适的媒体形式和渠道，以实现最佳传播效果①。

媒体融合的趋势和全方位传播的模式要求管理者在突发事件发生时，在网络舆论引导上需要适应这一形势，拓宽信息发布的渠道，全方位地传播权威信息。

---

① 姚君喜，刘春君．“全媒体”概念辨析．新闻与传播研究，2010（6）：12-16.

随着新兴技术的发展，新媒体的形式日新月异，除了微博、微信、手机客户端、问答社区等之外，微视频、虚拟现实、人工智能等技术也越来越多地参与到网络舆论的传播之中。不同媒体平台汇聚了不同的受众，对信息的兴趣取向也各有差异。对于政府而言，需要在不同突发事件之中去具体地发现网络舆论所传播的主要媒体形式，有针对性的获取信息和有效引导舆论。从权威信息的传播渠道角度看，在现阶段，建立并充分发挥好“两微一端”的主渠道作用是能力建设的重要内容之一。

除了发挥“两微一端”作用之外，管理者还应当尊重已经形成的主流媒体的“两微一端”格局，充分发挥重量级媒体的传播作用。以 2016 年的江苏特大龙卷风和湖南郴州宜凤高速特别重大道路交通事故这两起突发事件为例，在江苏暴雨和龙卷风灾难报道中，“央视新闻”在直播平台进行现场直播，前线记者带领观众探访江苏阜宁龙卷风冰雹救灾现场，从救援细节入手，创新了重大突发事件的报道模式；《新京报》的《78 死 500 伤！江苏龙卷风为何伤亡如此惨重?》，则采用 3D 动画的形式还原灾难现场，使得网友既了解了龙卷风的形成原因，又掌握了相关的自救知识①。

当然，“两微一端”在参与突发事件的传播中有其自身特点。一是抢发推送，最大限度地压缩新闻内容与受众的时空距离。二是互动转发，延伸新闻价值。三是版面形式灵活，新闻产品多元化。四是审查机能弱化。因此，在发挥“两微一端”功能的过程中，需要尊重其传播特点，同时注意“两微一端”写作方式与传统通稿的不同。第一，主动持续地提供多角度新闻报道。为抢报新闻，当突发事件发生时媒体往往等不及完备新闻事件的所有要素而以要素缺省的快讯、标题新闻等形式第一时间发布，后续随着采访推进利用客户端信息推送功能将事件最新消息推送给用户，不断对新闻要素和相关信息进行补充和整合。因此，要把握网络舆论引导主动权，就需要主动持续地提供多角度报道视角。第二，写作结构要灵活多样。以“拇指划屏”快速浅阅读为特征的“两微一端”受众，更关注新闻突出的信息要点和信息总量。为迎合受众这种阅读习惯，也为全方位报道新闻，在“两微一端”的新闻写作上，可采取横向并列结构，即文章前后没有明显的主次关系，而是作为分线索并列地呈现新闻事实。第三，融合手段写作。“图片/图表＋简要文字”“动画＋精要文字”“文字标题＋音视频”“文字＋图片＋音视频＋动画”等新闻样式是“两微一端”新闻的“盛宴”②。

5.4.6　阻遏谣言

随着新媒体技术的深入发展，几乎所有突发事件的网络舆论都伴随着谣言。现阶段，政府应对网络谣言面临着较多困境。一是从谣言源角度看，造谣者越来越多，可作为谣言的素材越来越多。二是从谣言流角度看，谣言传播通道越来越多，传播速度越来越快。三是从谣言受众角度看，受众对谣言甄别能力较差，对谣言信任度较高③。

---

① 孙时联．主流媒体“两微一端”正改变舆论格局．中国新闻出版广电报，2016-07-29．

② 曹茶香．“两微一端”新闻的传播与写作特点研究．新闻前哨，2016（3）：71-73．

③ 王国华，等．基于案例分析的网络谣言事件政府应对研究．情报杂志，2011（10）：74-75．

关于谣言的定义，美国社会学家特·希布塔尼从社会学的角度进行了考察："谣言是在一群人议论过程中产生的即兴新闻。"他认为，谣言起源于重要而扑朔迷离的事件[①]。法国学者卡普费雷的定义得到了比较广泛的认同，他认为谣言是"在社会中出现并流传的，未经官方公开证实或已经被官方所辟谣的信息"[②]。但是谣言不一定是假的，也可能是真的。

对于谣言的形成与传播机理，学界已经研究颇丰，如美国学者卡斯·R. 桑斯坦认为："谣言通过两个部分重叠的过程进行传播：社会流瀑和群体极化。社会流瀑之所以发生，是因为我们倾向于相信别人的所信和所为。如果我们认识的大多数人都相信一则谣言，我们也就很容易相信那则谣言。我们接受他人信念，是因为自己对此缺乏相关信息。特别是当我们对某则谣言的内容一无所知时，我们就更容易相信它……当人们追随一些先行者或'领头羊'的言行时，社会流瀑现象就会发生。"[③]

决定谣言传播能力的关键性因素，希布塔尼总结了一个著名的公式："谣言＝事件的重要性×事件的模糊性。"[④] 也就是说，事件的重要性和模糊程度是决定谣言传播能力的两个核心指标。一个事件越重要，越多人关注，越有利于谣言的传播；一个事件越模糊，越混沌，越不清，越有利于谣言的传播。所以要控制谣言，最根本的其实就是要控制这两个指标，首先是控制事态，让它的重要性降下来，减少人关注；其次就是控制它的模糊度，让它越公开、越透明。"制止谣言的关键在于填平老百姓与相关部门间的信息鸿沟。"[⑤]

从近年的突发事件来看，2012 年的"5·26"深圳飙车案，是一个非常成功的处置谣言的案例。

2012 年 5 月 26 日凌晨 3 时许，深圳滨海大道西行侨城东路段发生一起重大交通事故。一名男子酒后带着 3 名女性驾着一辆红色 GTR 跑车，高速撞上两辆同向行驶的出租车，造成其中一辆出租车起火，该车内 3 人当场死亡。事故发生后红色小车司机侯某现场弃车逃逸，后于当日上午 10 时许到福田交警大队自首[⑥]。飙车案发生后，深圳交管部门很重视，及时介入、通报进展，甚至披露了肇事者的照片。然而，网民就是不愿意接受，认为肯定是存在被调包、被顶替的情况。深圳交管部门专门去找线索，做舆论引导。他们做了五件事：一是主动发布。第一时间通过政务微博@深圳交警披露在哪儿发生了什么事故。二是动态发布。从 5 月 28 日到 31 日，连续 4 天，深圳交警连续开了 4 场新闻发布会，在一波又一波的质疑声中公布警方得到的最新证据，消除公众和媒体的疑虑。三是辅助发布会。通过政务微博辅助新闻发布会的传播。例如，告诉网友 28 日下午会有一场发布会，敬请关注。并且，在发布会召开的时候把发布会现场的图片搬到微博上去。四是互动沟

---

① 陈新汉. 民众评价论. 上海：上海人民出版社，2004：172.

② 卡普费雷. 谣言：世界最古老的传媒. 郑若麟，译. 上海：上海人民出版社，1991：18.

③ 桑斯坦. 谣言. 张楠迪扬，译. 北京：中信出版社，2010：8-9.

④ LGOR A H. Conceptual underpinnings of systematic strategic management. European journal of operational research，1985，19 (1)：2-19.

⑤ 向楠. 逾八成人称现在社会谣言很多，因官方信息不透明. 中国青年报，2011-09-08.

⑥ 黄璀. 突发事件中舆论监督的联动模式研究：以"深圳飙车案"为范本. 今传媒，2012 (8)：28.

通。5 月 30 日，通过政务微博和网友做半个小时的微访谈，回应网友所关注的热点问题。五是证据引导。把所能找到的视频材料放到优酷网上，提供链接，通过微博发出去，告诉网友现场的情况在哪儿能看到，感兴趣的话可以点开所提供的链接。这五件事情做完以后，网友基本上都接受了深圳交警的这个说法，其公信力也建立了起来。所以 26 日发生的事件，29 日进入舆论高峰以后，30 号就逐渐消退了。

2013 年 3 月 26 日，李克强总理在一次会议上也指出："我国微博用户数以亿计，有些政府信息不及时公开容易引起民众不满，给政府工作造成被动。""与其如此还不如主动、及时的公开，向群众说真话，交实底。"① 总理的这一告诫，正是处置谣言的重要秘诀。然而，2015 年"8·12"天津港危险品爆炸事故发生后，公众关注的一些关键性问题一直得不到通畅的通报。8 月 16 日下午，李克强总理抵达事故现场后又强调："要本着对人民群众生命高度负责的精神，对空气、水、土壤质量等环境指标持续准确监测，公开透明及时向公众发布，不得漏报瞒报。权威发布一旦跟不上，谣言就会满天飞。"② "权威发布一旦跟不上，谣言就会满天飞。"这正是阻遏谣言传播的不二法则。

本章小结

1. 危机管理中的网络舆论引导是突发事件涉及的公权力主体在事件处置过程中回应公众或媒体在网络空间对事件本身关切的工作，旨在平息社会情绪、化解公共危机和维护自身公信力。

2. 网络舆论具有倒逼真相、意见传达、权力监督、社会减压、推动改革等积极功能。

3. 管理部门对网络信息传播所出台的规定，遵循的管理逻辑是：规范网络行为主体、规范网络信息平台、规范网络信息内容、建立违规制约机制。

4. 新媒体时代，应当树立风险观、系统观、时代观等网络舆论引导观念。

5. 面对不同突发事件的网络舆论情况，应该进行具体的、有针对性的研判与引导，但一些通用原则可供参考，包括：及时启动舆情信息监测、科学研判舆论发展形势、细化诉求以针对性沟通、把握尺度有理有序引导、畅通渠道全方位地发声、公开透明阻遏谣言传播。

关键术语

网络舆论引导　　引导的法规依据　　引导的理念　　引导的原则

复习思考题

1. 网络舆论有哪些积极功能？

---

① 郭金超．李克强谈政务公开：要向群众"说真话、交实底"．中国新闻网，2013-03-26.

② 郭金超．李克强：权威发布跟不上，谣言就会满天飞．中国新闻网，2016-08-16.

2. 网络舆论引导的法规依据有哪些?
3. 网络舆论引导应树立何种理念?
4. 网络舆论引导可遵循的原则有哪些?

阅读案例

"1·2"哈尔滨仓库失火事件

2015年1月2日13时14分，位于黑龙江省哈尔滨市道外区太古头道街的北方南勋陶瓷大市场的三层仓库起火，过火面积1.1万平方米。仓库所在建筑为回字形的商住两用居民楼，钢筋混凝土结构，建于20世纪80年代，地下1层是仓库，1~3层是商铺，约有1 560户商铺，4~11层是居民楼。仓库内存放着笤帚、塑料制品等日杂用货，系非消防安全重点单位，使用性质为批发零售小商品。13时23分，消防队伍赶到现场开展灭火救援，疏散群众。14时左右，市场内群众全部撤离。

19时许，外部的明火被扑灭，随后消防人员进入仓库内部继续清理火灾隐患。21时37分，持续了9个多小时的大火导致仓库所在的居民楼塌方，将多名消防员压在里面。有2名消防员当场牺牲，15名消防员及1名保安被送到医院救治，有1名消防员因为抢救无效牺牲，另外有2名消防员失联。

22时39分，@央视新闻发布"消防员救火被埋"的微博话题："[紧急！今晚，过火仓库坍塌，多名消防员被埋!]今天下午，哈尔滨一仓库发生大火，晚7点外部明火被扑灭。因内部有大量纸质和塑料材料，随后消防员进入仓库内部继续清除隐患，但随后不久，仓库楼板坍塌，多名消防员被埋！正在紧急抢救！祈祷!"该条微博迅速引起网络的强烈关注。随后，@头条新闻、@人民日报等影响力巨大的微博账号也纷纷发布相关消息，网络关注度骤然大增。电视、报纸、网站等各类媒体纷纷介入报道。

在舆论大量关注该事件之时，@平安哈尔滨、@哈尔滨发布等官方微博却在发布其他消息，没有提及火灾事件，受到网友不满和质疑。例如，"@新华网-天眼追击"质问："[紧急！今晚，过火仓库坍塌，多名消防员被埋！今天下午，哈尔滨一仓库发生大火。]为什么@平安哈尔滨 @哈尔滨发布官方微博去发布别的信息？而对火灾事故没有发布任何信息，这为什么?"该微博同时附了哈尔滨市的两个官方微博所发的内容截图。

1月3日4时25分，@平安哈尔滨发布题为《哈尔滨市道外区太古街727号库房火灾基本情况》的长微博，通报事件情况，对事件进行了首次回应。然而，这篇仅有585个字的通报，表达"领导高度重视"的内容却占了258个字，从黑龙江省委主要领导到哈尔滨市主要领导、分管领导细数罗列了一遍，引发网友对其官僚主义作风的强烈谴责。

9时13分，@平安哈尔滨继续通报情况，称火灾中群众无伤亡，3名消防队员牺牲。9时17分，@平安哈尔滨再次发微博，通报杨小伟和侯宝森两位同志失联。15时19分至17时23分@平安哈尔滨发5次微博，通报5位战士的牺牲消息。

20时50分，@平安哈尔滨发布了一条图文并茂的微博："受国务委员、公安部长郭声琨的委托，公安部党委委员、政治部主任到哈尔滨医科大学附属第一医院亲切看望了受伤的消防战士，省委书记王宪魁陪同。”该通报被指“短短四五十字，将已来和没来的领导都涵盖其中”，再度被网友围攻。最令网友愤怒的是微博配图中，“领导的头像占据了整个视野，在角落里的受伤战士连脸都看不到”。在短时间内遭到大量网友批评之后，@平安哈尔滨删除了该微博。

案例思考题

结合本章所学知识，从上述案例提供的材料来看，你认为哈尔滨市相关部门在事件的网络舆论引导方面有哪些做得好，哪些做得不恰当？

第6章

危机管理中的国际沟通

国际沟通与现代危机管理的诞生紧密相连。随着经济全球化，信息技术广泛应用，以及中国公民出境游、中资企业“走出去”、“一带一路”倡议实施等不断深入，现阶段我国危机管理中国际沟通的作用日趋重要。国际沟通以海外公众和国际社会为主要沟通对象，分为海外涉我沟通和国内涉外沟通两种类型。其中，海外涉我沟通对我国来说是崭新的命题，而国内涉外沟通则溯源于传统的对外宣传报道工作。与国内沟通相比，国际沟通更容易受到国际政治关系、跨文化交流、海外法律政策以及国际贸易投资等方面的影响。在作用机制上，国际沟通应当遵循国际社会通行的做法与规律，以目标受众为导向，由对外宣传转变为对外传播，真正做到与世界沟通，维护国家形象与国家利益。

本章主要介绍危机管理中国际沟通的概念、类型、背景、作用与影响因素，分析海外涉我沟通的危机对象、主体、受众与渠道，探讨国内涉外沟通的主体、受众、渠道、媒介与报道机制，提出国际沟通的基本原则与主要策略。

重点问题

- 国际沟通的概念与类型
- 国际沟通的背景、作用与影响因素
- 海外涉我沟通的危机对象、主体、受众与渠道
- 国内涉外沟通的主体、受众、渠道、媒介与报道机制
- 国际沟通的原则与策略

6.1 国际沟通概述

国际沟通是新兴事物，本章首先界定了国际沟通的相关概念与范畴，并对国际沟通的

类型进行了划分，在此基础之上，进一步分析了国际沟通的背景、作用与影响因素。

6.1.1　国际沟通的相关概念

危机沟通或者危机传播研究作为危机管理中的一个独立分支，最初主要是从事与军事冲突、政治争端等重大危机事件相关的研究，随着时间的推移，研究对象也逐渐从政治军事领域进入了与公众息息相关的商业、灾害等领域。在沟通方式上，早期主要是通过宣传的方式开展对外传播，但是随着时代的进步，“现在的传播过程已经不再是单纯的宣传，而是现代化与信息的自由流通，而依附理论、媒介帝国主义也已经被‘自觉的读者’和全球化的话语所代替”①。

6.1.1.1　国际沟通

何谓国际沟通？从一般意义上讲，国际沟通或者国际传播（international communication）是信息的跨国流动。从广义上说，国际沟通是指“人类信息跨越国家边界的交流和流动，即跨越国界的信息传播”②，或者说是“通过政府、组织、个人进行的跨越国界的信息传递过程”③。由此，广义的国际沟通涉及包括政府、组织、群体和个人等各种主体的跨国沟通活动，是一种跨越地理性政治边界的沟通活动。从狭义上说，国际沟通主要是指“特定的国家或社会集团通过大众传播媒介面向其他国家或地区受众所进行的跨国传播或全球范围传播”④。国际沟通主要是通过大众传播媒介而不是人际传播或人际交流的方式开展的跨国信息沟通活动⑤，其主体通常是国家或政府，对象是其他国家或国际社会。

国际沟通与现代危机管理的诞生紧密相连。因冷战期间美苏两个超级大国争霸而引发的 1962 年古巴导弹危机是现代危机管理研究的起点。这场前所未有的严重政治与军事危机，激起了美国政府对危机研究的强烈关注，进而吸引众多学者与研究人员开展了与危机应对相关的多方面研究，直接催生了现代危机管理这一新兴学科。有学者认为在古巴导弹危机中，美苏双方都使用了“基本的交流渠道”，但“最重要的交流渠道可能是非官方的，这在危机中有时显得很有吸引力，它们提供了有价值的外交渠道以外的交流渠道”⑥。

本章主要是从危机状态下信息跨国流动的角度来界定国际沟通的范畴。同前面章节中的公众沟通与媒体沟通一样，国际沟通属于危机沟通中的外部沟通。为此，将国际沟通定义为在危机管理过程中，为了解决彼此之间争端，预防、控制与消除危机带来的不良影响，一国政府或机构通过一定的媒介方式与特定国家、地区或国际社会交流信息、观点、思想与情感等方面的活动过程。国际沟通的起因是在国内外发生或可能发生具有重大国际影响力的危机，需要一国政府或机构出面协调，以其他国家、地区或者国际社会为对象，

---

① 萨马迪. 国际传播理论前沿. 吴飞，黄超，译，北京：中国传媒大学出版社，2016：248.

② 李智. 国际传播. 北京：中国人民大学出版社，2013：2.

③ 关世杰. 国际传播学. 北京：北京大学出版社，2004：2.

④ 刘继男，等. 国际传播与国家形象：国际关系的新视角. 北京：北京广播学院出版社，2002：2.

⑤ 福特纳. 国际传播. 刘利群，译. 北京：华夏出版社，2000：6.

⑥ WILLIAMS P. Crisis management：confrontation and diplomacy in the nuclear age. //郑伟. 国际危机管理与信息沟通. 北京：中央编译出版社，2009：35.

通过大众传媒等方式进行跨国信息交流与舆论引导，最终实现控制危机事态，化解危机矛盾，保护该国公民、企业、团体等生命与财产安全，维护国家对外形象等目标。

6.1.1.2 国际危机事件

突发事件与国际危机事件密切相关。例如，海外突发事件是指“发生在本国以外的其他国家和地区，但与本国人民的生命、财产和国家的主权、安全和权益直接相关，处置不当则会影响本国海外公民的生命、与事发国的外交关系乃至本国国家稳定与和谐发展的紧急事件”①，主要是指发生在国外的紧急事件，往往跟国际政治关系密切相关，并不包含国内发生的紧急事件。国际危机事件的内涵更为广泛，将在国内发生的具有国际舆论影响力的危机和突发事件也纳入其中。本文中的国际危机事件是指在其他国家、地区或国际社会的舆论中，对某个特定国家的政府、企业、机构、群体或个人造成负面影响的跨国性危机事件。

按照危机事件是否发生在国内，可以将国际危机事件划分为国内型和海外型。根据我国的实际情况，国内型国际危机事件主要是指发生在中国，对中国公民安全、企业权益以及国家形象与公信力等方面造成恶劣影响的国际舆论危机事件，包括内地国际危机事件和港澳台国际危机事件两种类型，而海外型国际危机事件主要是指发生在其他国家与地区，并对中国公民安全、企业权益以及国家形象与公信力等方面造成恶劣影响的国际舆论危机事件。

6.1.1.3 国家形象

国际危机事件通常会影响到国家对外形象。所谓形象是指“人们所持有的关于某一对象的信念、观念与印象”②。美国学者约瑟夫·奈提出软实力的概念，他将国家力量分为硬实力和软实力两种类型，其中国家形象是国家软实力的重要组成部分。张岩松和张言刚认为，国家形象是国际舆论和国内民众对特定国家的物质基础、国家政策、民族精神、国家行为、国务活动及其成果的总体评价和认定③。从对象的角度来看，国家形象的受众包括国内公众和国际公众两个部分。相应地，国家形象分为国内形象和国际形象两种类型，既包括一个主权国家对内部的自我认知，也包括对外部的展示形象。管文虎认为，国家形象是“一个综合体，它是国家的外部公众和内部公众对国家本身、国家行为、国家的各项活动及其成果所给予的总的评价和认定”④。

2018 年 5 月至 7 月，当代中国与世界研究院（原中国外文局对外传播研究中心）与凯度集团（Kantar）合作开展了第 6 次中国国家形象全球调查。调查显示，2018 年，海外受访者对中国的整体印象为 6.2 分（满分为 10 分），与去年保持一致，海外发展中国家对中国的印象仍然好于发达国家，且提升 0.2，呈现逐年上升的趋势。62%的受访者认可改革开放不仅深刻改变了中国，也深刻影响了世界。74%的发展中国家受访者赞成中国改革开放 40 年的成功意义⑤。目前社会上对国家形象有一种错误的认识，认为国家形象是一种外

① 卢文刚，黄小珍. 中国海外突发事件撤侨应急管理研究：以“5·13”越南打砸中资企业事件为例. 东南亚研究，2014 (5)：80.

② 孙有中. 国际形象的内涵与功能. 国际论坛，2002 (3).

③ 张岩松，张言刚. 政府公共关系教程. 北京：清华大学出版社，2015：235.

④ 管文虎. 国家形象论. 成都：电子科技大学出版社，1999：23.

⑤ 中国国家形象全球调查报告 2018. 对外传播，2019-10-18.

在的、表象的、形式化的东西，只要在这个层面上做到位就大功告成了。但是实际上，国家形象不仅仅是外在“形象”，而且是“内容与形式的统一体”①，其中内容是内核和基础，起到决定性的作用，形式是内容的外在表现形式，反映了内容的精神实质。

笔者认为，国家形象是国内外公众对一个主权国家的政治、经济、社会、文化等方面总的评价与印象。在危机事件中，国家形象通常会受到不同程度的损伤，受到国际社会与民众的质疑与指责。广义的国家形象包括政府形象、城市形象、企业形象、社会团体形象与领导人形象等。

6.1.2　国际沟通的类型

按照不同的划分方式，可以将国际沟通分为海外涉我沟通与国内涉外沟通两种类型，或者是大众传媒沟通、组织沟通与人际沟通三种类型。

6.1.2.1　海外涉我沟通与国内涉外沟通

按照危机发生的地理位置来划分，可以将国际沟通分为海外涉我沟通和国内涉外沟通两种类型。在此基础之上，按照危机沟通的对象来划分，可以进一步将国际沟通分为面向国外受众的海外涉我沟通、面向国内受众的海外涉我沟通、面向国外受众的国内涉外沟通和面向国内受众的国内涉外沟通等四种类型。本文中，为了与国内沟通相区分，除特别说明以外，面向国内受众的海外涉我沟通和国内涉外沟通一般不做考虑。

1. 海外涉我沟通

海外涉我沟通主要是围绕海外型国际危机事件而开展的国际危机沟通，目的是应对发生在国外，以中国政府、企业、机构或个人为主要对象，在其他国家或国际社会中造成恶劣舆论影响的国际危机事件。虽然海外型国际危机事件发生在国外，但是通常需要国内外的中方力量通力合作，共同应对，具有海外危机国内化的特征。例如，利比亚撤侨事件、湄公河惨案、菲律宾人质事件、印尼排华事件等国际危机事件。

2. 国内涉外沟通

国内涉外沟通主要是围绕国内型国际危机事件而开展的国际危机沟通，目的是应对发生在国内，以中外政府、企业、机构或个人为主要对象，引起恶劣舆论影响的国际危机事件。虽然国内型国际危机事件发生在国内，大多数情况下通常只是国家内部事务，没有外国机构或个人受到影响，但是由于受到外媒广泛关注，在其他国家或国际社会中造成恶劣舆论影响，需要中国政府或机构认真应对，做好对外舆论引导工作，具有国内危机海外化的特征。例如，2003 年 SARS 疫情、2008 年汶川特大地震、2009 年乌鲁木齐“7·5”事件等。

需要指出的是，国内型和海外型国际危机事件不是孤立的，在某些情况下可以衍化与转换。2015 年 11 月 21 日，由于吉林省松花江上游发生水污染，污染水带沿松花江向下游漂流，哈尔滨市政府发布公告称“市人民政府决定对市区市政供水管网设施进行全面检修并临时停止供水，……时间约为 4 天”，希望通过“善意的谎言”度过水危机。但是事与愿违，

① 程曼丽. 关于国家形象内涵的思考. 国际公关，2007 (4)：89.

很快全市就流传要发生地震的谣言，引起市民严重恐慌和抢购行为。迫不得已，当日午夜，黑龙江省政府和哈尔滨市政府决定向媒体公布真相，并于第二天凌晨发出第二份公告，将事件缘由告知公众，很快稳定了市民情绪和社会秩序。在该案例中，本来只是因国内环境污染事件而引起国内外媒体广泛关注的国内型国际危机事件，但是由于污染水团流入俄罗斯境内，造成俄罗斯水域严重污染，甚至引起俄罗斯居民抗议和外交纠纷，最终演变成了海外型国际危机事件，从而使国际沟通的重点从国内涉外沟通转为国内与国外沟通并重。

6.1.2.2 大众传媒沟通、组织沟通与人际沟通

按照在危机管理过程中信息传输与接收范围的大小，可以将国际沟通划分为大众传媒沟通、组织沟通与人际沟通三种类型，三者的沟通范围依次从大到小。

1. 大众传媒沟通

大众传媒沟通是指特定社会集团通过电视、报纸、广播、电影、网络、杂志、图书等现代化的媒介方式向社会大众传送信息的沟通活动。大众传媒沟通需要借助特定的大众媒介，向全社会公开相关信息，信息传送广泛、快速、连续，权威性较强。通过大众传媒沟通的方式，客观公正地发布信息，可以在全社会形成较为一致的意见、态度和看法，有助于消除负面的公众舆论。大众传媒沟通的对象具有广泛性、混杂性、分散性和隐匿性等特点，民众通常是在比较自由的状态下接收信息。大众传媒沟通是一种制度化的沟通方式，基本上是单向的沟通，反馈很少且较为延迟。

2. 组织沟通

组织沟通是指在危机管理过程中，以组织为主体开展的各项信息沟通活动，即组织内部成员之间、组织之间以及组织与外部环境之间的信息交流。组织通过信息的传递促使组织的各部分联结成一个有机整体，保障组织能够更好地应对危机。组织沟通有组织内部沟通和组织外部沟通两个方面，前者分为纵向沟通、横向沟通和斜向沟通三种形式，后者分为信息输出和信息输入两种形式。与大众传媒沟通相比，组织沟通同样是一种制度化的沟通方式，但是约束力较强，通常会通过固定的机构，面向固定的对象，多采用指令性的沟通方式。除了以组织的名义进行沟通活动之外，组织沟通过程中还存在着大量的组织成员之间的个体互动与小群体交流活动。上升到国家层面的组织沟通通常表现为外交活动，由主权国家出面向另一个国家提出外交通报与交涉。2008 年，由于婴幼儿配方奶粉中掺杂三聚氰胺，三鹿奶粉事件爆发。在事件初期阶段，三鹿集团和石家庄市政府没有选择及时向上级部门报告，采取积极有力措施开展危机公关，而是隐瞒真相，企图蒙混过关。新西兰恒天然公司是三鹿集团董事会成员之一，在得知三鹿奶粉出现问题后，屡次督促三鹿公司向中国政府有关部门报告，但是三鹿公司迟迟没有回应。迫不得已，恒天然公司将此事报告给新西兰总理海伦·克拉克，9 月 8 日克拉克以外交照会的方式直接通报中国中央政府，绕过了中国地方政府，最终引起了我国国家层面的关注。

3. 人际沟通

人际沟通是指在危机管理过程中，个人与个人之间通过面对面的方式或者借助某种有形的物质媒介来交流与沟通彼此的信息、观点、观念与感情等。人际沟通是私人性与参与性较强的沟通方式，有利于双方情感交流和互动反馈，双方既是传者也是被传者，反馈速度较快，且易于控制交流节奏。人际沟通交流信息的渠道较多，不仅可以使用语言，还可

以通过表情、眼神、动作等来发送与接收信息。相对于大众传媒沟通和组织沟通来说，人际沟通属于一种非制度化的沟通方式，传收双方相对比较平等和自由。

6.1.3　国际沟通的背景与作用

在当今时代，强调国际沟通的价值主要是基于国际沟通具有的特定历史背景与作用。

6.1.3.1　国际沟通的背景

在经济全球化、中国企业“走出去”、人员跨境流动以及信息技术发展等因素作用下，在全球舆论环境中中国面临着一系列的风险与挑战，同时也迫切需要加强国际危机沟通，以应对现实与可能发生的跨国危机。

1. 经济全球化过程中蕴含的风险

20 世纪 80 年代中后期以来，随着科学技术的进步和生产力的发展，世界经济全球化逐渐兴起，资源和生产要素在全球范围内合理配置，加快了资本、技术和人员的流动，促进了国际贸易的增长，是经济发展的必然结果。经济全球化有利于降低跨国企业成本，开拓国际市场，引进先进技术和管理经验，扩大劳动就业，推动世界生产力发展等，同时也带来了许多风险和隐患，造成贫富差距拉大、环境污染、不正当竞争等。

2. 中国企业“走出去”面临的挑战

随着中国经济社会的不断发展，我国经济总量稳居世界第二位，成为全球第一货物贸易大国和主要对外投资大国。通过实施“一带一路”倡议和“走出去”战略等，截至 2019 年底，中国 2.75 万家境内投资者在国（境）外设立 4.4 万家对外直接投资企业，分布在全球 188 个国家（地区），对外直接投资累计净额（存量）达 21 988.8 亿美元，居全球第 2 位，中国境外企业资产总额达 7.2 万亿美元①。中国企业对外投资与贸易的不断增加，使得通过加强对外交流与危机沟通等手段来维护中国企业的海外权益成为必然选择。

3. 人员跨境流动带来的威胁

在人员跨境流动方面，据统计，2015 年，我国入境旅游人数达到 1.34 亿人次，国内居民出境旅游人数达到 1.17 亿人次②，中国在海外的各类劳务人员超过 100 万，海外留学人员达到近 200 万③。随着人员跨境流动的大幅增加，旅游、留学、务工，以及传染病等领域的安全威胁逐渐凸显。例如，2003 年我国境内暴发的 SARS 疫情在短时间内迅速蔓延至 32 个国家和地区，全世界报告 SARS 病例 8 098 例，造成 774 人死亡，病死率 9.36%，其中我国境内报告 SARS 病例 5 327 例，造成 349 人死亡，病死率 6.55%，经国家统计局测算，经济损失约占当年 GDP 的 0.8%④。在疫情初期阶段，没有及时披露疫情准确信息，引起全球舆论对中国政府的广泛质疑与批评。

---

① 商务部、国家统计局、国家外汇管理局联合发布《2019 年度中国对外直接投资统计公报》. 商务部网，2020-09-05.

② 2015 年中国旅游业统计公报. 国家旅游局网，2016-10-18.

③ 王毅在十二届全国人大四次会议举行的记者会上就中国外交政策和对外关系答中外记者问. 人民日报，2016-03-09.

④ 卫生部关于印发《突发急性传染病预防控制战略》的通知. 卫生部网，2007-07-05.

4. 信息技术发展使得全球信息扩散加快

进入21世纪以来，信息技术高速发展，不断推陈出新，对全球经济、社会和文化的各个领域产生了极其深刻的影响。网站新闻、社交账号、电子邮件、手机短信、即时通信等新兴传播方式使公众在很大程度上摆脱了时间和空间的限制，可以随时随地接收信息。中国的信息化发展迅速，目前在产业规模、应用效益等方面位居世界领先位置，中国信息化全球化排名大幅提升，从2012年的第36位迅速攀升至2016年的第25位①。以无线通信和计算机网络技术为代表的信息技术，在大众媒体和社交媒体的支持下，能够让危机信息突破传统的地域限制，在短时间内在全球迅速扩散，促使危机事件不断升级，增加了相关主体应对危机的难度。

6.1.3.2 国际沟通的作用

国际沟通在保护海外人员生命与财产安全、维护企业海外口碑乃至国家经济发展、捍卫政府对外形象和国家主权独立、树立社会文化自信与民族友好形象等方面发挥着极其重要的作用，关系到国家利益和国家对外发展战略。

1. 保护海外人员生命与财产安全

部分国家正在发生或者可能发生政局变化、恐怖主义、战争、武装冲突、社会动乱、治安犯罪、自然灾害、事故灾难、流行性疾病等各类严重危机与突发事件，会对我国在海外的企业与公民构成重大威胁，容易造成人员伤亡和企业资产损失。现阶段，为了保护我国公民在海外的生命与财产安全以及外国人在华期间的安全，需要政府、企业、组织和个人等采取包括国际沟通在内的各种手段，有效做好国际危机事件的预防、控制、应急处置与善后恢复工作。在危机发生前，通过风险研判，及时发出海外安全风险预警，可以提前做好人员规避、撤离，妥善安置企业资产等。在危机发生后，通过拨打热线电话和信息通报等方式，建立通畅的信息传递与沟通机制，可以及时解救被困和受伤人员，减少人员伤亡和财产损失。在善后恢复阶段，通过心理抚慰与疏导，可以安慰受害者及其亲属的情绪，疏解其心理压力。

2. 维护企业海外口碑乃至国家经济发展

品牌、口碑与形象是企业的无形资产，对于企业的生存与发展具有重要意义。在跨国性的危机管理过程中，如果企业应对不当，就会损害企业在海外的大众形象，削弱市场竞争力，影响企业在海外的产品销售，甚至带来灭顶之灾。塑造一个企业的海外品牌与形象需要长期的努力与坚持，但是一旦品牌与形象遭到破坏，就会在短时间内迅速崩溃，恢复过程相当缓慢。随着我国企业对外投资与贸易迅速增加，中国企业已经深度融入经济全球化的进程，不可避免地要面临大量各种出乎意料的危机，这就需要企业未雨绸缪，建立完善的预警机制与应急预案，维护企业在海外的良好口碑与形象，努力把损失降到最低。企业是国家经济发展的主体，是国家生产力的主要代表。中国企业在海外的口碑与形象不仅关系到企业自身的市场份额、盈利水平，甚至影响到国家产业贸易政策与国家的对外发展战略。

3. 捍卫政府对外形象和国家主权独立

“落后就要挨打，贫穷就要挨饿，失语就要挨骂”。近现代以来，在中国共产党的领导下，经过长期不懈的努力，我国已经较好地解决了“挨打”“挨饿”问题，但是“挨骂”

---

① 国家信息化发展评价报告（2016）. 中国互联网络信息中心网，2016-11-18.

的问题仍未得到有效解决，尤其是在应对国际危机事件中亦是如此。例如，在“3·14”拉萨事件和“7·5”乌鲁木齐事件中，部分西方媒体歪曲报道，不仅损害了我国的国家形象，还对国家的主权独立与领土完整造成了威胁。美国学者雷默指出，“中国当前面临的最大战略问题是其国家形象”①。2016 年 5 月 3 日，美国《国家利益》杂志网站刊登题为《中国最危险的敌人是全球舆论》的文章称，根据国外的民意调查数据显示，欧美主要国家和亚洲邻国普遍对中国怀有矛盾心理，在希望中国的经济发展能够惠及本国的同时，又不同程度地忧虑来自中国的种种“威胁”。

作为主权国家的无形资产，国家形象是国家利益的重要组成部分。在应对国际危机事件中，积极开展国际危机沟通，有利于维护政府和机构的对外良好形象和国家的主权独立。在全球化时代，媒体高度发达与信息充分流通，“形象与威望成为一个国家真实的战略资源”②。如何塑造良好的国家形象成为一个现代国家的重要战略目标。2016 年 7 月 1 日，习近平总书记在庆祝中国共产党成立 95 周年大会上明确指出：“全党同志要把人民放在心中最高位置，坚持全心全意为人民服务的根本宗旨，实现好、维护好、发展好最广大人民根本利益，把人民拥护不拥护、赞成不赞成、高兴不高兴、答应不答应作为衡量一切工作得失的根本标准，使我们党始终拥有不竭的力量源泉。”

4. 树立社会文化自信与民族友好形象

国际危机事件对政府、企业、组织和个人提出了挑战，在应对处置与危机沟通的过程中，参与其中的个体经常被看作群体和整体的代表，甚至被视为国家和民族的化身。相关主体需要对于危机本身拿出切实可行的行动方案，危机处置与舆论引导的好坏，不仅决定了危机管理的效果，同时也折射出一个国家的社会文化与民族现状。2008 年汶川特大地震发生以后，中国政府全力以赴组织救援，及时、公开、透明地报道地震及其救援进展。在抗震救灾过程中，许多普通民众和志愿者也加入到了救援队伍的行列，中国人民所展示的团结、爱心与付出，凝聚了中华民族齐心协力、患难与共的文化传统与民族精神，给许多外国媒体和公众留下了深刻印象，获得了普遍的同情与赞同，树立了深入人心的中华民族文化形象。

6.1.4　国际沟通的影响因素

国内沟通以国内的公众、媒体、机构等为沟通对象，而国际沟通是一种远距离的跨国信息交流过程。各个国家在社会制度、经济发展、文化传统以及语言文字等方面的较大差异，决定了国际危机沟通主体不能完全按照国内沟通的做法来开展国际沟通。作为危机沟通的重要形式，国际沟通除了具有突发性、紧迫性、不确定性等国内危机沟通的一般性特征之外，还受到以下几种因素的影响而表现出政治性、外交性、本地化、跨文化、“二次传播”性等特征。

6.1.4.1　政治外交关系

在国际沟通中，意识形态、政治制度和外交关系是危机沟通者首先要考虑的问题。世

---

① 雷默，等. 中国形象：外国学者眼里的中国. 沈晓雷，等译. 北京：社会科学文献出版社，2006：8.

② Sheng Ding. Digital diaspora and national image building. Pacific affairs，2007-2008，80（4）.

界各国的政治体制各有不同，但是基本上可以分为资本主义和社会主义两大体系。一个国家的政治体制与制度是历史选择的结果，有其合理性和特殊性。但是不同政体国家之间的立场差异会导致在媒体危机报道中出现许多不该有的误解与偏见，甚至故意歪曲事实，丑化对方国家的国际形象。政府通过控制信息来源等手段主导媒体议程设置，“通过控制消息发布来源来控制新闻媒介的内容和态度，是在政府机构看起来较少对新闻媒介进行严格控制的资本主义国家的政府部门对传媒进行控制的最主要方式”①。“由官员来确定新闻议程，不仅使他们在公众想什么以及他们怎么想等问题上获得更大的发言权，而且使他们可以运用策略的传播技巧对新闻中报道的事实进行重新塑造，包括事件、形势以及市民参与的形象等方面。”②

国际沟通是对外传播与宣传体系中的重要组成部分，与外交有着密切联系，“对外宣传与外交共同肩负着维护国家安全、树立国家形象、推进现代化建设和促进祖国统一的神圣使命，在我国总体对外战略中相互依托、相互配合、相互促进”③。国际政治与外交关系的内在驱动力是国家安全与利益，媒体的报道策略不可避免地受到该国政治与外交因素的影响，“在国际新闻报道中，各国的媒体都不同程度地遵循各自国家的外交政策导向，与本国的对外政策保持一致”④。例如，1983 年苏联战机在本土击落了一架韩国民航客机，以美国为首的国际媒体，将之视为“大屠杀”和“反人类罪行”，开展了大规模的“世界性的谴责运动”，而 1988 年美国巡洋舰将尚在伊朗领空内的该国客机击落，美国各大媒体却认为这是情有可原的“正当防卫行为”，最多不过是“让人感到难过”的“人类悲剧”。

6.1.4.2 法律政策体系

近年来，随着大量的中国公民到海外去旅游、留学，企业到当地直接投资建厂等，各种法律风险不断涌现。在一个陌生的国度和地区里，通常会面临着与国内差异极大的法律法规体系、公共政策制度与社会管理规定等。如果中国企业和公民不能掌握必要的东道国和地区的法律制度知识，触犯或违背了相关法律规定，不仅会使自身陷入不必要的麻烦，遭受经济损失或者被限制人身自由，导致不可预料的各种危机事件，还会让中国企业、政府和中华民族的国际形象受到损害。在国际危机事件发生以后，针对各类组织机构与群体开展的危机沟通活动，也要坚持依法办事原则，立足于当地的法律法规，以法律为底线和准则，以事实为依据，进行平等协商与友好交流，营造遵纪守法的文明企业与公民形象。充分利用法律手段，做好相关应急处置工作，可以有效避免产生更大的负面效应，保护与挽救良好对外形象。

6.1.4.3 跨国贸易投资

企业是对外贸易与投资的主体，为了获取与保持在国内外市场的竞争优势与地位，经常会掀起各种形式的价格战、贸易战与舆论战等，推动国际危机事件的形成与传播，危及企业、机构乃至行业与国家的对外形象。在经贸往来与海外投资的过程中，部分国家与地

---

① 刘华蓉. 大众传媒与政治. 北京：北京大学出版社，2001：12.
② 班尼特. 新闻：政治的幻象. 杨晓红，王家全，译. 北京：当代中国出版社，2005：152.
③ 孔玉芳. 宣传思想工作概论. 郑州：河南人民出版社，2006：226.
④ 李智. 国际政治传播：控制与效果. 北京：北京大学出版社，2007：42.

区实行贸易保护主义，在海外企业发生危机事件或产生争端冲突以后，动不动就借机制造事端，通过提高关税，采取进口许可与配额、外汇管制、歧视性的政府采购等措施来保护国内企业的垄断地位和市场经营，提高了企业危机沟通的难度。由于“中国制造”在国际市场上具有较大的竞争力，国际贸易长期保持顺差，中国企业在海外投资建厂的步伐加快，海外部分民众对于中资企业的表现怀有一定的敌意和畏惧心理，从心理上抵触与排斥“中国制造”，为危机事件的酝酿、发生与发展提供了社会土壤，造成国际危机沟通的敏感性较强。

6.1.4.4 多元文化传统

文化以潜移默化的方式塑造与影响着人们的价值观与评价标准。世界上有大量来自不同文化背景和文化传统的民族与宗教，在语言表达、价值观念、思维方式、生活习俗和行为准则等方面差异很大。法国学者路易斯·阿尔都塞认为，文化不仅是生活经验的再现，同时也是“提供框架让我们再现、解释、理解和澄清社会现实的图像、概念和前提”①。在媒体报道过程中，媒体通过对社会事务进行“符号化”与“赋予意义”而创制出多义性文本，来引导社会公众对危机事件达成新的“共识”。作为意义系统的载体，包括读者、听众和观众等在内的受众不仅是“意义的接受者”，同时也是“意义的生产者”，能够通过对危机报道进行文化解读，得出自己的看法与见解。

传统的传播与沟通模式是拉斯韦尔的“5W”模式，而在跨文化的背景下，信息沟通则是通过“7W”模式来开展的，增加了传者编码（with A code）与受者解码（with B code）两个环节②。这是国内沟通与国际沟通的主要差异之一。危机沟通者如果不能充分了解海外媒体与受众的跨文化差异，融入当地的环境中并与大众进行良性互动，就会不可避免地产生文化冲突，导致危机事件的发生、升级或恶化。

6.2 海外涉我沟通

随着中国赴海外旅游、投资的公民与企业不断增加，海外涉我沟通的重要性日益凸显。本节首先分析了海外涉我危机的类型与对象，其次探讨了海外涉我沟通的主体与受众，最后提出了海外涉我沟通的主要渠道。

6.2.1 海外涉我危机的类型与对象

海外涉我沟通面对的主要是涉及海外中国公民安全、中资企业、中国政府机构与社会组织等各种类型的危机。近年来，涉及中国公民、企业、机构与组织在海外合法权益的突

---

① 李智．国际传播．北京：中国人民大学出版社，2013：48.

② 关世杰．跨文化传播理论在对外传播中的应用价值：以龙在我国与 dragon 在英国的文化差异为例//姜加林，于运全．构建现代国际传播体系：“全国第一届对外传播理论研讨会”论文选．北京：外文出版社，2011：134.

发事件频繁发生，增长迅速。2015 年中方共妥善处置了近 8 万起领事保护与协助案件，包括上百起重大领事保护案件，撤离战乱和自然灾害地区中国公民 6 000 余人，安全营救遭绑架劫持人员 50 多名①。2016 年，外交部和驻外使领馆妥善处置了 10 万多起领事保护与协助案件。

6.2.1.1 海外中国公民安全危机

海外中国公民是海外型国际危机事件的主要受害群体。近年来，随着中国公民出境旅游、留学、务工、投资等人员数量急剧攀升，中国公民在海外发生各种人身安全事件的概率也在增大，海外安全风险形势非常严峻，多次发生危及中国公民人身安全的海外重特大突发事件，例如 2004 年印度洋海啸，2009 年甲型 H1N1 流感疫情，2010 年菲律宾香港人质事件，2011 年埃及、利比亚、日本三国大撤侨事件和湄公河惨案，2014 年马航 MH370 失联事件和西非埃博拉疫情，2015 年也门撤侨事件等。值得一提的是，在有史以来中国最大的海外撤离行动——利比亚撤侨中，中国政府先后调派 91 班 182 架次中国民航包机、12 架次军机、5 艘货轮、1 艘护卫舰，租用 35 架次外航包机、11 艘次外籍邮轮、100 余班次客车，安全撤离了 3 万多名中国公民，极大提升了国家形象和民族自豪感②。

据外交部统计，2015 年境内居民出境人数再创历史新高，达到 1.28 亿人次，同比增长 1 130 万人次，增长 9.68%，领事保护案件规模和比例同时加速发展，全年外交部领保中心和中国驻外使领馆受理的领事保护和协助案件数量达 8.67 万件，同比增长达 45.61%（见图 6－1）。其中，出入境受阻、社会治安、经济和劳务纠纷案件是排名前三的领保与协助案件，亚洲地区是领保与协助案件最集中的地区，非洲地区发案率远远高于其他四大洲③。大部分领事保护案件是企业和公民自身原因造成的，2006 年 3 万余起领事保护案件中，50%以上属于违法犯罪案件，如非法移民、非法经商、不遵守当地的法律法规、不遵守当地风俗习惯、从事色情活动、经营活动中的贿赂行为等④。

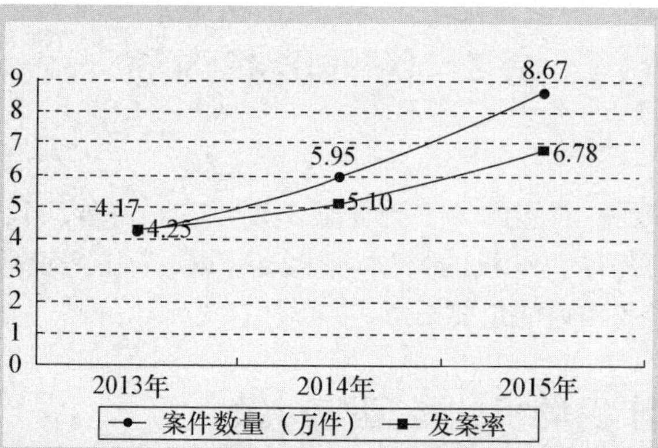

图 6－1 2013—2015 年领事保护与协助案件数量和发案率

① 出境流“破亿”时代：“风险保护”你知晓几多？新华网，2016-02-04.
② 中国已基本建立“四位一体”的境外安全保护工作联动机制. 新华网，2011-05-26.
③ 2015 年中国境外领事保护与协助案件总体情况. 中国领事保护网，2016-05-05.
④ 中国领事保护艰难中前行. 新华网，2007-09-17.

以出境旅游为例，根据国家旅游局历年发布的统计数据显示，我国因出境旅游而发生的突发事件大量增加。从发生境外突发事件的类型来看，在我国出境旅游风险中社会安全风险占比最高，比例高达60%，事故灾难风险、自然灾害风险和公共卫生风险各占10%多（见表6-1）；从发生境外突发事件的地域来看，我国出境旅游风险在不同的区域具有较为明显的差异①。

表6-1　　我国出境旅游风险类型统计

危机种类	所占比例	具体类型
社会安全风险	60%	主要包括抢劫、盗窃、绑架、凶杀、恐怖袭击和群体性事件、非法打工等风险类型
事故灾难风险	10%多	主要包括交通安全风险、涉水风险、设备风险、火灾爆炸风险和业务安全风险
自然灾害风险	10%多	主要包括地震灾害、台风、洪灾、冰雪灾害、海洋灾害等风险类型
公共卫生风险	10%多	主要包括传染性疫情、食物中毒以及其他卫生风险

6.2.1.2　海外中国企业危机

作为直接参与海外投资与贸易的主要经济力量，中国企业是容易遭到国际危机事件困扰的重点对象。随着“走出去”和“一带一路”倡议的实施，中国企业在海外的投资额迅速增加，在海外拥有数量众多的分支机构与人员以及庞大的资产权益，面临着各种不可预料的外部环境风险，传统风险因素与非传统风险因素相互交织，各类国际危机事件呈逐渐增长的趋势。例如2004年西班牙火烧中国鞋事件、2008年日本毒饺子事件、2009年俄罗斯大市场事件、2011年利比亚大撤侨和缅甸密松大坝停建事件、2014年墨西哥高铁项目取消事件、2015年希腊叫停中远比港项目事件等。2014年商务部合作司委托研发的《境外企业项目外源风险管控评价体系》将我国境外企业所遇到的外部环境风险分为政治风险、恐怖主义和社会风险、经济风险、法律风险、环境风险和医疗卫生风险六大风险。具体来说，《中国企业国际化报告（2014）》统计显示，在2005—2014年发生的120起中国企业“走出去”失败案例中，有25%是由政治原因所致，有8%的投资事件在审批环节因东道国政治派系力量的阻挠而失败，还有17%是在运营过程中因东道国政治动荡领导人更迭等原因而遭受损失②。

6.2.1.3　海外中国政府机构与社会组织危机

海外中国政府机构和相关社会组织是受到国际危机事件影响的主要对象之一。为了开展对外联系与交流，中国政府向海外派驻了大量的外交领事机构、文化交流机构、媒体采访机构，分布在世界各地。随着中国与世界的联系日益紧密，部分行业协会、非营利组织、社会团体等近年来开始走出国门。20世纪末以来，海外中国政府机构和组织遭遇了多起国际危机事件（见表6-2）。例如1999年中国驻南联盟大使馆被炸事件、2008年北京奥运火炬巴黎遇袭事件、2009年中国驻荷兰使馆遇袭事件、2012年美国要求孔子学院中国教师限期离境风波、2016年中国驻吉尔吉斯斯坦大使馆遭汽车炸弹袭击事件等。

---

① 谢朝武．出境游风险防控是全社会的责任．中国旅游报，2015-07-24.

② 企业走出去，海外安保有需求．瞭望东方周刊网，2015-05-14.

表 6-2　　20 世纪末以来中国驻外使领馆遇袭事件

年份	遇袭事件
1999	中国驻南联盟大使馆被炸
2009	中国驻荷兰使馆和驻慕尼黑总领馆分别遭不明身份人员袭击
2010	中国驻日大使馆接连收到子弹恐吓信
2011	中国驻洛杉矶总领馆遭枪击
2012	中国驻日本大使馆收到子弹信件
2013	中国驻叙利亚大使馆遭迫击炮袭击
2014	中国驻旧金山总领馆遭汽油焚烧袭击
2015	中国驻索马里大使馆遭汽车炸弹袭击
2016	中国驻吉尔吉斯斯坦大使馆遭汽车炸弹袭击

6.2.2　海外涉我沟通的主体与受众

从危机管理过程中信息传递的角度来看，海外涉我沟通的主体与受众分别是危机信息沟通的起点与终点，即拉斯韦尔“5W”传播模型中的传者与受者。海外涉我沟通的主体与受众是一组相对应的关系，两者之间应保持适度的张力与准确匹配度，不应过度强调海外涉我沟通的主体意识，要减少沟通的劝服性、倾向性、强制性与单向性，提高双向沟通与受众接受的程度。

6.2.2.1　海外涉我沟通的主体

新中国成立以来，根据适应形势发展变化的需要，我国不断拓展与整合对外传播的主体，对外传播的模式从建国初期单一的政府主体传播、改革开放初期的政府主导传播逐渐过渡到多元化主体传播，形成了融合政府、外交、媒体、社会“四位一体”的国际传播格局①，改变了“传统对外传播以主观宣传为导向的路径”②，取得了越来越多的国际认同。国际危机沟通是对外传播中的特殊形态，在现阶段对外传播的大框架下，可将海外涉我沟通的主体大致分为政府机构、企业机构和社会组织三类。

1. *政府机构*

国家政府是“国际政治信息的最终制造者与发布者”，不仅直接面向其他国家、国际社会或公众发布信息，而且通过直接或间接控制本国媒体来影响国际舆论③。二战以来，为了“告知、接触并影响”外国民众，“保证使自己国家与外国保持有效的‘思想联系’”和“信息与观点的跨国流通”，产生了由国家政府发动的、面向目标国（地区）民众与国际公众的国际传播行为，即公共外交（public diplomacy）或公众外交（mass diplomacy）④。具体到海外涉我沟通领域而言，政府机构历来是最主要和最有影响力的国际沟通主体，是海外涉我沟通的主导机构。2013 年 8 月习近平总书记在全国宣传思想工作会议上明确指

① 刘朋．新中国成立以来我国应对岛礁争端的国际传播．太平洋学报，2016，24（10）：95.
② 金正昆，陈斐斐．当代中国对外传播难点探析．观察与思考，2017（1）：44.
③ 李智．国际政治传播：控制与效果．北京：北京大学出版社，2007：11.
④ 李智．国际传播．北京：中国人民大学出版社，2013：86.

出："要精心做好对外宣传工作，创新对外宣传方式，着力打造融通中外的新概念新范畴新表述，讲好中国故事，传播好中国声音。"现阶段，我国主管或从事涉及海外涉我沟通工作的政府机构主要有以下几个部门：

（1）国务院新闻办公室。国务院新闻办公室组建于 1991 年 1 月，简称国务院新闻办或国新办，是中央主管对外宣传的专门机构，与中共中央对外宣传办公室合署办公。国务院新闻办的主要职责是推动中国媒体向世界说明中国，包括介绍中国的内外方针政策、经济社会发展情况以及中国的历史和中国科技、教育、文化等发展情况。通过指导协调媒体对外报道，召开新闻发布会，提供书籍资料及影视制品等方式对外介绍中国。协助外国记者在中国的采访，推动海外媒体客观、准确地报道中国。广泛开展与各国政府和新闻媒体的交流、合作。与有关部门合作开展对外交流活动。国务院新闻办的工作目的是促进中国与世界各国之间的沟通了解与合作互信，通过组织新闻报道，为维护世界的和平稳定和推进人类进步事业发挥积极的建设性的作用。

（2）外交部。外交部是主权国家中执行外交政策、主管外交事务的专门机构，代表国家和政府处理双边和多边外交事务，目的是维护国家的最高利益。我国外交部的主要职责包括负责协调处置境外涉我突发事件，保护境外中国公民和机构的合法权益，参与处置境内涉外突发事件；负责领事工作，管理外国驻华外交、领事机构；负责海外侨务工作，办理和参与境内涉外案件的对外交涉工作；负责领事保护和协助工作，协调有关部门、地方政府并指导驻外外交机构处理领事保护和协助案件，发布领事保护和协助的预警信息。

2004 年 11 月，经国务院批准，成立了由外交部牵头、国务院其他部门参加的境外中国公民和机构安全保护工作部际联席会议制度，统一指挥、协调境外涉中国公民和企业的重大领事保护事件的处置工作，建立了中央、地方、驻外使领馆和企业"四位一体"的境外安全保护工作联动机制，实施了海外风险定期评估制度。启动应急机制的前提是"首先分析判断事件的性质、类型及影响，如涉及我公民或法人重大人员伤亡或财产损失，即启动应急机制"。应急机制的主要内容是组成应急小组，制定工作计划；确定联络方案，保障信息畅通；开设热线电话，收集各方资讯；协调国内外有关单位共同展开工作①。

2006 年 5 月，外交部首次在领事司内设立领事保护处。2007 年 8 月，外交部将其升级改组为外交部领事保护中心（简称领保中心）。作为我国领事保护工作的"指挥中枢"和"协调平台"，领保中心负责指导全球 200 多个使领馆处置领事保护和协助案件，同时协调其他部委、地方政府和企事业单位共同做好境外中国公民和机构安全与合法权益保护工作。例如，在 2011 年利比亚撤侨行动中，领保中心的工作主要分为三个方面：研究拟订人员撤离的步骤和方案，并根据实际情况随时调整；联络国内外相关部门、单位、企业和驻外使领馆，及时协调沟通，确保撤离行动安全、有序、高效；收集、汇总、上报各方信息并通过统一渠道对外发布②。

（3）商务部。商务部是国务院主管的商业经济与贸易部门，负责国内外贸易与国际经济合作相关事务。商务部下设对外投资和经济合作司，其职责包括组织、协调实施"走出

① 中国公民获释内幕：外交部启动突发事件应急制．新华网，2004-04-15．

② 走进中国外交部领事保护中心．外交部网，2011-02-28．

去"，指导与管理对外投资与经济合作，会同有关部门负责对外投资和经济合作境外安全保护和突发事件处置工作，以及牵头外派劳务（含境外就业人员）的权益保护相关工作等。

2. 企业机构

企业是有别于政府和非营利组织的营利性社会组织。在经济利益的驱动下，国内企业通过对外投资与贸易的方式来开辟国际市场，向目标国（地区）推销产品、服务、技术等，参与当地经济建设。在此过程中，不可避免地要受到目标国（地区）政治环境、经济环境、文化环境等方面的影响，与当地产生经济上的往来和利益上的瓜葛，难免会遇到各种危机事件。作为危机直接相关方，企业是海外涉我沟通的责任主体，需要通过宣传推广、危机公关、形象塑造以及法律诉讼等方式来化解与度过危机。近年来，我国企业"走出去"的步伐不断加快，投资额屡创新高。2015 年中国对外直接投资经过多年连续增长，已经位列全球第二，首次成为资本净输出国，实现历史性突破，中国企业赴海外投资与发展进入"黄金期"和资本净输出阶段。在此过程中，央企是参与推动中国企业对外投资的主要力量。

3. 社会组织

社会组织是非政府、非营利的介于政府与企业之间的协调机构，通过向人们提供物品和劳务来满足社会需求，以服务公共利益为宗旨，包括各种政治性、文化性、学术性、行业性的组织机构和社会团体，例如中国人民对外友好协会、中国贸促会、国际商会、中国留学人员联谊会（欧美同学会）、中国红十字会、蓝天救援队等。现阶段，虽有一些中国社会组织走出国门，参与国际活动交流，但是总体上向国际社会传播信息与沟通宣传的力度还不足，危机沟通影响力较小。2015 年 4 月 25 日，尼泊尔发生 8.1 级强烈地震，截至 2015 年 6 月 11 日，地震至少造成 8 786 人死亡，22 303 人受伤。地震发生前，我国在尼泊尔的游客人数约为 4 000 人，常驻尼泊尔的中资机构人员有 2 100 余人。地震发生后，为了紧急救援当地民众和中国公民，中国社会组织首次开展了大规模海外救援活动，蓝天救援队等 10 余支中国民间救援队相互配合，通过"4·25"尼泊尔地震中国社会组织信息协同平台及时沟通，在救援中发挥了有效作用。

6.2.2.2 海外涉我沟通的受众

海外涉我沟通受众是指海外涉我危机沟通所面对的的沟通对象，主要是指目标国（地区）的民众和国际社会的一般性公众。由于母语优先以及原有的媒体阅读习惯等原因，在国内工作、生活的外国人同样适用于海外涉我沟通，而在海外工作、生活的本国人则更适用于国内危机沟通。海外涉我沟通的受众具有广泛性、复杂性、广泛性等特点，各个受众及其群体之间存在着很大的差异，可以按照不同的标准对其进行划分。

1. 重要受众、次重要受众和一般受众

按照受众对危机沟通者的重要程度及其在沟通过程中所发挥作用的大小，可以将海外涉我沟通的受众划分为重要受众、次重要受众和一般受众。重要受众是指与危机沟通主体有特殊的利害关系，对达成预期的危机沟通目标具有至关重要影响的受众，例如可能扮演政府领导、重要官员、知名人士、媒体代表、重要的国际组织、有效的潜在购买者等。次重要受众是指与危机沟通主体有一定的利害关系，对达成预期的危机沟通目标具有较大影响的受众。一般受众是指与危机沟通主体没有直接的利害关系，对达成预期的危机沟通目标不具有决定性影响的受众，例如国际社会中的普通公众、一般性的国际组织。

2. 支持受众、中立受众和反对受众

按照受众对危机沟通者的立场与态度，可以将海外涉我沟通的受众划分为支持受众、中立受众和反对受众。针对一个国际危机事件，相关机构、群体、个人的态度与观点通常呈现分化的局面，表现为支持、中立或反对三种立场。这三类受众的比例大小取决于国际危机事件的严重程度、利益诉求、固有观念、国家与文化的远近亲疏关系等多种因素。危机沟通者在制定与实施危机沟通方案时要区别对待不同信息接收偏好的受众，对于支持受众，要在稳定的基础上扩大受众范围；对于中立受众，要给予足够的重视，争取得到更多的同情与理解；对于反对受众，要通过充分的沟通与说服，消除误解与偏见，促使其转化成中立受众或支持受众。

3. 直接利益相关受众、间接利益相关受众和利益不相关受众

与一般性的国际沟通相比，海外涉我沟通通常是围绕国际危机事件而开展的，在此过程中会出现人员伤亡、财产损失、声誉破坏、心理创伤等利益上的冲突与受损害行为，不同程度地涉及参与其中的各个群体。按照受众与国际危机事件的相关程度，可以将受众分为直接利益相关受众、间接利益相关受众和利益不相关受众。直接利益相关受众是指与国际危机事件有直接的利益联系，处于事件核心区域的受众。由于是在国际危机事件中获益或利益受损的当事人，他们在事发后往往态度鲜明地支持或者反对危机沟通主体。间接利益相关受众是指与国际危机事件没有直接的利益联系，处于事件边缘区域的受众，通常带有一定的态度倾向性。利益不相关受众是指与国际危机事件没有直接或间接的联系，处于事件外围的受众，通常不会对事件表现出特殊的兴趣。

6.2.3 海外涉我沟通的渠道

海外涉我沟通的渠道主要包括政治外交、媒体报道、危机公关、社会交流等几种。

6.2.3.1 政治外交渠道

1. 外宣主管部门发表声明

作为主管对外宣传的最高机构，国务院新闻办（外宣办）研究与关注世界主要媒体及香港、澳门、台湾舆情，如果预料或发现海外发生舆情危机，将会及时通过发言人和新闻发布会等方式对外发出“中国声音”，目的是澄清外界误解或纠正错误认识，表明中国政府的立场与态度，推动冲突与争端顺利解决，维护正面的国家形象等。

2. 外交部门对外联系交涉

在危机管理过程中，当发生海外涉我突发事件等影响到中国国家主权、安全与利益的时候，外交部门将介入危机干预进程，代表中国政府同目标国（地区）政府进行正式或私下交涉，通过目标国（地区）驻本国大使馆或中国驻外领事馆等外交渠道联系对方代表，采取照会、声明、谈判、磋商、斡旋或者在国际组织协议框架内共同参与国际会议等方式，表明本国的态度，保护海外中国公民与机构的合法权益。

3. 组织协调公民领事保护

1963 年的《维也纳领事关系公约》规定领事的职责涵括“于国际法许可之限度内，

在接受国内保护派遣国及其国民——个人与法人——之利益”。根据该规定，可将领事保护定义为“一国的领事机关或领事官员，依据本国家利益和对外政策，于国际法许可的限度内，在接受国内保护派遣国及其国民的权利和利益的行为”①。2015 年外交部领事司修订的《中国领事保护和协助指南（2015 年版）》指出，在国外遭遇恐怖袭击、严重自然灾害、政治动乱等紧急情况时，中国公民应当立即与就近的中国驻该国使领馆取得联系，以获得最新相关信息并进行注册登记；妥善保存自己的重要证件和文件，包括护照、出入境记录、保险和银行记录等；检查护照、签证是否有效，如需更新护照请即到使领馆办理；将存放家中或随身携带的重要证件和资料双备份，以防万一。同时要保证自己驾驶的汽车安全及行驶正常，并储备必要的食品和药品；不要消极等待。如尚有安全方式离开，应立即行动。

针对战乱、政局动荡的高危高风险国家和地区，以及流行病肆虐或近期遭遇自然灾害可能性较大的地区，外交部领事保护中心践行“以人为本、外交为民”理念，通过安全提醒短信、中国领事服务网、“领事直通车”微信公众号、12308 热线等公众服务平台及时发布旅游安全提醒和旅行提示。针对高危高风险国家和地区，外交部还会发布“谨慎前往”或“暂勿前往”级别的提醒。自 2011 年 9 月起，中国外交部领事保护中心与三大移动通信商合作新建海外安全风险预警平台，通过手机短信向赴 181 个国家和地区的中国公民发送海外安全风险国别提醒。中国领事服务网（http://cs.mfa.gov.cn）于 2011 年 11 月正式开通，成为向中国公民提供领事保护与服务信息的“一站式”平台。“领事直通车”微信公众号自 2014 年 1 月开通以来，与中国领事服务网同步更新。2014 年 9 月，中国外交部全球领事保护与服务应急呼叫中心正式启用，主要用于在海外遭遇突发状况紧急求助，重点在于“领事保护”，核心在于“应急”，全年无休为海外中国公民提供 24 小时热线救助与咨询。

4. *其他政府部门危机沟通*

除了国务院新闻办和外交部以外，其他涉及对外沟通事务较多的部门包括商务部、国家发改委、公安部、国资委、全国工商联等，分别在各自职责范围内组织开展与协调配合对外危机沟通工作。2010 年 8 月，为了加强境外中资企业机构和人员安全保护工作，提高对外投资合作企业境外安全风险防范意识与应对能力，商务部、外交部等七个部门联合印发了《境外中资企业机构和人员安全管理规定》，明确要求建立境外安全风险监测和预警、境外安全突发事件信息报告等机制。

为了加强企业境外安全风险防范，保障“走出去”的顺利实施，2010 年 8 月，商务部制定印发了《对外投资合作境外安全风险预警和信息通报制度》，明确建立了境外安全风险预警制度和信息通报制度，将境外安全风险事件分为三级，根据境外安全风险信息的敏感程度，采取内部通报方式直接向企业发布预警与通报信息，或者通过网站和其他主要媒体公开向全社会发布安全预警与通报信息。

2013 年 7 月，商务部、外交部等六家部委联合下发了《对外投资合作境外安全事件应

① 卢文刚，黎舒菡．中美海外公民领事保护比较研究：基于应急管理生命周期理论的视角．社会主义研究，2005（2）：165．

急响应和处置规定》，明确要求，针对境外发生的各类安全事件，坚持"以人为本、依法办事、预防为主、安全第一"的原则，驻外使（领）馆、境外中资企业机构和人员等要及时报告事态发展和处置情况，"配合做好对外协调与联络、信息发布和媒体应对等相关工作"。

6.2.3.2　媒体报道渠道

媒体是向社会公众传播危机信息的主要渠道。领导人成功与外部世界进行有效沟通、传达相关信息、赢得国际社会的理解支持、维护国家尊严和形象的重要考察因素是与大众传媒打交道的能力①。在我国对外传播体系中，为了将信息传达到其他某个国家或者国际社会的目标受众，可以通过直接传播和间接传播两种方式，其中直接传播是指"中国的对外传播体系以外部受众为目标群体所进行的信息传播"，例如我国在海外落地的媒体包括人民日报社主管的《人民日报（海外版）》、新华社主办的中国新华新闻电视网英语台（CNC World）、中央广播电视总台经营的长城平台等；间接传播是指"能够对直接传播起到补充或修补作用的、可以真正'落地入户'的媒体"，包括海外华文传媒和西方主流媒体两类②。按照此种划分模式，在此基础之上，可以把海外涉我沟通中的媒体报道渠道分为直接媒体报道和间接媒体报道两种。中国作为传播大国，还需要向传播强国的方向努力。西方 50 家跨国媒体占据 95％的世界传媒市场，国外受众主要是通过西方媒体了解中国，仅约 20％的国外受众是通过中国媒体认识中国③。

1. 直接媒体报道

直接媒体报道是指为了更好地解决国际危机事件，消除事件带来的不利影响，危机沟通者以对象国（地区）或国际社会受众为目标群体，通过在海外落地的中国媒体开展的相关危机报道。限于语言和文化的差异，在直接媒体报道中，以华人华侨为目标受众的危机报道具有较高的传达率，但是针对非华语受众的危机报道则覆盖面有限，对于国际危机事件的目标受众影响力不足。

2. 间接媒体报道

间接媒体报道是指为了更好地解决国际危机事件，消除事件带来的不利影响，危机沟通者以对象国（地区）或国际社会受众为目标群体，通过海外的对象国（地区）本地媒体或国际媒体开展的相关危机报道。现阶段，在国际传播格局中，西方主流媒体仍然具有明显的优势。为了更好地将信息与观点及时、准确、广泛地传达到目标受众，在危机沟通中，需要更多重视间接媒体报道的作用，通过主动与西方主流媒体以及海外华文媒体接触与沟通，做好"二次传播"的方案设计等方式，赢得危机沟通的主动权。

6.2.3.3　危机公关渠道

危机公关是指针对有可能发生或者已经发生的危机事件，政府、企业、社会组织或个人通过公关手段或媒介组合策略，争取舆论导向的主动权，实现消除不良影响，恢复公众

---

① 李正国. 国家形象构建：政治传播及传媒影响力. 现代传播，2006（1）：158.

② 程曼丽. 中国对外传播体系及其补充机制分析//姜加林，于运全. 构建现代国际传播体系："全国第一届对外传播理论研讨会"论文选. 北京：外文出版社，2011：7-8.

③ 何亚非. 发挥华侨传播中华文化优势//姜加林，于运全. 构建融通中外的对外话语体系："第四届全国对外传播理论研讨会"论文集. 北京：外文出版社，2016：1.

信任与维护社会形象的活动过程。2007年4月16日，美国弗吉尼亚理工大学发生恶性校园枪击案，造成33人死亡，韩国裔枪手本人开枪自杀。枪击案让美国举国震惊，所有联邦机构降半旗志哀。案件发生后，韩国起初以局外人的心态来关注事件进展，甚至不加分辨地播报美国《芝加哥太阳时报》宣称凶手是中国留学生的错误报道。但是，在4月17日美国政府向韩国外交通商部正式通报疑凶可能是韩国裔学生之后，韩国政府立即意识到问题的严重性，可能会引发美国民众对韩国的敌对情绪，影响到韩美之间的盟交关系、留学政策以及经贸往来等。为此，韩国政府立即在国家层面上开展了政府危机公关，以韩美关系、侨民利益和国家形象为重点，开展了一系列的应急措施。在17日和18日两天内，韩国政府高层集体表态，韩国总统卢武铉连续三次发表声明，向受害者和家属以及美国人民表示歉意和哀悼，韩国总理、外长、国防部长和参联会主席等政府高官及时做出反应或积极回应①。通过第一时间回应和真诚沟通，韩国政府实施了卓有成效的危机公关，最终成功地避免了韩美关系恶化和国家形象危机。

作为国际危机事件的主要影响对象之一，企业往往通过接受采访、召开新闻发布会、投放公益广告、参加慈善活动等方式开展危机公关，化解外部环境对企业经营的压力与不利影响。2011年外交部领事司颁布的《中国企业海外安全风险防范指南》指出，发生海外突发安全事件时，“企业要在有关部门和驻外使领馆的指导下做好对外报道工作，正面引导舆论。要统一对外口径，避免各说各话、擅自透露事件处置细节，引起媒体炒作，对事件处理造成干扰。必要时可聘请当地专业公关公司协助应对公共舆论”。

6.2.3.4 社会交流渠道

在海外涉我沟通中，商贸协会、学术团体、国际组织、慈善机构等社会组织与团体以及关键个人也发挥着重要作用。作为一种交流渠道，社会组织在危机沟通方面具有人际网络广泛、活动方式灵活、亲和力强、中间立场等特点，可以在政府机构和大众媒体之外扮演独特而不可或缺的角色，通过邀请双方共同参加会议或直接发表声明等方式，促进冲突双方加强沟通，平等协商，推动国际危机事件向好的方向发展并推动问题的解决。社会组织从第三方的角度提出专家意见和权威解释，更容易被国际危机事件的参与各方认可与接受。通过积极争取网络名人的支持，通过其对外传递危机沟通主体的观点与主张，可以在短时间内向目标群体传播信息并争取其采纳。

6.3 国内涉外沟通

国内涉外沟通主要源于对外宣传工作，针对具有国际舆论影响的各类突发事件和危机，面向国际社会开展舆论引导工作。本节主要介绍国内涉外沟通的主体、受众、渠道、媒介与机制等内容。

---

① 韩国积极处理校园枪击案危机赢得美国理解，央视网，2007-04-20.

6.3.1　国内涉外沟通的主体与受众

中国政府与媒体是开展国内涉外沟通活动的主要执行主体，受众则是其他国家与地区的政府、媒体、公众以及国际社会等。

6.3.1.1　国内涉外沟通的主体

国内涉外沟通的主体主要有危机主体、上级主体和新闻发布主体三类。

1. 危机主体

危机主体是指造成或可能造成危机，或者受到舆论负面影响的政府机构、企业、社会组织与个人。有的危机主体直接或间接地引发了危机，例如造成火灾、爆炸、危险化学品泄漏、核辐射等事故灾难的企业，酿成职业中毒、食物中毒等公共卫生事件的机构与个人，因征地拆迁、劳资纠纷、PX 项目、垃圾焚烧厂等而引发社会安全事件的地方政府。有的危机主体虽没有参与危机的发生，但是对于危机的酝酿、发生与恶化等方面负有直接或间接的责任，从而引发了自身形象危机，例如在自然灾害、传染病防治等危机中救灾与处置不力、监管失职的政府主管部门、合作者等利益相关方。

2. 上级主体

上级主体是指对于危机主体负有监督、管理与领导职责的上级单位、部门或者领导者，例如没有牵涉进某类危机而相对超脱的纪委、法院、公安、安监等上级政府部门与领导等。上级主体具有权威性、强制性与中立性等特征，通常从管理的角度对危机与下属的危机主体进行分析问题、查找原因，提出相应的惩戒措施与建议，以恢复机构的公信力，抚慰公众的愤怒情绪，挽回政府形象。

3. 新闻发布主体

新闻发布主体是指负责新闻发布与舆论引导的专门机构，如国务院新闻办、外交部新闻司等。由于新闻发布主体拥有较强的专业队伍与知识，专职负责对外报道事务，在国内涉外沟通中具有明显的优势。新闻发布主体通过定期或不定期地自主召开新闻发布会、出版白皮书、组织记者采访等方式，统一口径对外发布信息，或者针对某个危机事件，邀请相关部门、专家与当事人等参与新闻发布主体组织的新闻发布会，答复记者与外界的疑问，开展相关危机沟通活动等。

6.3.1.2　国内涉外沟通的受众

在我国国内发生的各类突发事件或危机中，有些因受到国际社会的广泛关注而拥有不同程度的海外舆论影响力，对中国和中国政府的对外形象具有负面或正面的作用。国内涉外沟通的最终目标受众是指通过各种渠道了解与认识中国国内危机的海外公众。目标受众基本上覆盖了世界上绝大多数的国家与地区，来源广泛，人口众多。为了提高对外危机沟通的有效性，要按照受众导向的思路与原则，进一步细分目标受众群体，在此基础之上精心选择危机沟通渠道与报道策略等。

目标受众的划分方法有许多种，应当按照不同的危机性质具体对待。由于一般意义上的目标受众通常与中国国内发生的危机没有直接利益关系，可以按照宏观指标因素将目标受众划分成几种大的类型，例如，可以按照地理位置的不同，将目标受众划分成不同国家与地区的受众；按照阶层与职业的不同，将目标受众划分成上层与下层、官员与百姓、知识界与普通市民；按照价值观的不同，将目标受众划分成具有不同的政治倾向、宗教信仰和风俗习惯的受众等①。

6.3.2 国内涉外沟通的渠道

在对外危机沟通与新闻报道方面，各国都有自成体系的制度和做法。虽然西方国家媒体标榜为新闻自由，但在实践工作中基本上要受到政府直接或间接的影响。以美国对外宣传为例，“9·11”事件发生以后，除了传统的记者招待会和新闻发布会以外，美国政府对外宣传工作有直接和间接两种方法，其中直接宣传主要是对阿拉伯世界尤其是阿富汗国家传播美国反恐行动的立场和观点，而间接宣传带有一定的公关活动性质，形式较为多样。在影响大众媒介报道方面，美国政府则主要采用了引导和训诫相结合的方式②。具体来说，美国政府各职能部门、军方、情报、司法等机构通过频繁召开新闻发布会、记者吹风会，邀请与参加白宫记者晚宴、广播电视记者晚宴和格里迪俱乐部聚会等媒体人士聚会，发表广播电视会议、接受记者采访，雇佣大型公关公司制造舆论等密集的动态方式，有计划地向媒体提供想要往外界传递的信息，隐匿某些不想让公众了解的信息，以此来表明政府的立场和态度，同时在特定情境下，还采取直接干预新闻报道，撤换不听话的新闻机构负责人、与传媒母公司建立联系、施压私营新闻传媒、预制新闻节目提供给媒体等方式对媒体不符合政府要求的行为进行批评、诫勉与控制③。

国内涉外沟通的途径有面对面沟通和非面对面沟通两种，包括召开新闻发布会，举办媒体记者吹风会，约见记者实地采访，记者自主实地采访，发表新闻公报和声明，通过电话、传真、邮件等间接方式回答记者问询，通过官方网站发布危机相关信息以及通过“三微一端”等新兴媒体发布危机相关信息。不同的危机沟通渠道适用于不同的情形，需要视情况采用，以提高国内对外危机报道的舆论引导效果。

6.3.2.1 面对面沟通

1. 新闻发布会

在我国，新闻发布会是指党和政府的新闻发布机构举行的向媒体介绍党和政府立场、观点、态度和有关方针、政策、措施等信息的新闻发布活动，是回应社会关注的一种重要形式④。具有形式正式、权威性高、公开面广、互动性强等特点，能够与新闻媒体直接双向交流。通常认为，新闻发布会和新闻发言人制度是改革开放以后出现的新生事物。1983年2月，中宣部、中央对外宣传领导小组联合下发了《关于实施〈设立新闻发言人制度〉和加强对外国记者工作的意见》，要求外交部和对外关系较多的国务院各部门建立新闻发言人制度，定期和不定期地发布新闻。随后不久，1983年3月1日，时任外交部新闻司司

---

① 胡根康. 对外报道的针对性与时效性//刘洪潮. 怎样做对外宣传报道. 北京：中国传媒大学出版社，2005：130-131.

② 李斯颐. 新闻报道的宣传与管理. 中国记者，2002（1）：9-11.

③ 叶再春. 美国新闻传媒与政府关系研究（1990—2010）. 北京：中国人民大学出版社，2015：179-180.

④ 国务院新闻办公室新闻局. 新闻发布工作手册. 北京：五洲传播出版社，2015：8.

长齐怀远被正式任命为第一任外交部新闻发言人，并面向中外记者举行了首次新闻发布会。1983年4月23日，中国记协正式宣布我国建立新闻发言人制度，首次向中外记者介绍国务院各部委和人民团体的新闻发言人。2003年非典疫情暴发后，从2003年4月初到6月24日，卫生部连续举办了67次密集的新闻发布会，标志着我国全面建立新闻发言人制度。

2. 媒体记者吹风会

媒体记者吹风会是指非正式地向有关媒体记者透露与危机相关的某些消息或意向的会议。媒体记者吹风会是一种特殊形态的新闻发布方式，通常作为正式发布活动的预备或补充活动，其目的是介绍背景情况，了解与调研舆论反应，避免在正式发布活动中出现重大意外情况，偏离发布者的预期方向。媒体记者吹风会可以要求参加会议的记者不报道或透露发挥内容与发布人。《宣传舆论学大辞典》将美国政府举办的非正式记者招待会分为“新闻发布会”“情况介绍会”“背景情况介绍会”等几种形式，像正式记者招待会一样，有问答环节，但是会有特殊规定限制。

3. 约见记者实地采访

约见记者实地采访是指为了公开危机事实，引导社会舆论，危机沟通主体主动联系与安排新闻记者到实地采访的活动。作为撰写新闻的前提与基础，采访时记者获取新闻素材的基本手段，也是记者报道危机的主要工作方式。政府新闻部门通常会通过主动约见或应邀约见的方式，组织多家或独家媒体记者进行集体采访或单独采访。相对于集体采访的形式，记者通常更愿意通过独家专访来获得独家新闻。针对突发事件或重点敏感的问题，政府一般会安排两家或两家以上的媒体同时采访，以满足媒体采访的大量需求和避免出现个别媒体极端报道现象。

4. 记者自主实地采访

记者自主实地采访是指为了采集与危机相关的新闻，获取新闻事实，新闻记者自行主动在危机现场或后方进行的实地调查或访问活动。通过这种方式，记者可以从多元化的信息来源收集到更广泛的信息，丰富报道的内容，构建独特的报道角度与评论。在总结与沉淀北京奥运会对外报道经验的基础上，2008年10月国务院颁布的《外国常驻新闻机构和外国记者采访条例》明确规定，不再要求外国记者在我国境内采访时必须由相关单位接待并陪同，外国记者无须向地方外事部门申请赴开放地区采访事宜等。

6.3.2.2 非面对面沟通

1. 新闻公报与声明

新闻公报与声明是指针对重大的危机或问题，以党政机关的名义郑重宣布相关新闻事实，或者表明本单位、本部门的立场、态度与主张等。新闻公报与声明通常是在特定场合使用书面或官方用语向社会公开发布，具有严肃性、权威性、规范性与广泛性等特点。

2. 电话、传真与邮件等间接采访

当身处异地，需要对突然发生的危机进行快速采访，或者对某些事项与问题进行求证的时候，记者往往会通过电话、传真与邮件等非面对面的间接方式对当事人、知情人、主管部门或者新闻发布机构进行提问，获取相关的危机信息。这种间接采访的方式具有及时、简便、经济、灵活等特点，可以突破地理空间的限制。电话采访及时高效，能够实现即时采访，而传真与邮件采访则有理性思考的时间和一定的回旋余地，能够收集到内容更为丰富、书面与准确的信息。

3. 官方网站信息发布

随着经济社会的发展和政务信息公开的普及，各级政府机关普遍建有官方网站，在突发事件和危机发生前后向社会发布各类信息。危机沟通主体在官方网站上通过文字、图表、音频、视频、动画等方式发布危机相关信息，具有及时性强、滚动发布、互动性高、直观感性等优势。尤其是在第一时间向社会发布权威信息，可以有效满足公众知情需求，体现积极主动的负责任态度，减少谣言与不实信息传播，抚慰社会恐慌情绪。

4. "三微一端"等新兴媒体平台信息发布

随着社交媒体的广泛普及，微博、微信、微视频与客户端等"三微一端"新兴媒体逐渐走入了社会公众的学习、工作与生活当中。相对于官方网站来说，"三微一端"新兴媒体平台更加迅速、灵活、互动，更有针对性和亲和力，贴近公众日常社交生活。通过"三微一端"发布危机相关信息，可以利用人际沟通的方式在短时间内将信息迅速传播给特定群体。

6.3.3 国内涉外沟通的媒介与机制

国内涉外沟通需要借助一定媒介才能对外传递信息与引导舆论，面向海外受众的境内媒体和境外媒体在其中扮演着关键角色。在对外危机报道方面，我国建立了成熟的政策体系与报道机制。

6.3.3.1 国内涉外沟通的媒介

国内涉外沟通的媒介是指为了有效应对国内发生的各类危机，维护对外形象，以国际社会或海外公众为最终对象，国内危机沟通主体在国内开展危机沟通与舆论引导活动的直接对象，主要包括境内媒体和境外媒体等。由于国际社会和境外公众远离中国境内的危机现场，一般没有机会直接接触中国境内的中文媒体。他们了解相关危机信息的渠道通常有两类：一类是面向境外群体而在当地落地推广的报纸、电视、广播与网站等对外媒体；另一类是服务境外当地受众的本土或国际化的媒体，包括特定国家与地区的媒体以及西方主流媒体。两者既是危机沟通的直接对象，同时也是负责开展对外危机报道的媒介组织。

1. 境内媒体

境内对外媒体有庞大的队伍渠道和灵活的信息来源，可以相对方便地获取相关危机信息与开展对外危机报道。境内媒体是党和政府的"喉舌"，受到政府直接或间接的管辖，跟政府有千丝万缕的联系。某种程度上，境内对外媒体既是危机沟通的直接受众和对象，也是面向国际社会和港澳台进行舆论引导的危机沟通主体。

现阶段，我国已经形成由报纸、杂志、通讯社、广播电台、电视台、互联网等媒介形态为架构的对外传播格局。在通讯社方面，主要是新华社和中国新闻社这两家我国仅有的综合性国家通讯社；在纸质媒体方面，主要是《人民中国》《中国报道》《人民画报》《今日中国》《北京周报》等外文局所属报刊、发行量与境外影响最大的英文报纸《中国日报》（*China Daily*）以及《人民日报》等其他重要对外报刊；在电台方面，主要是中国国际广播电台（China Radio International）；在电视台方面，主要是中央广播电视总台下属的 CCTV-4 中文国际频道、CCTV-9 英语国际频道、CCTV-E 法语频道和 CCTV-F 西班牙语频道；在网络媒体方面，主要是中国网（www. china. com. cn）、国际在线（CRI Online）、中国日报网（www. chinadaily. com. cn）；在境外对外报道媒体方面，具有一定影响力的境外华文媒体包括纽约中文电视台、洛城双语中波广播电台和《侨报》等[①]。

2. 海外媒体

海外媒体主要通过派驻记者深入中国境内采写危机报道或者在中国媒体报道的基础上进行转发评论。从信息源的结构与比例来看，海外媒体是国际社会与外国公众了解与认识中国的主要信息源。因此，虽然国内涉外沟通的最终目标受众是国际社会与外国公众，但是国内涉外沟通的重点对象应当是为国际社会与外国公众提供新闻报道与评论服务的海外媒体与记者，以及海外媒体驻华的分支机构与记者。

2008 年 10 月国务院颁布实施的《外国常驻新闻机构和外国记者采访条例》明确规定，外国常驻新闻机构是指外国新闻机构在中国境内设立、从事新闻采访报道业务的分支机构，外国记者包括外国常驻记者和外国短期采访记者。外国常驻记者是指由外国新闻机构派遣，在中国境内常驻 6 个月以上、从事新闻采访报道业务的职业记者；外国短期采访记者是指在中国境内停留期不超过 6 个月、从事新闻采访报道业务的职业记者。据外交部统计，截至 2013 年 1 月，共有 59 个国家 438 家外国新闻机构在华派驻记者，外国驻华记者总数近 700 名[②]。2008 年北京奥运会期间，有 3 万多名外国记者来华采访，包括21 600 名正式注册记者、5 000 多名非正式媒体注册记者以及相当数量的其他新闻工作者，记者总数相当于是参赛运动员总数的 3 倍。

6.3.3.2　对外危机报道机制

在国际危机传播活动中，制度环境往往比技术环境对媒介组织的影响力要更大、更深远。除了要抢占先机之外，媒介组织的作用主要体现在为公众提供反映国际危机真实情况的信息，引导公众关注与他们利益相关的敏感危机信息，提醒公众关注与他们利益相关的重要危机信息，监督政府和商业结构以及帮助公众设置危机议程[③]。由于涉及海外传播对象、国际关系以及中央外宣的政策方针等因素，需要吃透“三头”的对外报道法则，即“上头”“下头”“外头”，将中央精神、上级部门要求、基层实际情况以及海外报道环境等有机结合起来，使报道能够“打准”与“落地”[④]。而在对外危机报道方面，徐学江认为，我国长期以来主要存在“应该报道的没有报道，造成舆论被动；突发事件虽然报道了，但人们关心的内容却讳莫如深；报道不及时”等三个问题[⑤]。在突发事件和危机事件的对外报道方面，中国政府的指导思想与政策方针经历了从对外宣传逐渐向危机沟通转变的发展过程。贺文发将新中国成立以来突发事件对外报道的历史分成了四个阶段：第一阶段是

① 何国平. 中国对外报道思想研究. 北京：中国传媒大学出版社，2009：85-118.

② 外交部：目前外国驻华记者总数近 700 名. 人民网，2013-01-23.

③ 中国广播电视协会. 宣传技巧与跨文化传播. 北京：中国广播影视出版社，2014：140.

④ 叶世涛. 吃透“三头”是搞好对外报道的基础. 新闻大学，1984（1）：35.

⑤ 徐学江. 突发事件报道与国家形象//刘洪潮. 怎样做对外宣传报道. 北京：中国传媒大学出版社，2005：188-191.

1978年以前，即改革开放前；第二阶段是改革开放后至1994年；第三阶段是1994年千岛湖事件后至2003年；第四阶段是2003年至今①。

1. 突发事件对外报道政策规定

改革开放以来，国家在中央层面上出台了一系列有关突发事件对外报道的政策与文件（见表6-3）。1987年7月18日，中共中央宣传部、中央对外宣传小组、新华通讯社联合下发了《关于改进新闻报道若干问题的意见》，明确规定："突发事件凡外电可能报道或可能在群众中广为流传的，应及时作公开的连续报道，并力争赶在外电、外台之前"，"重大自然灾害（如地震、水灾等）和灾难性事故，应及时作报道。"有外籍和港澳乘客的飞机、火车、轮船、汽车失事，应尽可能在事件发生的当天对外报道……"关于地震、气象、洪水等可能造成重大影响的预报或预测，一般不作公开报道，需要报道时，必须经国务院有关领导部门批准，由新华社统一发布"。

1989年1月28日，国务院办公厅、中共中央宣传部联合下发了《关于改进突发事件报道工作的通知》，规定重大突发事件由中央新闻单位请示国务院领导后向全国报道，必要时由新华社统一发布。该通知要求，"各地区、各部门及各新闻机构，要从引导国内外舆论、维护国内安定团结和我国的国际形象出发，本着中央关于'提高开放程度，增大信息量'、'重大情况让人民知道'的精神，继续努力改进突发事件的报道工作"，"为了争取新闻报道的时效，对于按不同性质确定在不同范围公开报道的突发事件，可分阶段发稿。新闻发布单位在获得中央或地方有关部门提供的或记者自行采访到的确切消息后，应尽快发出快讯，先对最基本的事实作出客观、简明、准确的报道，然后再视情况的发展发出后续报道"。

1994年8月，中共中央办公厅、国务院办公厅下发了《关于国内突发事件对外报道工作的通知》，明确规定"突发事件包括突然发生的重大社会事件、恶性事故、涉外和涉台港澳事件等。突发事件的对外报道要充分考虑事件的复杂性、敏感性和报道后可能产生的影响。报道要有利于我国的改革、发展和稳定，有利于维护我国的国际形象，报道必须真实准确，争取时效，把握时机，注重效果"②。

2001年，国务院办公厅颁布《关于进一步加强国内突发事件对外报道工作的通知》。2002年11月，党的十六大报告提出建立"行为规范、运转协调、公正透明、廉洁高效的行政管理体制"，为对外危机报道带来了新的变化。

2003年1月全国对外宣传工作会议和3月国务院第一次全体会议明确要求建立健全国务院新闻办、中央各部门和省级政府三级对外新闻发布机制，推动新闻发布经常化、规范化和制度化③。李长春同志在全国对外宣传工作会议上指出，要建立健全对外新闻发布机制。新闻发布要做到经常化、规范化。要做好对新闻发布的统一协调和组织工作，提高新闻发布的质量和权威性，建立应对突发事件高效的新闻宣传协调机制，以确保突发事件对外报道的主动④。2003年，中共中央办公厅、国务院办公厅联合印发《关于进一步改进和

① 贺文发．突发事件与对外报道．北京：中国传媒大学出版社，2008：17-18.

② 毛家武．对突发文件报道功能的再认识．新闻彩编，2007（2）.

③ 华清．政府新闻发布工作60年：进展、经验与前瞻//姜加林，于运全．构建现代国际传播体系："全国第一届对外传播理论研讨会"论文选．北京：外文出版社，2011：446.

④ 李长春出席全国对外宣传工作会议并讲话．人民网，2003-01-10.

加强国内突发事件新闻报道工作的通知》。2003 年 5 月，国务院颁布实施的《突发公共卫生事件应急条例》规定“国务院卫生行政主管部门负责向社会发布突发事件的信息。必要时，可以授权省、自治区、直辖市人民政府卫生行政主管部门向社会发布在行政区域内突发事件的信息。信息发布应当及时、准确、全面”。

2004 年 2 月，国务院颁布《关于改进和加强国内突发事件新闻发布工作的实施意见》。

2006 年 1 月，国务院颁布《国家突发公共事件总体应急预案》，规定“突发公共事件的信息发布应当及时、准确、客观、全面。事件发生的第一时间要向社会发布简要信息，随后发布初步核实情况、政府应对措施和公众防范措施等，并根据事件处置情况做好后续发布工作。信息发布形式主要包括授权发布、散发新闻稿、组织报道、接受记者采访、举行新闻发布会等”。

2007 年 4 月，为了加强政府信息公开，提高政府工作的透明度，为北京奥运会召开创造良好舆论环境，积极开展对外宣传交流，国务院颁布了《政府信息公开条例》并于 2008 年 5 月 1 日起施行，明确了政府信息公开是常态、不公开是特例的原则，要求“各级人民政府及县级以上人民政府部门应当建立健全本行政机关的政府信息公开工作制度”。2007 年 6 月，在二审《中华人民共和国突发事件应对法（草案）》中，全国人大常委会删除了新闻媒体不得“违反规定擅自发布”突发事件以及政府统一管理新闻媒体对突发事件报道的相关规定。8 月 30 日，全国人大常委会审议通过《中华人民共和国突发事件应对法》，第五十四条规定“任何单位和个人不得编造、传播有关突发事件事态发展或者应急处置工作的虚假信息”。

表 6－3　　改革开放以来突发事件对外报道相关政策法规

时间	名称	颁布机构
1987 年 7 月	《关于改进新闻报道若干问题的意见》	中共中央宣传部、中央对外宣传小组、新华通讯社
1989 年 1 月	《关于改进突发事件报道工作的通知》	国务院办公厅、中共中央宣传部
1994 年 8 月	《关于国内突发事件对外报道工作的通知》	中共中央办公厅、国务院办公厅
2001 年	《关于进一步加强国内突发事件对外报道工作的通知》	国务院办公厅
2003 年	《关于进一步改进和加强国内突发事件新闻报道工作的通知》	中共中央办公厅、国务院办公厅
2003 年 5 月	《突发公共卫生事件应急条例》	国务院
2004 年 2 月	《关于改进和加强国内突发事件新闻发布工作的实施意见》	国务院
2006 年 1 月	《国家突发公共事件总体应急预案》	国务院
2007 年 4 月	《政府信息公开条例》	国务院
2007 年 8 月	《中华人民共和国突发事件应对法》	全国人大常委会
2008 年 10 月	《突发公共事件新闻报道应急办法》	中共中央办公厅、国务院办公厅
2016 年 8 月	《国务院办公厅关于在政务公开工作中进一步做好政务舆情回应的通知》	国务院办公厅

2008年10月，中共中央办公厅、国务院办公厅联合下发《突发公共事件新闻报道应急办法》。

2016年8月12日，国务院办公厅发布的《国务院办公厅关于在政务公开工作中进一步做好政务舆情回应的通知》明确规定，“对涉及特别重大、重大突发事件的政务舆情，要快速反应、及时发声，最迟应在24小时内举行新闻发布会，对其他政务舆情应在48小时内予以回应，并根据工作进展情况，持续发布权威信息”。

近年来，除了中央政府不断改进与完善突发事件对外报道的政策与机制以外，随着国际交流活动日渐频繁，各级地方政府也加强了对外危机报道的制度建设。2014年修订的《广东省涉外突发事件应急预案》将涉外突发事件分为境外涉及我省突发事件和省内涉外突发事件两种，明确规定，“涉外突发事件的信息发布工作，在省指挥部统一领导下，由相关业务主管单位会同省政府新闻办和省外办共同处理”。2016年，由于涉外突发事件数量呈上升趋势，当年修订的《北京市突发事件总体应急预案》明确规定，在境外发生涉及北京市人员和机构的突发事件，由新组建的北京市涉外突发事件应急指挥部牵头，会同市相关部门、单位积极配合国家相关部门、我国驻外（港澳）派出机构做好境外领事保护工作，“市政府外办（市政府港澳办）、市台办、市政府新闻办等相关部门应根据应急处置工作的需要和职责分工，参与现场指挥部相关工作，并负责承办相关事项”。“当突发事件超出本市控制能力时，由市委宣传部报请中宣部统一协调组织新闻发布相关工作。对于可能引起国际社会关注的突发事件，对外报道工作应由承担突发事件处置的主责部门会同市委宣传部、市政府新闻办、市政府外办等部门共同组织，各新闻媒体要严格遵守突发事件新闻报道的有关规定。”

2. 驻华外国媒体与记者采访管理

为了促进国际交往和信息传播，2008年10月17日，国务院颁布《外国常驻新闻机构和外国记者采访条例》，同时废止了1990年1月19日颁布的《外国记者和外国常驻新闻机构管理条例》和2006年11月1日颁布的《北京奥运会及其筹备期间外国记者在华采访规定》。该条例明确规定，“中国实行对外开放的基本国策，依法保障外国常驻新闻机构和外国记者的合法权益”，为外国常驻新闻机构和外国记者在我国境内采访报道提供便利条件，同时也提出相应的约束条件，“外国常驻新闻机构和外国记者应当遵守中国法律、法规和规章，遵守新闻职业道德，客观、公正地进行采访报道，不得进行与其机构性质或者记者身份不符的活动”，“外国记者在中国境内采访，需征得被采访单位和个人的同意”。该条例进一步放宽了《外国记者和外国常驻新闻机构管理条例》的采访条件，将《北京奥运会及其筹备期间外国记者在华采访规定》的主要原则和做法固定下来。在2008年底的一次抽样调查中，82.5%的外国媒体表示，“采访对象拒绝接受采访”是他们在采访中遇到的主要困难。此外，50%的外国媒体认为，“无法找到合适的采访对象”也是采访中遇到的主要困难①。

① 外国驻华媒体情况调查及具体实践与探索. 人民网，2009-05-27.

6.4　国际沟通的原则与策略

赢得海外目标受众信任，维护国家与社会形象的关键在于以事实为依据，及时、客观、公正地处置与报道国际危机事件，采取有针对性的策略，有效引导国际舆论。国际沟通是对外传播的重要组成部分。段连成认为，对外传播必须遵循实事求是、有的放矢和明白易懂，即思想性、针对性与艺术性等三条基本原则①。这些原则即使是在今天，仍然具有指导意义。结合危机沟通的特殊性，国际沟通具有以下几项基本原则。

6.4.1　国际沟通的原则

6.4.1.1　维护国家利益原则

国际沟通首要原则是维护国家利益。国际传播的目标有很多种，但其“核心目标是维护国家利益和树立国家形象”②。从危机传播的角度来看，国际危机沟通与国内危机沟通最大的差异在于“国际危机传播的根本目的是维护和提升国家利益和国家形象”以及“国际危机传播的传播链必然延伸至国际政治环境中，无法在单一国家解决问题”③。国家利益不是空泛的概念，涵括了捍卫国家领土与主权完整、树立国际良好形象与公信力、保护中国公民在海外人身与财产安全、维护中资企业在海外的合法投资权益等多方面的因素。1961 年，美国入侵古巴的“猪猡湾”军事行动惨遭失败，在随后的美国新闻工作者协会上发表的演讲中，美国总统肯尼迪提出了国际新闻报道的经典原则，即媒体在报道新闻时，在符合新闻价值原则的基础上，还要遵循和恪守符合国家利益原则，在涉及国家安全和利益问题时要无条件地与政府合作④。

2016 年爆发的萨德导弹事件成为搅动朝鲜半岛局势的催化剂，围绕着萨德导弹系统部署计划的提出与实施，中、美、俄、朝、韩等亚太周边国家开展了针锋相对的危机沟通。2016 年 1 月 6 日和 9 月 9 日，朝鲜两次成功进行核试验，并多次进行中程导弹试验，有相当能力威胁到美国本土。6 月 4 日，韩国首次提出部署萨德导弹防御系统计划，主要作用是拦截高空导弹。这是自 2004 年首次部署“爱国者”Ⅲ低空导弹防御系统以来，在朝鲜半岛地区形成的第二个导弹防御体系。7 月 8 日，美国和韩国正式联合宣布将在韩国部署萨德导弹，声称只是用来防御朝鲜袭击，不会威胁到周边国家。但事实上，萨德导弹的雷达监测范围远远超出朝鲜半岛防御需求，可以监视中国东部大部分地区，以及俄罗斯的远东部分地区，严重威胁到中国与俄罗斯等国家的安全。

---

① 段连成．对外传播学初探：增订版．北京：五洲传播出版社，2004：9.

② 陈枫．构建中国国际话语体系，提升国际传播能力//龙小农，贾乐蓉．国际传播与国家发展：第十届中俄大众传媒发展国际学术研讨会文集．北京：中国传媒大学出版社，2015：261.

③ 周庆安．从福岛核事故看国际危机传播困境．对外传播，2011（5）：15.

④ 李智．国际政治传播：控制与效果．北京：北京大学出版社，2007：47.

针对朝鲜半岛局势的发展，中国政府多次做出有针对性的回应。2016 年 6 月 15 日，中国加大对朝鲜的制裁力度。在美韩两国宣布部署萨德导弹的当天，中国表示了强烈不满与坚决反对，“不要采取导致地区形势复杂化的行动，不要做损害中国战略安全利益的事情”。随着事态的升级，围绕着赴韩旅游、抵制韩国商品、乐天超市整顿、总统朴槿惠弹劾案等主题，中韩两国媒体和民间舆论也展开了激烈的评议与争论。2017 年 1 月，中国互联网络上流传“韩国半年出 8 套萨德系统图片，竟全部瞄准五星红旗”的消息，引起民众的不满。3 月 6 日，韩国《韩民族日报》刊登配图报道，标题为“中国从 15 日起全面中断韩国团体观光旅行……‘萨德报复’的直接炸弹”。在萨德事件中，各方参与国家的政府、媒体以及民众进行的各项危机沟通活动均是从维护本国国家根本利益的立场出发，体现了国家利益至上的危机沟通原则。由于各国立场并非完全一致，该原则在某种程度上也往往导致危机沟通具有不可调和的矛盾。

6.4.1.2 目标受众导向原则

国际沟通应当适应目标国（地区）主流受众的信息接收方式与内容偏好。根据主流传播学的观点，“对外传播的基本要求是换位思考，即不论是其符号的选择还是其符号的编码，均须以目标受众为中心”①。按照“所说的并不是最重要的，最重要的是所听到的”的劝服性传播原则，国际沟通不仅要让目标受众接收到信息内容，更重要的是能够听懂具体含义。在美国政府《战略沟通的国家框架》的报告中，时任总统奥巴马提出，“美国政府努力与外国公众沟通和接触，这些努力取决于针对关键受众的信息、研究和分析”②。由于世界各国在政治体制、价值观念、语言文化、民族宗教等方面存在较大差异，其他国家或地区目标受众对中国的认识水平、兴趣看法、接受程度等各有不同，决定了在对外危机报道与沟通的时候，必须坚持“内外有别”和“外外有别”原则，针对海外受众的不同特点开展差异化的危机沟通。

由于东西方文化差异较大，中外媒体报道修辞与风格也迥然相异，“西方媒体在新闻写作中更喜欢通过人物命运反应大主题，在这种媒体环境下成长的西方受众，对于‘小角度、大主题’的写作模式更熟悉、更容易接受”③。在对目标受众进行全面、客观与准确分析的基础上，要将目标受众进一步细分化不同的群体。按照细分群体的偏好与习惯，结合海外媒体报道的风格，有针对性地设计信息内容，选择能够有效送达信息的媒体，进而向目标受众发布信息与观点，争取得到目标受众的理解与支持。要坚持“外宣三贴近”原则——贴近中国发展的实际、贴近国外受众对中国信息的需求、贴近国外受众的思维习惯④，把握目标受众的心理，在“自我”和“他者”之间顺畅地跨文化沟通，讲好中国故事，发出中国好声音。

2007 年 12 月至次年 1 月期间，由于食用从中国河北天洋食品厂进口的速冻饺子，日本千叶县与兵库县 3 户家庭中的 10 人相继出现腹泻、呕吐以及重度昏迷现象，导致“毒饺子”风波。在最初的调查阶段，日本警方发现饺子残留物中含有 3.58‰、3.16‰的有毒

① 金正昆，陈斐斐．当代中国对外传播难点探析．观察与思考，2017（1）：50.

② 吴海燕．受众本位视角下当代中国价值观念的国际传播策略．学习月刊，2016（11）：24.

③ 张洪伟．对外传播应如何报道“坏消息”．新闻研究导刊，2016，7（21）：212-213.

④ 侯迎忠，郭光华．对外报道策略与技巧．北京：中国传媒大学出版社，2008：31.

物质甲胺磷，认为可能是在中国生产环节造成的，导致日本消费者对中国食品安全产生恐慌情绪与中日两国外交关系紧张。随后，中日警方在两国互派专家开展了同步调查。由于日本警方没有完全公开调查细节与进程，拒绝向中方提供案件的关键物证，中日警方均称有毒物质“在本国混入的可能性较低”，双方均表示“遗憾”或“不能理解”，两国媒体报道与舆论出现较大分化，日本媒体“一边倒”地认为，“毒饺子事件的投毒行为一定发生在中国，但是中国不彻底追查，不公布细节，不与日方配合，而且甚至认为中国到现在还在隐瞒真相”①。2 月 11 日，在日本德岛的速冻饺子外包装上检测出了微量的杀虫剂物质，猜测可能是当地商店在使用杀虫剂的时候不慎混入有毒物质，中国媒体迅速大量报道此事，多数称“日方承认毒饺子与中国无关”等类似内容。日本 TBS 电视台专门制作了一档节目介绍事件的全过程，认为中国媒体有意洗脱嫌疑。最终在经历两年多的调查以后，2010 年 3 月 26 日，中国警方宣布侦破案件并逮捕犯罪嫌疑人，事件起因是原天洋食品厂临时工吕月庭泄愤投毒。虽然这只是一起偶发的犯罪事件，但是由于双方危机沟通上的不足，该事件对中国对日本的食品出口产业造成了沉重打击，对中日两国关系造成了不利影响。在该事件沟通中，中国媒体略显不够成熟，在民族情绪的裹挟下，没有从日本普通民众的感受角度出发，将解决问题的真诚态度传递出去，不利于国家形象的维护与提升。

6.4.1.3　正负报道平衡原则

长期以来，我国对外传播体系的弱点之一是千篇一律，一个声音，过于重视正面报道，只宣传事物好的方面，缺乏听见不同的声音和适度的自我批评，长此以往，会降低媒体对外报道的可信性，不仅导致公众心存疑虑，怀疑事件的真实性，还容易让人产生逆反心理，与危机沟通的预期方向产生相反的效果。任何国家都有正面和负面的事件发生，对于负面事件进行过度的媒体控制和新闻审查，只会降低政府在国际危机沟通中的公信力。中共中央对外宣传办公室原主任、国务院新闻办公室原主任赵启正曾表示：“正面报道还是负面报道，我们需要辨别什么是正面，什么是负面，说我们的不好就是负面消息吗？不是。判定这个报道的正面负面问题，应该从是否有利于我国人民的根本利益。”为了引导国际社会舆论向有利于问题解决的方向发展，应当从“信息筛选”主导转向“信息公开”主导②，坚持公开报道国际危机事件，尊重海外目标受众的自主判断能力，善于倾听国际社会的意见并不断调整，在坚持对事实进行客观报道的基础上，利用主动公开与坦诚沟通，通过多种声音的传播来凸显政府的主流观点。

2003 年非典疫情是我国信息公开的里程碑事件。2002 年 11 月 16 日，广东省顺德市发生一例不明原因的呼吸系统疾病。12 月 15 日河源市报告中国首例非典型肺炎报告病例，并于 2003 年 1 月 2 日将有关情况报告省卫生厅。2003 年 1 月中旬，由于病毒传播迅速，珠三角地区陆续出现类似病例，随后民间和网络上谣言四起，部分民众开始抢购板蓝根、白醋、消毒药水等物资。在社会最需要了解真实情况的时候，中国媒体却集体保持了沉默。

---

① 日媒高调“纪念”毒饺子事件摸索脱离中国食品．搜狐网，2009-02-02.

② 胡伟．道与术：国际政治传播的战略思维．社会科学，2014（12）：10.

直到2003年2月10日，在距第一例非典病例确诊后的第11天，《羊城晚报》才首次刊发了题为《广东发现“非典型性肺炎”病例》的报道，但其内容也仅仅是提醒人们预防该病，而当时整个广东省发现的非典患者总数已经达到305人。2月11日，广东省卫生厅召开新闻发布会介绍广州地区非典型肺炎情况，称所有病人的病情均在控制当中，随后广东省主要媒体才报道了部分地区发生非典型肺炎的简要情况。2月下旬，根据广东省委宣传部的通知要求，“从2月23日起，所有‘非典’的报道权限在我部，未经我部统一，一律不得报道”，广东乃至全国媒体的声音再次消失①。

在SARS疫情报道中，对西方四大主流媒体（《华盛顿邮报》、《纽约时报》、CNN、BBC）的初步统计数据显示，在2003年3月31日至4月12日的202条新闻报道中，负面报道有132条，占报道总数的65%，其中对我国政府和政治体制进行公开指责的攻击性报道有46条，占报道总数的23%；中性报道有69条，占报道总数的34%；正面报道仅有1条，对中国政府的公信力和国际形象造成了严重的负面影响，其破坏性不亚于一场“软战争”②。

在疫情初期阶段，中国政府没有向世界卫生组织通报广东的疫情，广东省也没有向相邻的香港通报本地区的疫情信息。春节期间，SARS病毒连同谣言与恐慌随着返乡的人群进一步向全国蔓延。后来由于全国“两会”的召开，媒体停止报道SARS。2月21日之后，非典疫情相继扩散到中国香港、越南和中国台湾等地。

3月1日北京市发现SARS病例。4月3日，卫生部部长张文康在新闻发布会上宣布北京有12例SARS病例，死亡3例，反复强调疫情得到有效控制，称“到中国来工作、旅游、开会也是安全的”。事实上，据解放军301医院的退休医生蒋彦永了解到的信息，仅解放军309医院就收治了60例SARS病人，到4月3日已有6人死亡。4月8日，蒋彦永接受美国《时代周刊》采访，将疫情告知世人，人们了解到疫情远比官方公布的严重。随后世界卫生组织重新发布了旅游警告，很多国际媒体指责中国政府企图隐瞒真相。直到4月20日，卫生部召开新闻发布会，宣布北京市确诊的非典病例从37例暴增到339例，关于非典的信息才得以如实报道出来。当天，因疫情处置不力，张文康和时任北京市市长孟学农被免职。失衡的危机报道违背了真实、客观的立场，严重影响了中国政府的国际形象与公信力。

6.4.1.4 跨文化适应原则

世界各国在政治体制、历史传统、语言文化、风土习俗、价值观念等方面各有不同，在国际沟通中必须考虑到不同文化与地域的差异，尊重对方的习惯与接受水平，进行正确的“编码”与“解码”，使本方的意图能够为对方准确理解，避免不必要的误解。例如印度教禁止宰杀牛，基督教徒认为数字“13”不吉利等。因不了解对象国的文化禁忌与民族心理而造成沟通失败的案例在国际交流中屡见不鲜。自2005年9月30日起，丹麦销量最大的日报《日德兰邮报》刊登了12幅讽刺系列漫画，由于亵渎刊登与负面描绘伊斯兰教

① 赵路平. 公共危机传播中的博弈. 上海：上海社会科学院出版社，2012：98.

② 张晓群. 从缺位到归位：对SARS危机中媒体表现的评价//胡鞍钢. 国情报告第六卷·2003年. 北京：党建读物出版社，2004：590.

先知，该系列漫画引起了伊斯兰世界的强烈不满与民众抗议。丹麦、德国、法国、美国等西方国家媒体为了所谓的“捍卫言论自由”和满足公众知情权而通过各种方式陆续转载漫画，又进一步激化了危机矛盾，使得该事件成为国际瞩目的新闻与政治事件。

金·扬的“适应理论”（adaptation theory）认为，跨文化交流是一个逐步累积的过程，可描述为“紧张—适应—进展”模式。如同树木移植必须适应其他地区的土壤一样，在两种不同的文化语境下进行沟通，需要了解与适应目标国社会与公众，否则无法顺利进行国际沟通。文化传播中的适应理论普遍适用于不同国家政府、企业、机构团体与个人为主体的国际沟通。

在第二次世界大战末期，1945 年 7 月 26 日，中国、美国和英国以政府公告的形式联合发表《中美英三国促令日本投降的波茨坦公告》（简称《波茨坦公告》或《波茨坦宣言》），敦促日本立即无条件投降。彼时担任日本首相的铃木对外宣布，日本政府对《波茨坦公告》采取“mokusatsu”的态度。在日文里，“mokusatsu”一词有双重含义，既可以表示“藐视或不理睬”的意思，也可以代表“高明老练地不做出反应”的含义。由于在英文里找不到与“mokusatsu”完全对应的词，日本的翻译轻率地选择了“藐视或不理睬”的意思，将其翻译成英文，并通过对外广播电台向世界发布了消息。美国政府由此认为日本拒绝投降，为了加快战争结束的步伐，美军在广岛和长崎投下两颗原子弹。而根据战后“太平洋战争研究会”的研究表明，这是一种误译，实际上日本首相铃木表达的是后一种意思，他虽然没有接纳《波茨坦公告》，但是也没有明确拒绝。有的西方学者认为，如果当时翻译选择了另一种译法，日本可能就不会遭到人类历史上仅有的两次原子弹袭击①。

6.4.2 国际沟通的策略

6.4.2.1 树立对外传播科学理念

国际沟通是国际政治传播的重要组成部分，改革开放以来主要是以对外宣传的形式开展相关活动。在中国人的认知中，“宣传”是中性的或者带有一定褒义的词，但在国际媒体报道领域中则主要是负面的含义。美国传播学者哈罗德·拉斯韦尔将宣传定义为“以消息、谣言、报道、图片和其他种种社会传播方式来控制意见的做法”，是“通过操纵表述以期影响人类行为的技巧”②。而对外宣传或国际宣传则是指“一国政府导演的针对另一国人民所进行的宣传”，其目标是“说服人们相信宣传者的行为、对事件的解释，或反对宣传对象所在国的政府或领导”③。为了适应国际舆论环境的变化，提高对外宣传的效果，20 世纪 90 年代中后期我国中央部门决定将“宣传”一词的英译由“propaganda”改为“information”、“communication”或“publicity”等，随之而来的是 1997 年以后各级政府负责对外宣传事务的部门和机构纷纷将本单位的名称由“宣传部”改为“信息、新

① 关世杰. 国际传播学. 北京：北京大学出版社，2004：182.

② 赛佛林，小詹姆斯·坦卡德. 传播理论：起源、方法与应用. 郭镇之，译. 北京：华夏出版社，2000：107.

③ 福特纳：国际传播：“地球都市”的历史、冲突与控制. 刘利群，译. 北京：华夏出版社，2000：96.

闻、情报（information）部（办）”“联络、交流（communication）部（办）”“公关（public relations）部”①。名称或提法的更改不仅仅是文字上带来的变化，也意味着在信息传播与沟通的理念与方式上变得更加国际化，更为关注双向沟通以及受众的感受与主动选择。

6.4.2.2 公开、透明告知事实真相

在国际危机沟通中，要以事实为依据和基础，遵循客观、真实与准确的原则，避免出现公信力危机。作为西方新闻学中的公认准则，西方国家受众认为只有“客观报道”才是可信的。所谓“客观报道”，是指新闻报道应该如实地反映客观现实，不受报道者主观的影响、也不掺杂报道者自己的意见、看法等，“不是完全没有立场的报道，而只是不直接表明立场的报道”②。早在20世纪50年代中期，刘少奇就提出“新华社要成为世界性通讯社，新华社的新闻就必须是客观的、真实的、公正的、全面的，同时必须是有立场的。和其他通讯社相比，尽管观点不一样，但是新闻报道是客观的、真实的、公正的、全面的，这就能在世界上建立威信”③。

1994年3月31日，3名不法歹徒在千岛湖旅游景区劫持了“海瑞”号游船，抢劫游客后纵火烧船，造成船上包括24名台胞在内的32人全部遇难。原本只是一起偶发的刑事案件，但是按照以往的“不破不报”的传统思维模式，浙江省政府最初将此事件定义为“意外事故”。除了事发当天有报道之外，不仅在4月1日和2日大陆媒体没有任何报道，而且从4月3日至案件侦破的17日，在将近半个月的时间里，大陆媒体基本上都是以“意外事故”来报道这起极其恶劣的刑事案件，与实际情况差距甚远。由于地方政府和公安部门一度封锁新闻，未能及时公布相关事实和案件进展，西方国家的媒体大肆歪曲报道，称中国“黑箱作业”“掩盖事实真相”“欺骗死者家属”，导致国际舆论对中国非常不利。虽然后来中国媒体被动地去澄清了事实，但效果也只是事倍功半。国际危机沟通应当秉持实事求是精神，事实本身是最有说服力的，“在与外国人接触交谈或对外宣传中，我们应当学会用事实说话的方法，让对方通过事实得出自己的结论”④。

1947年，阿尔波特和波茨曼提出了经典的谣言公式：谣言=重要性×模糊性，即事件模糊程度越高，产生谣言的概率就越大。如果不能公开透明地处置危机，充分告知媒体与公众有关危机的信息，使目标受众能够了解危机的详细情况，就会容易产生各种谣言与不实报道。

在突发事件对外报道方面，我国历史上有过沉痛的教训。1976年7月28日，河北唐山发生7.8级地震，造成24.3万人死亡，16.4万人重伤⑤，震中唐山市顷刻间夷为平地。地震发生后，由于“文化大革命”时期的错误思想，中国政府没有对外公布地震的具体伤亡和灾损情况，引起其他国家广泛质疑，对国家形象造成沉重打击，甚至被引入美国大学课堂作为中国“封锁消息”的典型教学案例。直到3年以后，新华社一位记者利用参加大

---

① 李智．国际政治传播：控制与效果．北京：北京大学出版社，2007：171.

② 沈苏儒．对外报道教程．北京：五洲传播出版社，2004：29-31.

③ 中国社会科学院新闻研究所．中国共产党新闻工作文件汇编：下．北京：新华出版社，1980：361.

④ 陈斌发．地方对外宣传概论．北京：北京出版社，1986：序言.

⑤ 徐学江．一九七六年唐山地震死亡二十四万人．人民日报，1979-11-23.

连全国震情会商会这样一个偶然的机会，才正式对外公布死亡人数①。

2008年5月12日，四川发生新中国成立以来破坏力最大的里氏8.0级汶川特大地震，共造成69 227人死亡，374 643人受伤，17 923人失踪。在地震发生前，中国接连发生了南方雨雪冰冻灾害、“3·14”拉萨打砸抢烧事件、北京奥运会圣火海外传递遭袭事件等，国家形象在西方国家遭遇了空前的挑战。在汶川地震中，中国政府坚持公开原则，采取了全开放、全透明的救援方式，不隐瞒不封锁，取得了极佳的国际舆论效果，成为中国化解国际公关危机的转折点，在中国对外危机传播史上留下了经典案例，被视为“我国政府危机传播走向成熟的标志”。汶川地震发生后，仅过了20分钟，新华社就发出了第一条英文简讯。在最敏感的死亡人数方面，5月12日当天，新华网发布的遇难人员新闻就有16条。从5月13日起，中国政府不断主动举行新闻发布会，向中外记者披露伤亡数字、救灾措施等信息，没有任何回避与隐瞒。救灾期间，先后有近百位境外记者到灾区采访，其中有20多位外国记者同国内记者均在第一时间赶赴一线报道。公开透明的对外报道让世界重新认识了中国，西方媒体对解放军参与抗震救灾给予了很多赞扬，极大地改变了外国人对中国的刻板印象。例如，奥地利《新闻报》写道：“世界上没有哪个国家的军队应对灾难的能力像中国军队这样出色，中国军人是困境中的救星。”②《新西兰先驱报》称：“中国对灾难性的地震反映中所表现出来的同情、公开和效率，展现了国家的新形象，向国际媒体敞开大门，中国民众接收到未经过滤的信息。”③

6.4.2.3 第一时间发布权威信息

危机发生以后，不仅要向社会公开相关情况，还要抢占先机，在第一时间及时对外公布。从社会心理学的角度来看，人类在初次接触新鲜事物的时候，会产生第一印象，对社会认知的形成发挥首因效应作用，即“最初的印象对他人的社会认知产生较强的影响”④。如果不能在第一时间主动公开，而由其他渠道抢先传播危机信息，就会使公众产生先入为主的认识，容易形成刻板印象与偏见。等到后期再去扭转公众的社会认知，将付出更高的代价与成本。尤其是在新媒体时代，信息传递的速度大大加快，“当真理还在穿鞋时，谣言已经走遍半个世界”，信息技术与社交网络的发达对政府公开信息的速度提出了更高要求。

在拉萨“3·14”事件发生初期，由于中国媒体在对外报道中犹豫不决与迟缓，被西方媒体在国际舆论中抢得了先机。在此过程中部分西方主流媒体的一系列错误、选择性报道误导了国际舆论。针对西方媒体的不实报道，中国政府通过大量的电视、报纸与网站等报道开展了针锋相对的舆论战，在澄清事实、引导舆论方面发挥了巨大作用。例如2008年3月20日，在深入一线的街区、医院、学校等地方开展实地采访的基础上，中央电视台国际频道播出了题为《拉萨“3·14”打砸抢烧暴力事件纪实》的专题纪录片，客观展

---

① 徐学江．突发事件报道与国家形象//刘洪潮．怎样做对外宣传报道．北京：中国传媒大学出版社，2005：189-190.

② 邹建华．走进外交部发言人：新闻发言人面对媒体的策略与技巧．北京：中共中央党校出版社，2011：88-89.

③ 赵志立．从汶川大地震看中国的危机传播．中国地质大学学报：社会科学版，2009（1）：118.

④ 俞国良．社会心理学．2版．北京：北京师范大学出版社，2013：238.

示了暴力事件的发生过程与破坏程度，驳斥了西方媒体的歪曲报道。该片在播出后，在国内外反响强烈，据统计共有 113 个国家和地区的 290 家电视机构转播或部分采用了专题片内容，客观上了扭转了西方舆论“一边倒”的不利局面。但是总体上，落后一步的中国媒体“实际上担当的是一种被动的揭露、抗议、解释的角色”，难以挽回受损的国家形象。

2009 年 7 月 5 日，新疆乌鲁木齐发生严重暴力恐怖事件，7 月 7 日，《人民日报》多个版面从不同角度全面报道了乌鲁木齐“7·5”事件，第一时间还原了事件真相。7 月 8 日，共有来自 17 个国家和地区超过 80 家媒体的 100 多名记者在乌鲁木齐开展实地采访。这些措施获得了外国记者的相当认可，极大地压缩了负面报道和谣言的传播空间，提高了中国媒体对外报道的公信力，在第一时间占据了国际舆论话语权。外媒对此报道称，中国对媒体的“处理方式显得熟练多了”，“反映了一种自信和开放的心态”①。

6.4.2.4 精心设置媒体危机报道议程

议程设置理论认为，媒体虽然不能决定人们怎么思考和对事务的态度与看法（what to think），但是可以决定人们去关注与思考某些方面以及他们谈论的顺序（what to think about）。媒体的议程设置功能在国际政治传播领域中的作用表现为“传播媒介对国际政治信息的选择、编排直接影响公众对国际问题的关注程度，从而设定了公众对国际事务的兴趣和倾向这一社会政治议程，进而在一定程度上决定了政府处理外交事务的议程”②。而在国际沟通中，由于国际性大众媒体对于目标受众拥有决定性的影响力，对目标受众危机沟通发挥主导作用的媒体通常是西方主流媒体和目标国（地区）本土媒体。

国际政治传播的三级传播模式认为，从一国政府为国际性大众媒体设置报道议程，到国际性大众媒体为国际公众设置舆论议程，再通过国际舆论为目标国政府设置政策议程，通过这三个环环相扣的步骤，构成了一个完整的传播“动力圈”（dynamics）③。为了能够有效介入国际危机事件的舆论引导工作，政府机构、企业、社会组织等危机沟通主体应当精心设计媒体报道议程方案，主动做好媒体服务与公关工作，善于借助国际主流媒体和目标国（地区）本土媒体发布声明与评论，通过属地化的报道策略与语言修辞，提高危机沟通的针对性与有效性。

2010 年 8 月 5 日，智利圣何塞铜矿发生矿难，导致 33 名矿工被困在井下 688 米处。在长达 2 个多月的漫长救援过程中，逐渐吸引了世界各国媒体与公众的广泛关注，举世瞩目，最终成功营救了所有矿工。据统计，共有 1 300 多名外国记者聚集在智利指挥救援活动的大本营——“希望营”进行采访，皮涅拉总统多次作为新闻发言人直接与记者进行沟通，设立专门机构服务全球媒体与记者。通过设置媒体报道议程，公开、透明、动态地向外界传播救援过程信息，避免了许多不该有的猜测与小道消息，成功开展了“国家品牌营销”。虽然发生了如此严重的矿难，但是全世界普遍对智利政府叫好，被誉为“一个国家的胜利”。

---

① 国际舆论积极评价中国政府处理乌鲁木齐“7·5”事件开放透明. 人民网，2009-07-10.

② TEHRANIAN M. Global communication and world politics，domination，development and discourse. Colorado：Lynne Rinner Publishers，1987：64.

③ 李智. 国际政治传播：控制与效果. 北京：北京大学出版社，2007：141.

6.4.2.5　充分发挥非政府组织的作用

在我国对外传播体系中，政府、媒体、企业与社会组织是主要的沟通主体，但是相互之间比例较为失衡，没能充分发挥协调与互补作用。由于政府舆论导向性太强，导致媒体和央企在对外报道和沟通的过程中，经常被西方媒体或目标国（地区）本地媒体看成是“国家喉舌”或政府意志的体现，进行负面化的解读，影响了中国的对外形象。相对于前三者来说，社会组织在我国对外传播和危机沟通中出现的频率低，扮演的角色称得上是可有可无，没有在公共外交中发挥应有的作用。

2010 年东南亚国家发生严重干旱，湄公河遭遇半个世纪以来最严重的水位下降，东南亚部分国家有舆论认为是中国在湄公河的上游，即中国境内的澜沧江修建水坝所导致的，造成东南亚国家民众对中国的观感不佳，严重影响中国在当地的国家形象。实际上，持这种观点的主要是一些非政府组织和媒体，东南亚国家的政府相对比较谨慎。湄公河委员会成员泰国、老挝、越南和柬埔寨向中国政府提出交涉，并于 2010 年 4 月 2 日至 5 日在泰国华欣举行湄公河委员会系列峰会，讨论如何应对旱灾。中国政府主要采用外交模式，通过外交部发言、派人参加峰会等方式来挽回民意。虽然通过联合调查得出的科学数据表明中国上游澜沧江的水量只占湄公河水量的 13.5%，湄公河水位下降与中国修建大坝关系不大，主要是全球气候变暖背景下干旱本身造成的，不少国际专家对此结论表示认同，但是由于中国政府的官方回应方式比较单一，在当地缺乏专家学者、行业协会、志愿者机构、跨国组织、友好媒体等非政府组织参与沟通和斡旋，没有获得东南亚民众的普遍认可，造成舆论“一边倒”的情况出现，在应对东南亚舆情过程中收效甚微①。

本章小结

1. 所谓国际沟通是指在危机管理过程中，为了解决彼此之间争端，预防、控制与消除危机带来的不良影响，一国政府或机构通过一定的媒介方式与特定国家、地区或国际社会交流信息、观点、思想与情感等方面的活动过程。

2. 按照危机事件是否发生在国内，可以将国际危机事件划分为国内型和海外型。国际危机事件通常会影响到国家对外形象。按照危机发生的地理位置来划分，可以将国际沟通分为海外涉我沟通和国内涉外沟通两种类型。按照在危机管理过程中信息传输与接受范围的大小，可以将国际沟通划分为大众传媒沟通、组织沟通与人际沟通三种类型，三者的沟通范围依次从大到小。

3. 在经济全球化、中国企业“走出去”、人员跨境流动以及信息技术发展等因素作用下，在全球舆论环境中中国面临着一系列的风险与挑战，同时也迫切需求加强国际危机沟通，以应对现实与可能发生的跨国危机。国际沟通在保护海外人员生命与财产安全，维护企业海外口碑乃至国家经济发展、捍卫政府对外形象和国家主权独立、树立社会文化自信与民族友好形象等方面发挥着极其重要的作用，关系到国家利益和国家对外发展战略。

4. 与国内沟通以国内的公众、媒体、机构等为对象有所不同的是，国际沟通是一种

① 中国与全球化智库（CCG）. 中国企业全球化报告（2016）. 中国与全球化智库网，2016-11-25.

远距离的跨国信息交流过程，由于受到国际政治外交关系、法律政策体系、跨国贸易投资与多元文化传统等因素的影响，而表现出政治性、外交性、本地化、跨文化、“二次传播”性等特征。在跨文化的背景下，信息沟通则是通过“7W”模式来开展的，增加了传者编码（with A code）与受者解码（with B code）两个环节。

5. 海外涉我沟通面对的主要包括涉及海外中国公民安全、中资企业、中国政府机构与社会组织等各种类型的危机。近年来，涉及中国公民、企业、机构与组织在海外合法权益的突发事件频繁发生。海外涉我沟通的目标受众可以划分为重要受众、次重要受众和一般受众，或者支持受众、中立受众和反对受众，或者直接利益相关受众、间接利益相关受众和利益不相关受众等类型。

6. 国内涉外沟通的主体主要有危机主体、上级主体和新闻发布主体三类。国内涉外沟通的途径有面对面沟通和非面对面沟通两种，包括召开新闻发布会，举办媒体记者吹风会，约见记者实地采访，记者自主实地采访，发表新闻公报和声明，通过电话、传真、邮件等间接方式回答记者问询，通过官方网站发布危机相关信息以及通过“三微一端”等新兴媒体发布危机相关信息。不同的危机沟通渠道适用于不同的情形，需要视情况采用。在突发事件和危机事件的对外报道方面，中国政府的指导思想与政策方针经历了从对外宣传逐渐向危机沟通转变的发展过程。

7. 赢得海外目标受众信任，恢复社会形象的关键是及时公开，以事实为依据，及时、客观、公正地处置与报道国际危机事件。国际沟通要坚持维护国家利益、目标受众导向、正负报道平衡、跨文化适应等原则。国际沟通的策略主要包括通过树立对外传播科学理念、公开、透明告知事实真相、第一时间发布权威信息、精心设置媒体危机报道议程、充分发挥非政府组织的作用等。

关键术语

国际沟通	国际危机事件	国家形象	海外涉我沟通	国内涉外沟通
“走出去”	“一带一路”倡议	大众传媒沟通	组织沟通	人际沟通
媒介组织	对外报道机制	目标受众	受众导向	

复习思考题

1. 什么是危机管理中的国际沟通？
2. 国际沟通的类型有哪些？
3. 国际沟通的背景与影响因素是什么？
4. 海外涉我沟通的渠道有哪些？
5. 国内涉外沟通中的危机报道机制是什么？
6. 危机管理中国际沟通的原则与策略是什么？

阅读案例

马航 MH370 失联事件中的危机沟通

2014 年 3 月 8 日，马来西亚航空公司的 MH370 航班在从马来西亚吉隆坡飞往北京的途中失联，机上载有 239 人，包括中国大陆乘客 153 人，台湾地区乘客 1 人。3 月 8 日凌晨零点 42 分，马航 MH370 在马来西亚吉隆坡国际机场起飞，原计划于 6 点 30 分降落北京，全程 3 700 公里。凌晨约 1 点 20 分，在飞行途中，在马来西亚与越南的交接处，马航 MH370 与胡志明管制区失去联系，外界没有收到任何失踪飞机的求救信号。在搜救飞机的漫长过程中，事件真相一波三折，扑朔迷离，相关国家从外交、军队、媒体、民间等多个渠道开展了广泛而复杂的危机沟通活动。

接到飞机失联报告以后，中国政府高度重视危机应对工作，与国内外、前后方、上下级、跨部门等相关主体进行了充分的危机沟通。国家主席习近平和国务院总理李克强多次做出指示批示，要求相关机构全力搜救失踪的中国乘客。3 月 8 日上午，李克强总理要求相关部门“请迅即启动应急机制，与马方民航部门加强沟通联系，督促加大搜寻力度，尽快核实机上中国乘客具体情况。要在境外中国公民保护机制框架下，与外方共同做好应急救援准备，并会同有关地方及时妥善做好乘客家属信息通报、安抚等工作”。中国外交部及其驻相关国家使馆启动应急机制，由外交部部长王毅担任境外中国公民和机构安全保护工作部际联席会议召集人，与国内外相关部门进行充分沟通与协调，积极推动搜救工作。交通运输部当天启动一级应急响应，成立了马航失联客机应急反应领导小组。马航 MH370 失联事件发生后，马来西亚航空公司和马来西亚政府启动紧急搜救行动，多个国家在南中国海、马六甲海峡、南印度洋等区域开展了联合搜救行动。中国政府全力支持，动用了太空、空中、水面、水下等多个领域的技术装备，截至 3 月 18 日共调动 10 多艘专业搜救舰船、多架飞机和 21 颗卫星参与搜寻。截至 2015 年 1 月，共有马来西亚、中国、澳大利亚、越南、美国等 25 个国家派出 65 架飞机和 95 艘舰船参与了航班的搜救工作。

在事件发生后长达数年的时间里，各参与救援的国家和机构多次发表声明，宣布救援的最新进展与各自立场。2014 年 3 月 24 日，马来西亚总理纳吉布在吉隆坡宣布，马航航班 MH370“终结”于南印度洋。10 月 10 日，澳大利亚交通安全局发布的中期报告确认，马航 MH370 航班可能因燃料耗尽在印度洋坠海。2015 年 1 月 29 日，马来西亚民航局宣布马航 MH370 航班失事，并推定机上所有乘客和机组人员全部遇难。8 月 6 日，马来西亚总理纳吉布在吉隆坡宣布，7 月 29 日，在印度洋上的法属留尼汪岛发现的飞机残骸确认属于 MH370 航班。11 月 21 日，李克强总理宣布中国政府将出资两千万澳元继续开展搜救工作。2016 年 7 月 22 日，马来西亚、中国、澳大利亚三国交通部部长在召开联合会议以后做出决定，如果在当前划定的 12 万平方公里的搜寻范围内没有找到 MH370 航班，将结束搜寻工作。9 月 15 日，马来西亚交通部再次发表声明称，在坦桑尼亚海岸发现的飞机残骸确认来自 MH370 航班。

在搜救失联飞机的过程中，各方沟通协调难度较大。从地理位置来看，事发地点属于共同管制区，监管与衔接较为薄弱。从救援力量来看，有很多参与救援的国家，既有海面舰船与下潜设备，也有空中飞机与卫星，既有军队武装力量，也有民间专业搜救单位，没能形成覆盖全面的有效搜救合力。从通信技术来看，各国的通信装备制式和频段难以兼容，影响信息交流与反馈。最重要的是，各国事先没有建立完善的跨国联合搜救机制，只能通过外交等手段建立临时的沟通渠道，缺乏队伍磨合与顺畅的交流，导致在事件初期阶段搜救活动相对混乱。

对于中国政府来说，马航 MH370 失联事件不仅意味着要调动大量设备与人员参与前线搜救工作，同时也意味着需要在国内做好家属安抚与善后工作。事件发生后，大约 500 多名中国乘客家属被集中安置在北京丽都饭店等地方，马航在丽都饭店举行了多次新闻发布会，与家属进行沟通与协调。2014 年 3 月 20 日，受国务院领导委托，国务院副秘书长肖亚庆率领国务院办公厅、外交部、交通运输部、民航局、北京市等方面负责人，前往北京丽都饭店、京林大厦等五家酒店，看望慰问中国籍乘客家属。2014 年 3 月 25 日，针对马来西亚总理纳吉布宣布马航 MH370 坠毁的公告，中国乘客家属集体情绪激动，部分家属举着自制标语步行前往马来西亚驻华大使馆进行抗议并发表联合声明，称："马来西亚总理纳吉布在毫无直接证据的情况下，就向马航 MH370 乘客家属发出了关于马航 MH370 最终在南印度洋坠毁，机上人员无一生还的声明。从 3 月 8 日马政府宣布 MH370 失联至今 18 天来，马航、马政府、马军方不断对事实真相极力进行拖延、隐瞒、掩盖，企图欺骗乘客家属，企图欺骗全世界人民，这种卑鄙无耻的行径不但愚弄和摧残了我们 154 位中国乘客家属的身心，同时误导拖延了搜救行动，浪费大量人力物力，丧失了最宝贵的营救时机。如果我们机上 154 位亲人失去了生命，那么马航、马政府、马军方就是杀死他们的真正刽子手！在此，我们马航 MH370 的 154 位中国乘客家属，对马航、马政府、马军方提出最强烈的抗议和谴责！我们一定会采取一切可能的手段追究马航、马政府、马军方不可饶恕的罪责！"

在涉外空难善后处理的过程中，与家属的沟通与情绪安抚以及善后赔偿问题是棘手难题。按照属地化管理原则，由北京市牵头成立了针对中国乘客家属善后安置的应急协调服务工作小组，与外交部、交通运输部、民航局、公安部相关部门共同搭建应急处置平台。北京市政府相关负责人介绍，北京市不仅为家属们提供生活保障，医疗、卫生、交通服务，还进一步提供信息咨询、心理咨询和法律咨询服务。由于乘客家属来自全国各地，人员众多，给北京市带来了巨大的工作与稳定压力，按照上级部门统一部署，由失联乘客籍贯所在的各个省份派出工作人员前往北京，与北京市一道共同做好家属安抚与善后服务工作，维护家属涉外合法权益。据新华社报道，多数中国家属不接受马航确定每人 150 万人民币的赔偿标准以及马航要求家属提交公证文件证明亲属关系，签署《和解协议书》和《责任解除书》等做法，与此同时，许多人抱着"人会回来"的信念，更关心失联事件的真相与证据。有乘客家属表示，"在知道真相之前，我无法继续生活"。2015 年 2 月 12 日，中国家属在马航总部抗议马航的客机失事声明是"没有任何证据和法理依据"的，提出四项要求：马航须解释为何做出前述宣布、让乘客家属监督正在进行中的客机搜寻及调查行动、马航承担家属所雇用的私人调查公司所有的费用，以及向乘客家属提供经济救助。

案例思考题

1. 针对海外媒体和国际社会，如何做好海外涉我突发事件的舆论引导工作？

2. 针对海外发生的涉我突发事件，如何加强跨境沟通，做好家属安抚与善后安置工作？

后　记

终于付梓。

五年多的时间，六个人的合作，无数次的讨论，反反复复的修改，终于付梓。

作为国家行政学院应急管理培训中心①的一项重要工作，从收益上看，写这本书既没有名，也没有利，不符合时髦的投入产出比标准要求，但参与者没有怨言，乐在其中，在“为名誉而战”的戏谑中认真地爬梳钩沉，正所谓“桃李不言，下自成蹊”。

写完之后回头看，过程虽然痛苦，但收获不在金钱，而在珍贵。

学习很珍贵。虽然每位教授在相关领域中都是专家，但为 MPA 研究生写一本教材，内容和形式都要符合研究生教材的写作规范，这就需要进一步进行系统研究。此外，每一次讨论的过程，都是大家智慧和思想碰撞的过程，于是，通过写作，贯通了危机沟通的理论知识体系，收获很大，很珍贵。

成果很珍贵。六个人写，还要写得风格一致，没有重复，一开始大家都觉得太难了，但一稿写完，讨论修改；二稿写完，讨论修改；三稿……不知道多少次反复讨论修改，大家终于达成共识。这些可贵的成果，必将在今后的 MPA 教育乃至中高级公务员培训中发挥更好的作用。

合作很珍贵。对专家来说，一个人做事情可以尽情展现个性，多个人一起做保不齐更多是出现矛盾，但这次危机沟通书稿的写作，六位专家一起写，有观点差异，有思想交锋，每一次讨论都热气腾腾，不是气温高，而是面红耳赤充分发挥了 1+1>2 的作用。无论是对于书稿认真负责的态度，还是甘愿牺牲周末长假多次参与讨论的行动，那些合作过

① 今中共中央党校（国家行政学院）应急管理培训中心，因此书稿项目属于两校合并前的项目，故沿用当时的名称。

程中的一幕幕、一幕幕，如今都已成珍贵的记忆。

本书一共六章，各章的撰写分工如下：第一章：李明、王彩平、钟开斌；第二章：钟开斌；第三章：王华；第四章：王彩平；第五章：张磊；第六章：董泽宇。

感谢一起参与讨论的各位同人，龚维斌、李雪峰、张小明、宋劲松、游志斌，你们的真知灼见，使本书更加完整更加系统，那些一起走过的日子、积淀的友谊，值得永远珍惜。

感谢中国人民大学出版社，感谢策划编辑朱海燕，感谢责任编辑于晨，感谢各位读者。

王彩平

2020 年 10 月 5 日

图书在版编目（CIP）数据

危机沟通/王彩平主编. --北京：中国人民大学出版社，2021.1
全国党校行政学院系统应急管理系列教材
ISBN 978-7-300-25601-6

Ⅰ.①危… Ⅱ.①王… Ⅲ.①突发事件-新闻学-高等学校-教材 Ⅳ.①G210

中国版本图书馆 CIP 数据核字（2018）第 032721 号

全国党校行政学院系统应急管理系列教材
危机沟通
王彩平　主编
Weiji Goutong

出版发行	中国人民大学出版社		
社　　址	北京中关村大街 31 号	邮政编码	100080
电　　话	010－62511242（总编室）		010－62511770（质管部）
	010－82501766（邮购部）		010－62514148（门市部）
	010－62515195（发行公司）		010－62515275（盗版举报）
网　　址	http://www.crup.com.cn		
经　　销	新华书店		
印　　刷	北京七色印务有限公司		
规　　格	185 mm×260 mm　16 开本	版　　次	2021 年 1 月第 1 版
印　　张	13	印　　次	2021 年 1 月第 1 次印刷
字　　数	302 000	定　　价	49.80 元